汽修工案头必备书系

纯电动汽车
结构·保养·拆装·检修
一本通

主　　编：古雅明　安　康
副主编：王　江　施　媚
参　　编：盛昱彰　王贵勇　王　霞

机械工业出版社

本书主要围绕纯电动汽车的结构与工作原理，包括拆装方法、驱动系统、电器系统、底盘等内容进行编写。

本书共分为四篇：第一篇结构与原理、第二篇维护与保养、第三篇拆装与检测、第四篇诊断与维修。

结构与原理篇主要介绍纯电动汽车的结构与工作原理，包括动力系统、底盘系统、智能辅助系统、车身电气系统。

维护与保养篇主要介绍纯电动汽车的维护与保养，阐述了保养周期、车辆举升、保养时的检查作业、保养时的更换调整作业等内容。

拆装与检测篇主要介绍动力驱动系统及控制系统、动力蓄电池及控制系统、充电系统、空调制冷与加热系统等内容。

诊断与维修篇包括动力驱动系统及控制系统、动力蓄电池及控制系统、充电系统、减速器系统、智能网联系统、整车控制器、照明与信号系统、空调制冷与加热系统、电动车窗、电动后视镜、刮水器/清洗系统、天窗、电动座椅、中控门锁、防盗报警系统、网关控制模块和安全保护装置的故障诊断与排除。

本书采用大量高清彩图和思维导图配合讲解，适合汽车使用、维修、检测和管理等行业的有关人员学习参考，也可作为大专院校汽车相关专业师生的参考书。

图书在版编目（CIP）数据

纯电动汽车结构·保养·拆装·检修一本通/古雅明，安康主编．—北京：机械工业出版社，2023.5

（汽修工案头必备书系）

ISBN 978-7-111-72980-8

Ⅰ.①纯…　Ⅱ.①古…②安…　Ⅲ.①电动汽车-车辆修理　Ⅳ.①U469.72

中国国家版本馆 CIP 数据核字（2023）第 062307 号

机械工业出版社（北京市百万庄大街 22 号　邮政编码 100037）
策划编辑：邢　琛　　　　责任编辑：丁　锋
责任校对：郑　婕　陈　越　封面设计：马精明
责任印制：单爱军
北京虎彩文化传播有限公司印刷
2023 年 8 月第 1 版第 1 次印刷
184mm×260mm·18 印张·441 千字
标准书号：ISBN 978-7-111-72980-8
定价：99.00 元

电话服务　　　　　　　　　　网络服务
客服电话：010-88361066　　　机　工　官　网：www.cmpbook.com
　　　　　010-88379833　　　机　工　官　博：weibo.com/cmp1952
　　　　　010-68326294　　　金　书　网：www.golden-book.com
封底无防伪标均为盗版　　　　机工教育服务网：www.cmpedu.com

前言 / PREFACE

汽车是人们出行的主要交通工具，近年来我国汽车工业取得了飞速的发展。如今，我国生产的汽车质量可靠、技术先进、性能优良、外形美观、乘坐舒适、行驶安全，具有配置高、智能程度高、寿命长、故障少、操作简单等特点，深受广大用户的青睐！

由于我国纯电动汽车呈现出一片繁荣的景象，国内的传统汽车制造厂商、新造车势力大力推广，纯电动汽车的产销量创历史新高，同时也给汽车服务后市场带来了压力，汽车维修与汽车维护从业人员必须尽快掌握新能源汽车的结构原理与维修、维护保养。

本书以高清大图的形式从电动汽车原理及电动汽车维修基础着手，将结构原理、零部件总成拆装、故障诊断三者有机地结合在一起，重点讲解了电动汽车动力电池、驱动电机、充电、空调、底盘、车身电气等系统的结构原理、拆装、保养和常见故障及诊断。

本书是一本适合汽车维修人员入门与提高的书籍，内容涉及纯电动汽车维修的方方面面，是汽车维修相关的从业者或专业院校师生的"充电宝"。全书共12章，内容编写以行业规范为依托，注重知识性、系统性、实操性的结合，力求以最直观的方式将最实用的内容呈现给读者。

本书由古雅明、安康任主编，王江、施媚任副主编，盛昱彰、王贵勇、王霞参加了本书的编写，并给本书提供了大量的技术支持。

感谢广东犇匠智能科技有限公司、云浮广崎汽车科技有限公司、佛山顺德矢崎汽车配件有限公司对本书提供指导。

由于编者水平有限，疏漏在所难免，敬请读者批评指正！

编　者

资源说明页

本书附赠全套《新能源汽车电力电子技术》讲解视频，内含 20 个微课视频，总时长 204 分钟。

获取方式：

1. 微信扫码（封底"刮刮卡"处），关注"天工讲堂"公众号。

2. 选择"我的"—"使用"，跳出"兑换码"输入页面。

3. 刮开封底处的"刮刮卡"获得"兑换码"。

4. 输入"兑换码"和"验证码"，点击"使用"。

通过以上步骤，您的微信账号即可免费观看全套课程！

首次兑换后，微信扫描本页的"课程空间码"即可直接跳转到课程空间。

《新能源汽车电力电子技术》
课程空间码

目录 / CONTENTS

前　言

第一篇　结构与原理

第一章　纯电动汽车的基本认知 ································· 2
　　一、什么是纯电动汽车 ································· 2
　　二、纯电动汽车驱动系统布置形式 ································· 5
　　三、纯电动汽车与油电混合动力汽车的区别 ································· 7

第二章　认识动力系统 ································· 8
　　一、动力驱动系统 ································· 8
　　二、动力控制系统 ································· 15
　　三、动力蓄电池 ································· 20
　　四、动力蓄电池管理系统 ································· 30
　　五、充电系统 ································· 33

第三章　认识底盘系统 ································· 49
　　一、悬架系统 ································· 49
　　二、制动系统 ································· 54
　　三、行车系统 ································· 65
　　四、传动系统 ································· 68
　　五、转向系统 ································· 68
　　六、减速器 ································· 70
　　七、电子驻车 ································· 71

第四章　认识智能辅助系统 ································· 73
　　一、电动汽车智能网联系统 ································· 73
　　二、泊车辅助系统 ································· 75

三、前方碰撞警告系统 ·· 77
四、车道偏离警告系统 ·· 79
五、夜视系统 ··· 81

第五章　认识车身电气系统 ·· 83

一、整车控制器 ·· 83
二、照明与信号系统 ··· 90
三、空调制冷与加热系统 ·· 94
四、电动车窗 ··· 99
五、电动后视镜 ·· 101
六、天窗 ·· 103
七、刮水器/清洗系统 ·· 104
八、电动座椅 ·· 106
九、中控门锁 ·· 108
十、防盗报警系统 ·· 110
十一、数据通信系统 ··· 112
十二、安全保护装置 ··· 115

第二篇　维护与保养

第六章　高压系统的认知与维修 ··· 119

一、高压系统认知 ·· 119
二、高压系统维修安全防护 ·· 121
三、高压系统维修断电 ··· 136

第七章　车辆的维护与保养 ·· 138

一、日常检查维护 ·· 138
二、定期保养 ·· 139
三、车辆举升技术要求及注意事项 ·· 141
四、车辆分项检查 ·· 144
五、保养时的更换调整作业 ·· 153

第三篇　拆装与检测

第八章　动力驱动系统及控制系统 ·· 163

一、动力驱动系统及控制系统拆卸与安装 ·· 163
二、动力驱动系统及控制系统的检测 ··· 172

第九章　动力蓄电池及控制系统 …… 178
　　一、动力蓄电池及控制系统拆卸与安装 …… 178
　　二、动力蓄电池及控制系统的检测 …… 180

第十章　充电系统 …… 184
　　一、充电系统拆卸与安装 …… 184
　　二、充电系统的检测 …… 189

第十一章　空调制冷与加热系统 …… 191
　　一、空调制冷与加热系统的拆卸与安装 …… 191
　　二、空调制冷剂的回收与加注 …… 195

第四篇　诊断与维修

第十二章　常见故障及诊断思路 …… 203
　　一、动力驱动系统及控制系统故障诊断与排除 …… 203
　　二、动力蓄电池及控制系统故障诊断与排除 …… 210
　　三、充电系统故障诊断与排除 …… 215
　　四、减速器系统故障诊断与排除 …… 217
　　五、智能网联系统故障诊断与排除 …… 220
　　六、整车控制器故障 …… 224
　　七、照明与信号系统故障诊断与排除 …… 228
　　八、空调制冷与加热系统故障诊断与排除 …… 233
　　九、电动车窗故障诊断与排除 …… 240
　　十、电动后视镜故障诊断与排除 …… 245
　　十一、刮水器/清洗系统故障诊断与排除 …… 249
　　十二、天窗故障诊断与排除 …… 256
　　十三、电动座椅故障诊断与排除 …… 260
　　十四、中控门锁故障诊断与排除 …… 264
　　十五、防盗报警系统故障诊断与排除 …… 268
　　十六、网关控制模块故障诊断与排除 …… 270
　　十七、安全保护装置故障诊断与排除 …… 273

参考文献 …… 278

第一篇

结构与原理

第一章 纯电动汽车的基本认知

一、什么是纯电动汽车

1. 纯电动汽车工作原理

电动汽车通过充电桩从电网获取电能，将电能储存在内部的动力蓄电池中，当汽车工作时，电池能量将用于驱动电动机运转产生动力，动力通过减速器传递至车轮，从而带动汽车运动，如图1-1-1所示。

工作原理：动力蓄电池—电流—电力调节器—电机—动力传动系统—驱动汽车行驶。

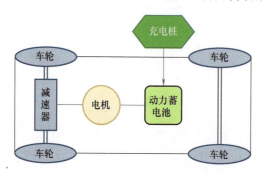

图 1-1-1　纯电动汽车工作原理

2. 纯电动汽车工作模式

（1）电机驱动

纯电动汽车电动驱动单元的配置如图1-1-2所示，高压动力蓄电池向动力电子元件供能，动力电子元件将直流电压转变成交流电压来驱动电机。

(2) 再生制动

如果纯电动汽车"滑行"（车辆在没有来自电机的驱动转矩下移动），部分动能通过用作交流发电机的电机转化成电能并对高压动力蓄电池充电，如图 1-1-3 所示。

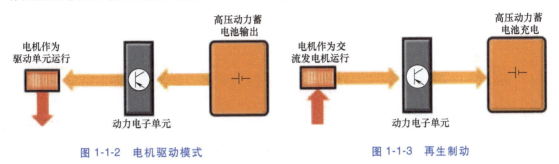

图 1-1-2　电机驱动模式　　　　　　图 1-1-3　再生制动

(3) 外部充电

高压动力蓄电池通过车辆上的充电接口进行充电。当连接外部充电电源时，车辆将按照之前的设定值自动充电，该过程会自动完成。如果充电过程中使用用电设备，它们将由外部电源供电，如图 1-1-4 所示。

(4) 车辆温度控制

对于寒冷或炎热天气，高压加热系统和高压空调压缩机将满足乘员的舒适性需求，如图 1-1-5 所示。

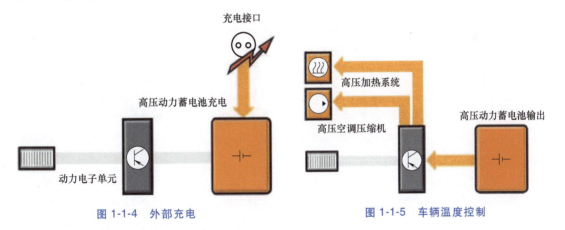

图 1-1-4　外部充电　　　　　　图 1-1-5　车辆温度控制

3. 纯电动汽车的结构组成

纯电动汽车主要由动力蓄电池系统、电驱动系统、整车控制器、充电系统和辅助系统组成，汽车底盘系统、转向系统、车身与传统汽车大同小异，如图 1-1-6 所示。

(1) 动力蓄电池

动力蓄电池是纯电动汽车的储能装置，是纯电动汽车的能源。

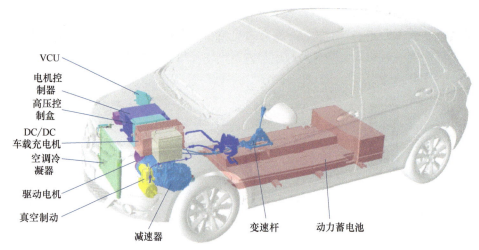

图 1-1-6　纯电动汽车的结构组成

(2) 电池管理系统

电池管理系统实时监控动力蓄电池的使用情况，监测动力蓄电池的电压、内阻、温度、电解液浓度、剩余电量、放电时间、放电等状态参数，并根据动力蓄电池对环境温度的要求进行温度控制，通过限流控制避免动力蓄电池过充或放电，并显示相关参数并通过车载信息显示系统报警，使驾驶员随时掌握并配合其操作。

(3) 电驱动系统

电驱动系统主要包括驱动电机、电机控制器和单档固定齿比变速器。它的作用是为驱动轮提供转矩，是纯电动汽车唯一的驱动装置。

1) 驱动电机。驱动电机在纯电动汽车中承担着驱动和发电的双重功能，即在正常行驶时发挥其主要的电机功能，将电能转化为机械转动能；并在制动和下坡时发电产生电能。它承担着发电机的功能，将车辆的动能转化为电能并充电到动力蓄电池中。

2) 电机控制器。电机控制器根据整车控制器的指令和纯电动汽车的行驶要求，控制驱动电机的转速、转矩和旋转方向。

3) 单档固定齿比变速器。纯电动汽车没有燃油车那样的多档变速器或无级变速器，往往采用驱动电机匹配单级减速器的结构。单级减速器又称单档固定齿比变速器，简称单档变速器。

(4) 整车控制器

整车控制器是纯电动汽车的核心。

它根据驾驶员输入的加速踏板和制动踏板信号向电机控制器发出相应的控制指令，启动、加速和激活驱动电机。当纯电动汽车减速或下坡时，车辆控制器配合电池管理系统产生动力反馈，对动力蓄电池进行反向充电。车辆控制器还控制动力蓄电池的充放电过程。对于与汽车行驶状况相关的速度、功率、电压、电流及相关故障诊断信息，需要传输到车辆信息显示系统进行相应的数字或模拟显示。

二、纯电动汽车驱动系统布置形式

1. 传统驱动系统布置形式

（1）传统驱动系统布置形式概述

传统驱动系统仍然采用内燃机汽车的驱动系统布置方式，包括离合器、变速器、传动轴和驱动桥等总成，只是将内燃机换成电动机，属于改造型电动汽车。这种布置方式可以提高纯电动汽车的起动转矩，增加低速时纯电动汽车的后备功率，如图1-1-7所示。

这种驱动系统布置形式有电动机前置-驱动桥前置（F-F）、电动机前置-驱动桥后置（F-R）等驱动模式。但是，这种驱动系统布置形式结构复杂、效率低，不能充分发挥驱动电动机的性能。

在传统驱动系统基础上，还有一种简化的传统驱动系统布置形式，采用固定速比减速器，去掉离合器，这种驱动系统布置形式可减少机械传动装置的质量，缩小其体积，如图1-1-8所示。

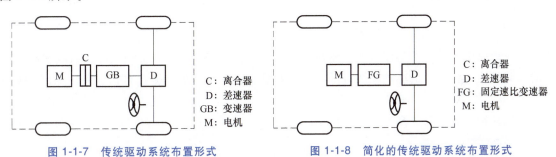

图1-1-7　传统驱动系统布置形式　　　　图1-1-8　简化的传统驱动系统布置形式

（2）电机-驱动桥组合式驱动系统布置形式

这种传动形式是目前市面上的主流传动形式。它具有体积小、布置简单、省空间且成本低等优点，如图1-1-9所示。

这种驱动系统布置形式即在驱动电动机端盖的输出轴处加装减速齿轮和差速器等，电动机、固定速比减速器、差速器的轴互相平行，一起组合成一个驱动整体。它通过固定速比的减速器来放大驱动电动机的输出转矩，但没有可选的档位，也就省掉了离合器。这种布置形式的机械传动机构紧凑，传动效率较高，便于安装。但这种布置形式对驱动电动机的调速要求较高。按传统汽车的驱动模式来说，可以有驱动电动机前置-驱动桥前置（F-F）或驱动电

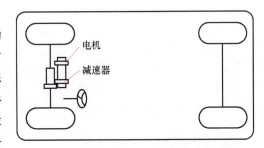

图1-1-9　电机-驱动桥组合式驱动系统布置形式

动机后置-驱动桥后置（R-R）两种方式。这种驱动系统布置形式具有良好的通用性和互换性，便于在现有的汽车底盘上安装，使用、维修也较方便。

（3）电机-驱动桥整体式驱动系统布置形式

这种驱动系统布置形式与发动机横向前置-前轮驱动的内燃机汽车的布置方式类似，把电机、固定速比减速器和差速器集成为一个整体，两根半轴连接驱动车轮。电动机-驱动桥整体式驱动系统布置形式有同轴式（图1-1-10a）和双联式（图1-1-10b）两种。

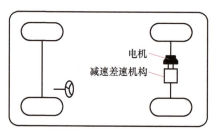
a）同轴式驱动系统

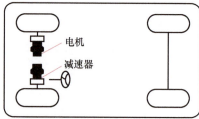
b）双联式驱动系统

图1-1-10　电机-驱动桥整体式驱动系统布置形式

2. 分布式驱动系统布置形式

（1）双电机-固定速比变速器一体化结构

轮边电机与减速器集成后融入驱动桥上，采用刚性连接，可减少高压电器数量和动力传输线路长度；优化后的驱动系统可降低车身高度、提高承载量、提升有效空间，如图1-1-11所示。

这种形式通常只在高端车型上应用。

（2）轮边电机驱动系统

轮边电机驱动结构，如图1-1-12所示。

这种传动形式最大的优点就是可以最大限度地节省前机舱的布置空间、体积小，缺点是制造成本高。

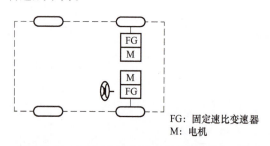

FG：固定速比变速器
M：电机

图1-1-11　双电机-固定速比变速器一体化结构

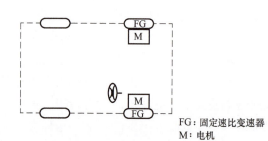

FG：固定速比变速器
M：电机

图1-1-12　轮边电机驱动结构

（3）双轮毂电机驱动系统

这种系统使用的电机与其他结构都不一样，动力输出更加直接，中间没有动力连接件，空间布置更灵活。但还是成本高，技术不成熟，所以应用几乎没有，如图 1-1-13 所示。

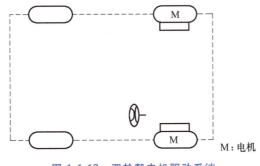

图 1-1-13　双轮毂电机驱动系统

三、纯电动汽车与油电混合动力汽车的区别

纯电动和混合动力汽车结构最大的区别在于是否配备了发动机。

纯电动汽车简称 EV，是指完全以车载蓄电池为动力源，用电机驱动车轮行驶，没有内燃机，不需要加油，这类汽车都可以上新能源汽车专用牌照。

混合动力汽车简称 HEV，混合动力汽车发动机要使用燃油。传统混合动力汽车面世较早，也是现在最成熟的混动技术，同样拥有内燃机、电动机以及电池。混合动力汽车是一种用电动机作为发动机的辅助动力驱动汽车，平时不需要充电，只要加油就可以正常行驶，和传统动力汽车没有差别，但是在起步、加速时，由于有电动机的辅助，所以可以降低油耗，且不损失性能。

插电式混合动力汽车简称为 PHEV，其动力来源是电能和燃油，插电式混合动力汽车的蓄电池相对比较大，可以通过外部进行充电，用纯电模式行驶，蓄电池电量耗尽后再以混合动力模式（以内燃机为主）行驶，并适时向蓄电池充电。

纯电动汽车只有一个动力系统，完全由动力蓄电池供电，其三大核心配置为电机、电控和电池。混合动力汽车除了电动机和蓄电池之外还配备有发动机，电动机用作发动机的辅助动力来驱动车辆。

此外，纯电动汽车在节能环保方面具有优势。纯电动汽车不产生任何尾气和污染物排放。推广纯电动汽车有利于环境的改善，也符合国家环保政策的要求。

第二章 认识动力系统

一、动力驱动系统

 1. 驱动电机的结构

（1）驱动电机的组成

驱动电机主要由永磁同步电机、旋转变压器、温度传感器、冷却循环水道和壳体等组成。驱动电机是以磁场为媒介进行机械能和电能相互转换的电磁装置，是驱动电动汽车行驶的动力装置，是动力总成的核心部件，承担着电能转化和充电的双重功能，驱动电机的结构如图 1-2-1 所示。

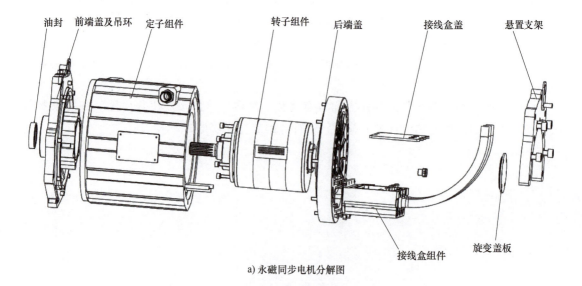

a) 永磁同步电机分解图

图 1-2-1　驱动电机的结构

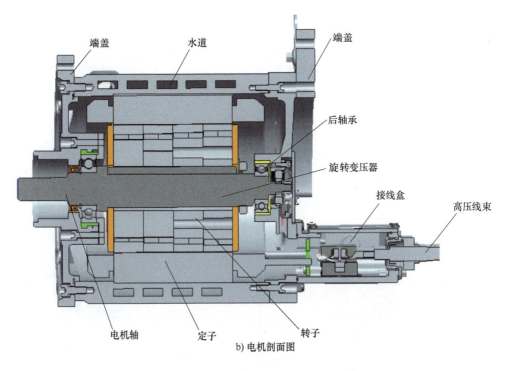

b) 电机剖面图

图 1-2-1 驱动电机的结构（续）

（2）驱动电机的功能

电动机旋转磁场和定子线圈共同作用产生转矩。

与传统汽油发动机不同，电动机没有怠速状态。即使在车辆由静止到起步的临界状态，电动机也可产生最大驱动转矩，可保证提供给车辆较好的加速度。转矩与转速特性如图 1-2-2 所示。

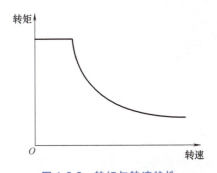

图 1-2-2 转矩与转速特性

 2. 驱动电机的类型

驱动电机的类型见表 1-2-1。

表 1-2-1　驱动电机的类型

按工作电源分类		按结构及工作原理分类	
直流电机	可分为直流电机和交流电机。与直流电机相比较，交流电机的体积小、重量轻、效率高，采用变频速技术时，调速范围宽、可靠性约为直流电机的 6 倍，还具有维护保养费用低、节能等特点。 	异步电机	 感应电机  交流换向器电机
交流电机	 单相电机  三相电机	同步电机	 永磁同步电机  磁阻同步电机
按结构及工作原理分类			
异步电机			

（续）

按结构及工作原理分类		按运转速度分类 分为高速电机、低速电机、恒速电机、调速电机。	
同步电机	磁滞步电机	高速电机	
按起动与运行方式分类 分为电容起动式单相异步电机、电容运转式单相异步电机、电容起动运转式单相异步电机和分相式单相异步电机。		低速电机	
电容起动式单相异步电机	电容起动运转式单相异步电机	恒速电机	
	分相式单相异步电机	调速电机	
电容运转式单相异步电机			

3. 驱动电机工作原理

（1）驱动电机工作原理概述

当三相交流电被接入定子线圈中，即产生了旋转的磁场，这个旋转的磁场牵引转子内部的永磁体，产生和旋转磁场同步的转矩。

使用旋转变压器检测转子的位置和电流传感器检测线圈的电流，从而控制驱动电机的转矩输出，如图1-2-3所示。

旋变信号的作用是反映驱动电机转子当前的旋转相位，电机控制器通过旋变信号计算当前的驱动电机转速。磁阻式旋变传感器结构如图2-1-4所示，旋变转子与驱动电机转子同轴连接，随电机转轴旋转。旋变定子内侧有感应线圈，安装在驱动电机定子上。驱动电机旋转时，带动旋变转子旋转。旋变器与电机控制器中间通过6根低压线束连接，2根是从电机控制器激励信号，另外4根分别是旋变器输出的正弦信号和余弦信号。6根线当中任何一根线路出现故障都会导致驱动电机无法正常工作。

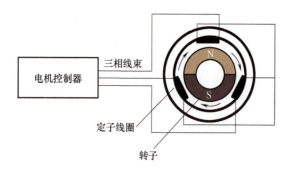

图1-2-3 驱动电机工作原理

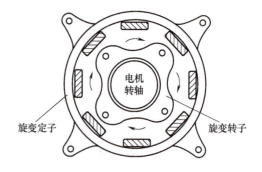

图1-2-4 磁阻式旋变传感器工作原理

（2）冷却系统工作原理概述

1）主要组成。冷却系统的主要部件如图1-2-5所示。

2）功能介绍。驱动电机转子高速旋转会产生高温，热量通过机体传递，如果不加以降温，驱动电机无法正常工作，所以驱动电机机体内设置有冷却液道，通过冷却液的循环与外界进行热交换。这样能将驱动电机的工作温度保持在一定范围内，防止驱动电机过热。

车载充电机（如配备）工作时将高压交流电转化成高压直流电，其转化过程中会产生大量的热量，因此车载充电机内部也有冷却液道，通过冷却液的循环降低车载充电机的工作温度。

电机控制器不但控制驱动电机的高压三相供电，还要将动力蓄电池的高压直流电转化成低压直流电为铅酸蓄电池充电。在此过程中会产生热量，需要通过冷却液循环散热。

高压动力蓄电池工作电流大，产热量大，同时处于一个相对封闭的环境，就会导致其温度的上升。需要通过冷却液的循环降低动力蓄电池的工作温度。

冷却系统的作用就是通过冷却液循环散热为驱动电机、车载充电机（如配备）、电机控

第二章 认识动力系统 | 13

图 1-2-5 冷却系统的主要部件
1—膨胀罐 2—散热器 3—散热器风扇 4—冷却水泵 5—三通阀

制器这三大部件进行散热。

3）冷却系统工作原理。

① 电动水泵：冷却系统（电机/电池）有两个电动水泵，电动水泵由低压电路驱动，为冷却液的循环提供压力。在电动水泵的驱动下冷却液在管路中的流向如图 1-2-6 所示。

② 膨胀罐：膨胀罐总成是一个透明塑料罐，类似于前风窗玻璃清洗剂罐。膨胀罐总成

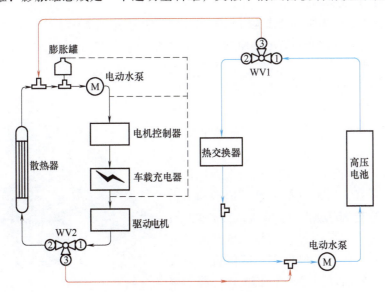

图 1-2-6 冷却系统工作原理

通过水管与散热器连接，随着冷却液的温度逐渐升高并膨胀。部分冷却液因膨胀而从车载充电器中流入膨胀罐总成。散热器和液道中滞留的空气也被排入膨胀罐总成。车辆停止后，冷却液自动冷却并收缩，先前排出的冷却液被吸回散热器。从而使散热器中的冷却液一直保持在合适的液面高度，并提高冷却效率。当冷却系统处于冷态时，冷却液面应保持在膨胀罐总成上的L（最低）和F（最高）标记之间。

③冷却风扇：冷却风扇总成安装在前机舱内散热器的后部，它可增加散热器和空调冷凝器的通风量，从而加快车辆低速行驶时的冷却速度。冷却风扇采用双风扇，高低速的控制模式，通过两个不同的电动机驱动扇叶。冷却风扇由整车控制模块（VCU）通过冷却风扇低速继电器和冷却风扇高速继电器直接控制，在低速电路中，采用串联调速电阻的方式来改变风扇的转速。

4）冷却系统电气原理。

冷却系统电气原理示意图，如图1-2-7所示。

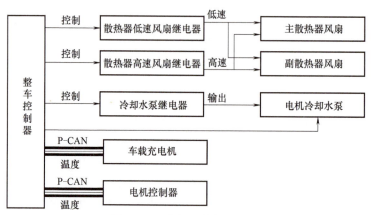

图1-2-7 冷却系统电气原理

5）冷却系统控制策略。

水泵控制：启动车辆时电动水泵开始工作（即仪表显示READY）。

电机温度控制：当控制器监测到驱动电机温度大于等于45℃小于50℃时，冷却风扇低速启动；当电机温度大于等于50℃时，冷却风扇高速启动；温度降至40℃时冷却风扇停止工作。当电机温度大于等于120℃小于140℃时，降功率运行；当电机温度大于等于140℃时，降功率至0，即停机。

电机控制器温度控制：当控制器监测到散热基板温度大于等于75℃时，冷却风扇低速启动。当监测温度大于等于80℃时，冷却风扇高速启动；温度降至75℃时冷却风扇停止工作。当监测温度大于等于85℃时，启动超温保护，即停机。当控制器监测到散热基板板温度为75~85℃时，降功率运行，如图1-2-8所示。

图1-2-8 冷却系统

二、动力控制系统

1. 控制系统的组成

新能源汽车的动力控制系统主要由传感器、控制单元和执行器组成。其核心部件是控制单元。

（1）电机控制器

电机控制器作为新能源汽车中连接动力蓄电池与电机的装置，是电机驱动及控制系统的核心，主要包含 IGBT 功率半导体模块、与之关联的电路等硬件部分以及电机控制算法及逻辑保护等软件部分，如图 1-2-9 所示。

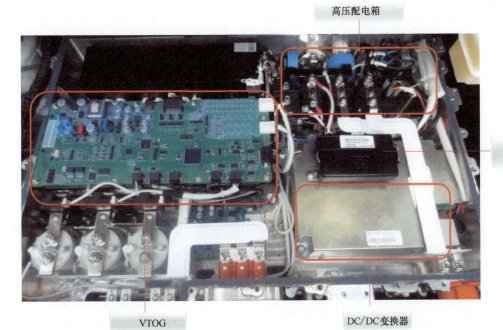

图 1-2-9　比亚迪 E5 电机控制器总成内部模块布局

电机控制器安装在前机舱内，采用 CAN 通信控制，控制着动力蓄电池到电机之间能量的传输，同时采集电机位置信号和三相电流检测信号，精确地控制驱动电机运行，如图 1-2-10 所示。

电机控制器是一个既能将动力蓄电池中的直流电转换为交流电以驱动电机，同时具备将车轮旋转的动能转换为电能（交流电转换为直流电）给动力蓄电池充电的设备。

在车辆制动或滑行阶段，电机作为发电机应用。它可以将车轮旋转的动能转换为电能，给蓄电池充电。

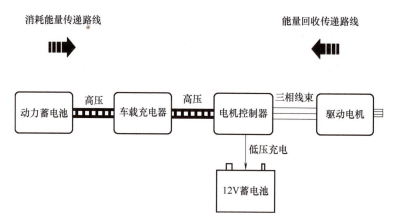

图 1-2-10 电机控制器的作用

1）漏电传感器：漏电传感器含有 CAN 通信功能，主要监测与动力蓄电池负极连接的母线与车身底盘之间的绝缘电阻，从而判定高压系统是否存在漏电，漏电传感器将漏电数据信息通过 CAN 将信号发送给电池管理器、VTOG，从而在必要时采取相应保护措施，如图 1-2-11、表 1-2-2 所示。

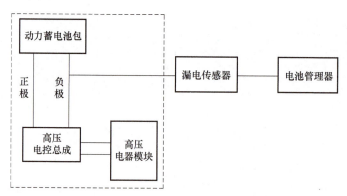

图 1-2-11 漏电传感器连接示意图

表 1-2-2 漏电数据判定

高压回路正极或负极对车身地等效绝缘电阻值 R	漏电状态		措施
$R>500\Omega/V$	正常		无
$100\Omega/V<R\leq500\Omega/V$	一般漏电报警		仪表灯亮，报动力系统故障
$R\leq100\Omega/V$	严重漏电报警	行车中	仪表灯亮，断开主接触器、分压接触器、电池包内接触器和负极接触器
		停车中	1. 禁止上电； 2. 仪表灯亮，报动力系统故障
		充电中	1. 断开交流充电接触器、分压接触器、电池包内接触器和负极接触器； 2. 仪表灯亮，报动力系统故障

2）双向交流逆变式电机控制器（VTOG）：包括驱动控制和充电控制功能。

驱动控制（放电）：VTOG 通过采集加速、制动、档位、旋变等信号，控制电机正向、反向驱动，正、反转发电功能；VTOG还具有高压输出电压和电流控制限制功能，具有电压跌落、过流、过温、IPM过温、IGBT过温保护、功率限制、转矩控制限制等功能。同时其还具备电控系统防盗、能量回馈控制、主动泄放、被动泄放控制。

充电控制：VTOG具备交、直流转换，双向充、放电控制功能；具备自动识别单相、三相相序并根据充电电流控制充电方式；根据充电设备识别充电功率，控制充电方式；根据车辆或其他设备请求信号控制车辆对外放电；具备断电重启功能，即在电网断电又重启供电的时候，可继续充电，如图1-2-12所示。

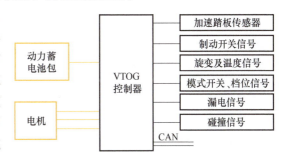

图 1-2-12　VTOG 驱动系统控制原理

3）高压配电箱：高压配电箱内包括铜排连接片、接触器、霍尔电流传感器、预充电阻，动力蓄电池包正、负极输入，如图1-2-13所示；接触器由电池管理器控制，控制充放电。

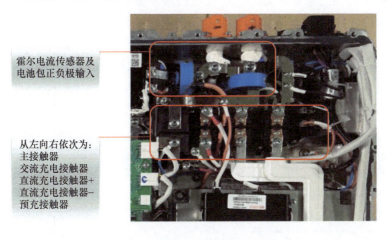

图 1-2-13　高压配电箱的组成

4）DC/DC变换器：DC/DC变换器集成在电机控制器内部，其功能是将电池的高压电转换成低压电，为整车低压系统供电。

（2）加速踏板位置传感器

作为系统的安全性保障之一，加速踏板位置传感器设计成双输出传感器。两个传感器的输出电压信号都随加速踏板的位置增加而增加。加速踏板位置传感器参数见表1-2-3。

加速踏板位置传感器参数曲线如图1-2-14所示。

表 1-2-3　加速踏板位置传感器参数

项　　目	参　　数	项　　目	参　　数
电源电压/V	5V±0.5	操作力/N	5~44
负载电阻/kΩ	>300	踏板臂角度/(°)	≤18

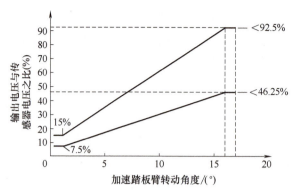

图 1-2-14　加速踏板位置传感器参数曲线

（3）制动踏板开关

制动踏板开关的工作原理：当驾驶员踩下制动踏板，表现制动或减速意图时，该开关将踏板位置信号转换成电压信号，通过硬线传递给VCU。制动踏板开关内部有两组开关，一组为常闭开关，另一组为常开开关。VCU通过两组开关输出电压的变化判断驾驶员的制动或减速意图，如图1-2-15所示。

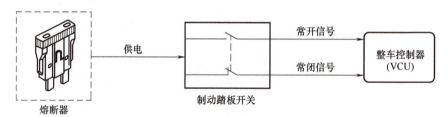

图 1-2-15　制动踏板开关信号传递路线

 2. 控制系统的工作原理

（1）驱动电机系统工作原理

整车控制器（VCU）发出指令，通过CAN传输到电机控制器主板，控制器主板经过逻辑换算和确定旋变传感器的转子位置，再发信号驱动IGBT模块，又称智能功率模块。IGBT输出三相交流电驱动电机旋转，如图1-2-16所示。

控制器主板对所有的输入信号进行处理，并将驱动电机控制系统运行状态的信息通过CAN2.0网络反馈给整车控制器。驱动电机控制器内含故障诊断电路。

当诊断出异常时，它将会激活一个错误代码，同时存储该故障码和数据或发送给整车控制器。

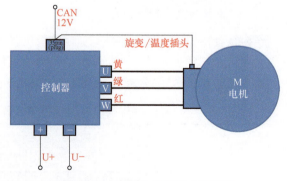

图 1-2-16　驱动电机系统工作原理

(2) 驱动电机系统驱动模式

整车控制器根据车辆运行的不同情况，包括车速、档位、电池 SOC（电量）值，来决定电机输出转矩/功率。

当电机控制器从整车控制器处得到转矩输出命令时，将动力蓄电池提供的直流电转化成三相正弦交流电，驱动电机输出转矩，通过传动机构传输来驱动车辆，如图 1-2-17 所示。

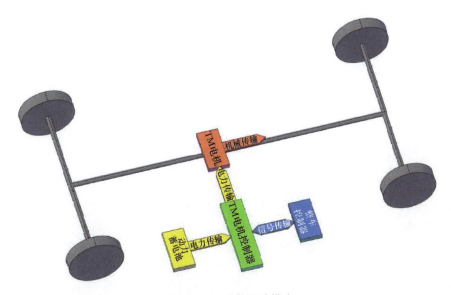

图 1-2-17　后轮驱动模式

(3) 驱动电机系统发电模式

当车辆在滑行或制动时，当检测到满足条件时整车控制器发出能量回收指令，IGBT 模块输出为 0，电机停止工作，驱动车轮通过传动系统使电机转子旋转，此时电动机就成了发电机，输出的三相正弦交流电通过 IGBT 模块转换成直流电向动力蓄电池充电，如图 1-2-18 所示。

图 1-2-18　后轮发电模式

启动能量回收条件如下：

① 加速踏板开度为 0 或制动；

② 电池电量<95%；

③ 动力蓄电池温度<45℃；

④ 各系统无故障。

三、动力蓄电池

1. 动力蓄电池的分类

动力蓄电池可根据电解液种类、正负极材料的不同进行分类。

（1）按电解液的种类

① 碱性电池。碱性电池的电解质主要是以氢氧化钾水溶液为主，如碱性锌锰电池（俗称碱锰电池或碱性电池）、镉镍电池、镍氢电池等。

② 酸性电池。酸性电池主要是以硫酸水溶液为介质，如铅酸蓄电池等。

③ 中性电池。中性电池是以盐溶液为介质，如锌锰干电池、海水电池等。

④ 有机电解液电池。有机电解液电池主要是以有机溶液为介质，如锂离子电池等。

（2）按电池所用正负极材料

① 锌系列电池，如锌锰电池、锌银电池等。

② 镍系列电池，如镍镉电池、镍氢电池等。

③ 铅系列电池，如铅酸电池。

④ 锂系列电池，如锂离子电池、锂聚合物电池和锂硫电池。

⑤ 二氧化锰系列电池，如锌锰电池、碱锰电池等。

⑥ 空气（氧气）系列电池，如锌空气电池、铝空气电池等。

2. 动力蓄电池技术与安全

（1）动力蓄电池主要性能指标

动力蓄电池是纯电动汽车的储能装置，要评定动力蓄电池的实际性能，主要是看其性能指标。动力蓄电池性能指标主要有电压、容量、能量、功率、功率密度、内阻、放电电流、荷电状态、自放电率、容量效率和能量效率、使用寿命等，根据动力蓄电池种类不同，其性能指标也有差异。

1）电压：蓄电池电压主要有电动势、开路电压、工作电压、标称电压、放电终止电压和充电终止电压。

2）容量：蓄电池容量是指在一定的放电条件下可以从蓄电池放出的电量，它等于放电电流与放电时间的乘积，单位为 A·h 或 kA·h，1A·h 就是能在 1A 的电流下放电 1h。

单体蓄电池内活性物质的数量决定其含有的电荷量，而活性物质的含量则由蓄电池使用的材料和体积决定，通常蓄电池体积越大，容量越高。蓄电池的容量可以分为理论容量、额定容量、实际容量、比容量、剩余容量等。

3）能量：蓄电池的能量是指蓄电池在一定放电条件下对外做功所能输出的电能，单位为 W·h 或 kW·h。它决定了纯电动汽车的续驶里程。蓄电池的能量主要分为理论能量、实际能量和比能量。

4）功率：蓄电池的功率是指在一定放电制度下单位时间内蓄电池能输出的能量，单位为 W 或 kW。蓄电池的功率决定了纯电动汽车的加速性能和爬坡能力。

5）功率密度：功率密度是指单位质量或单位体积的蓄电池能够输出的功率，相应地称为质量功率密度或体积功率密度，单位为 W/kg 或 W/L。

功率密度的大小表示蓄电池所能承受的工作电流的大小。蓄电池的功率密度大，表示它可以承受大电流放电。功率密度是评价单体蓄电池或蓄电池组是否满足纯电动汽车加速、爬坡能力和制动能量回收能力的重要指标。

6）内阻：蓄电池的内阻是指电流通过蓄电池内部时所受到的阻力，它包括欧姆内阻和极化内阻。

7）放电电流：放电电流是指蓄电池放电时电流的最大值。放电电流直接影响蓄电池的各项性能指标，例如放电电流的大小直接影响蓄电池的容量或能量。放电电流一般用放电率表示，放电率是用来衡量蓄电池放电速率的参数，常用"时率"和"倍率"两种形式表示。

8）荷电状态：荷电状态（State of Charge，SOC）是指动力蓄电池在一定放电倍率下，剩余电量与相同条件下额定容量的比值，反映动力蓄电池容量变化的特性，是动力蓄电池使用过程中的重要参数。荷电状态值是一个相对值，一般用百分比的方式来表示，SOC 的数值为 0~100%。SOC=100% 表示动力蓄电池为充满状态；SOC=0 表示动力蓄电池为全放电状态。因为动力蓄电池所能放出的容量受充放电倍率、温度、自放电、老化、充放电循环次数等因素的影响，所以表示动力蓄电池剩余电量的 SOC 也与这些因素有关。在实际应用中，经常要对动力蓄电池的 SOC 进行估算。一般动力蓄电池放电高效率区为（50%~80%）SOC。对 SOC 值的估算是动力蓄电池管理的重要环节。

9）自放电率：自放电率是指动力蓄电池在存放期间容量的下降率，即动力蓄电池无负荷时自身放电使容量损失的速度，它表示动力蓄电池搁置后容量变化的特性。自放电率用单位时间容量降低的百分数表示。自放电率除了与动力蓄电池体系自身特性有关外，还与环境温度、湿度等因素有关。

10）容量效率和能量效率：动力蓄电池作为能量存储器，充电时把电能转化为化学能存起来，放电时把电能释放出来。在这个可逆的电化学转换过程中，有一定的能量损耗。通常用动力蓄电池的容量效率和能量效率来表示。

11）使用寿命：使用寿命是指动力蓄电池在规定条件下的有效寿命期限。动力蓄电池发生内部短路或损坏而不能使用，以及容量达不到规范要求时动力蓄电池使用失效，这时动力蓄电池的使用寿命终止。动力蓄电池的使用寿命包括循环寿命和日历寿命。

（2）动力蓄电池安全性能

1）电动汽车用动力蓄电池安全技术要求：

① 单体电池安全要求：

a. 对单体电池进行过放电试验，应不起火、不爆炸。

b. 对单体电池进行过充电试验，应不起火、不爆炸。

c. 对单体电池进行外部短路试验，应不起火、不爆炸。

d. 对单体电池进行加热试验，应不起火、不爆炸。

e. 对单体电池进行温度循环试验，应不起火、不爆炸。

f. 对单体电池进行挤压试验，应不起火、不爆炸。

② 电池包或系统安全要求

a. 对电池包或系统进行振动试验，应无泄漏、外壳破裂、起火或爆炸现象，且不触发异常终止条件。试验后的绝缘电阻应不小于 $100\Omega/V$。

b. 对电池包或系统进行机械冲击试验，应无泄漏、外壳破裂、起火或爆炸现象。试验后的绝缘电阻应不小于 $100\Omega/V$。

c. 对电池包或系统进行模拟碰撞试验，应无泄漏、外壳破裂、起火或爆炸现象。试验后的绝缘电阻应不小于 $100\Omega/V$。

d. 对电池包或系统进行挤压试验，应不起火、不爆炸。

e. 对电池包或系统进行湿热循环试验，应无泄漏、外壳破裂、起火或爆炸现象。试验后 30min 之内的绝缘电阻应不小于 $100\Omega/V$。

f. 对电池包或系统进行浸水试验，应满足如下要求之一：

a）按方式一进行，应不起火、不爆炸；

b）按方式二进行，试验后需满足 IPX7 要求，应无泄漏、外壳破裂、起火或爆炸现象。试验后的绝缘电阻应不小于 $100\Omega/V$。

g. 对电池包或系统进行热稳定性试验，镍氢电池包或系统除外。包括：

a）进行外部火烧试验，应不爆炸；

b）进行热扩散乘员保护分析和验证。电池包或系统在由于单体电池热失控引起热扩散、进而导致乘员舱发生危险之前 5min，应提供一个热事件报警信号。

h. 对电池包或系统进行温度冲击试验，应无泄漏、外壳破裂、起火或爆炸现象。试验后的绝缘电阻应不小于 $100\Omega/V$。

i. 对电池包或系统进行盐雾试验，应无泄漏、外壳破裂、起火或爆炸现象。试验后的绝缘电阻应不小于 $100\Omega/V$。

j. 对电池包或系统进行高海拔试验，应无泄漏、外壳破裂、起火或爆炸现象，且不触发异常终止条件。试验后的绝缘电阻应不小于 $100\Omega/V$。

k. 对电池系统进行过温保护试验，应无泄漏、外壳破裂、起火或爆炸现象，且不触发异常终止条件。试验后的绝缘电阻应不小于 $100\Omega/V$。

l. 对电池系统进行过流保护试验，应无泄漏、外壳破裂、起火或爆炸现象，且不触发异常终止条件。试验后的绝缘电阻应不小于 $100\Omega/V$。

m. 对电池系统进行外部短路保护试验，应无泄漏、外壳破裂、起火或爆炸现象。试验后的绝缘电阻应不小于 100Ω/V。

n. 对电池系统进行过充电保护试验，应无泄漏、外壳破裂、起火或爆炸现象，且不触发异常终止条件。试验后的绝缘电阻应不小于 100Ω/V。

o. 对电池系统进行过放电保护试验，应无泄漏、外壳破裂、起火或爆炸现象。试验后的绝缘电阻应不小于 100Ω/V。

3. 镍氢电池结构与原理

(1) 镍氢电池的结构

镍氢（Ni-MH）电池的电极是由氢离子和金属镍合成的，电量储备比镍镉电池多 30%，比镍镉电池更轻，使用寿命也更长，并且对环境无污染，现主要应用于混合动力汽车。镍氢电池的缺点是价格比镍镉电池高得多，性能要比锂离子电池差一些。镍氢电池中的金属部分是金属氢化物，主要分为两大类，即 AB5 和 AB2。最常见的是 AB5，其中 A 表示稀土元素的混合物或者再加上钛（Ti）；B 则表示镍（Ni）、钴（Co）、锰（Mn），或者还有铝（Al）。一些含有多种成分的高容量电池，其电极主要由 AB2 构成，其中 A 表示钛（Ti）或者钒（V）；B 则表示锆（Zr）或镍（Ni），再加上一些铬（Cr）、钴（Co）、铁（Fe）和锰（Mn）。镍氢电池结构如图 1-2-19 所示。

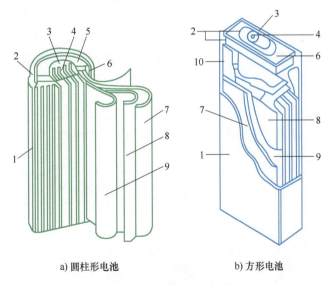

a) 圆柱形电池　　b) 方形电池

图 1-2-19　镍氢电池结构

1—盒子（-）　2—绝缘衬垫　3—盖帽（+）　4—安全排气口　5—封盘　6—绝缘围
7—负极　8—隔膜　9—正极　10—绝缘体

(2) 镍氢电池的原理

镍氢电池是一种碱性电池，其负极采用由储氢材料作为活性物质的氢化物电极，正极采用氢氧化镍电极（简称镍电极），电解质为氢氧化钾水溶液。当镍氢电池充电时，氢氧化钾电解液中的氢离子会被释放出来，它们被负极的化合物吸收，避免形成氢气，以保持电池内部的压力和体积。当电池放电时，这些氢离子便会经由相反的过程回到原来的地方，如图 1-2-20 所示。

镍镉、镍氢电池的充电过程非常相似，都要求恒流充电，以防止过充电。充电器对电池进行恒流充电，同时检测电池的电压和其他参数。为避免损坏电池，电池温度过低时不能开始快速充电，当电池温度低于 10℃ 时，应转入涓流充电方式。而一旦电池温度达到规定数值后，必须立即停止充电。

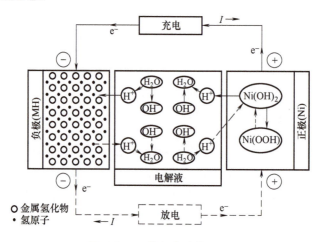

图 1-2-20　镍氢电池的原理

从反应式可以看出，在反应过程中，只有质子在正极、负极间转移，水参与正负极的单电极反应，但在整个反应过程中，不存在水的消耗，所以镍氢电池可实现免维护。

（3）镍氢电池的冷却系统

在重复的充放电过程中，镍氢电池会产生热量，为了保证电池良好的工作性能，在实际应用中专门为镍氢电池提供了一套冷却系统，如图 1-2-21 所示。

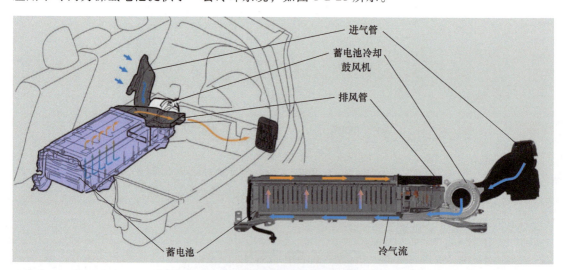

图 1-2-21　丰田镍氢电池的冷却系统

4. 锂离子电池结构与原理

(1) 磷酸铁锂电池

磷酸铁锂电池是一种使用磷酸铁锂（$LiFePO_4$）作为正极材料，碳作为负极材料的锂离子电池。

磷酸铁锂具有橄榄石晶体结构，其理论容量为 170mA·h/g，在没有掺杂改性时其实际容量已高达 110mA·h/g。通过对磷酸铁锂进行表面修饰，其实际容量可高达 165mA·h/g，已经非常接近理论容量，工作电压为 3.4V 左右。磷酸铁锂电池的优点是稳定性高，安全可靠，环保并且价格低；缺点是电阻率较大，电极材料利用率低。

(2) 锰酸锂电池

锰酸锂电池是指用锰酸锂作为正极材料的锂离子电池。锰酸锂具有尖晶石结构，其理论容量为 148mA·h/g，实际容量为 90~120mA·h/g，工作电压范围为 3~4V。锰酸锂电池的优点是锰资源丰富、价格便宜、安全性高、比较容易制备；缺点是理论容量低、与电解质相容性不好、在深度充放电的过程中电池容量衰减快。

(3) 钛酸锂电池

钛酸锂电池是一种由钛酸锂作为负极材料，可与锰酸锂、三元材料或磷酸铁锂等正极材料组成 2.4V 或 1.9V 的二次锂离子电池。此外，它还可以用作正极，与金属锂或锂合金负极组成 1.5V 的二次锂离子电池。钛酸锂具有高安全性、高稳定性、长寿命和绿色环保的特点。钛酸锂电池工作电压为 2.4V，最高电压为 3.0V。

(4) 钴酸锂电池

钴酸锂电池是指用钴酸锂作为正极材料的锂离子电池。钴酸锂电池的优点是电化学性能优越、易加工、性能稳定、一致性好、比容量高、综合性能突出；缺点是安全性较差，成本高。钴酸锂主要应用于小型电池，如手机、便携计算机电池等。

(5) 三元锂电池

三元锂电池是指使用镍钴锰酸或镍钴铝作为正极材料，石墨作为负极材料的锂电池。与磷酸铁锂电池不同，三元锂电池电压平台很高，三元锂电池工作电压为 3.7V 左右，这也就意味着在相同的体积或是重量下，三元锂电池的比能量、比功率更大。除此之外，在大倍率充电和耐低温性能等方面，三元锂电池也有很大的优势。特斯拉的 Model S 采用的松下 18650 组成的动力蓄电池组就是三元锂电池，三元锂电池与磷酸铁锂电池正负极材料如图 1-2-22 所示。

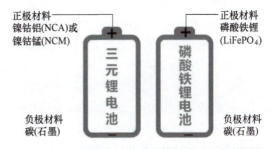

图 1-2-22　三元锂电池与磷酸铁锂电池正负极材料

(6) 锂离子电池的结构

锂离子电池主要由正极、负极、电解液、隔膜和外壳构成，如图1-2-23所示。

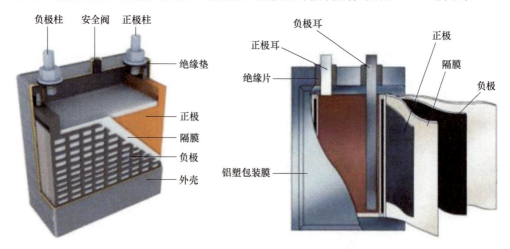

图1-2-23　锂离子电池的结构

1）正极：正极材料作为锂离子电池中锂离子的唯一供给者，对锂离子电池能量密度的提高及成本的降低起着决定性作用。被广泛采用的正极材料主要有磷酸铁锂、锰酸锂、钴酸锂和三元材料等。特斯拉Model3的动力蓄电池使用的正极材料是镍钴铝三元材料；比亚迪e6的动力蓄电池使用的正极材料是磷酸铁锂/镍钴锰三元材料。

2）负极：负极材料影响锂离子电池的安全性，负极材料有碳材料、石墨材料和钛酸锂等。目前，广泛应用的碳基负极材料，将锂在负极表面的沉积/溶解转变为在碳材中的嵌入/脱出，大幅度地减少锂枝晶的形成，提高锂离子电池的安全性。特斯拉Model3的动力蓄电池使用的负极材料是石墨和硅；比亚迪e6的动力蓄电池使用的负极材料是石墨。

3）隔膜：隔膜是夹在蓄电池正极片和负极片之间起电子绝缘作用并提供锂离子迁移微通道的薄膜，是影响蓄电池性能的重要组件。

隔膜起着分离正极和负极的功能，避免蓄电池正极和负极直接接触短路，又能起着锂离子传导和绝缘的功能。目前，应用比较广泛的隔膜主要有聚乙烯（Poly Ethylene，PE）隔膜、聚丙烯（Poly Pro pylene，PP）隔膜、PP-PE-PP三层隔膜、无纺布复合隔膜、凝胶隔膜、表面涂覆的复合隔膜等。

4）电解液：电解液是锂离子电池中锂离子传输的载体。一般由锂盐和有机溶剂组成。电解液在锂电池正、负极之间起到传导锂离子的作用。溶有电解质锂盐的有机溶剂提供锂离子，电解质锂盐有$LiPF_6$、$LiClO_4$、$LiBF_4$等，有机溶剂主要由碳酸二乙酯（Diethyl Carbonate，DEC）、碳酸丙烯酯（Propylene Carbonate，PC）、碳酸乙烯酯（Ethylene Carbonate，EC）、碳酸二甲酯（Dimethyl Carbonate，DMC）等其中的一种或几种混合组成。

电解液与蓄电池之间的对应性强，使用时根据厂商蓄电池设计的电化学性能要求，配套使用不同配方的电解液。

5）外壳：外壳用于蓄电池封装，主要由铝壳、铝塑膜、盖板、极耳、绝缘片等组成。

在锂离子电池成本结构中，正极材料约占33%，负极材料约占10%，电解液约占12%，隔膜约占30%，其他约占15%。

（7）锂离子电池的工作原理

对蓄电池进行充电时，蓄电池的正极上有锂离子生成，生成的锂离子经过电解液运动到负极。而作为负极的碳呈层状结构，它有很多微孔，到达负极的锂离子就嵌入到碳层的微孔中，嵌入的锂离子越多，充电容量越高。

单体锂离子电池的最高充电终止电压为4.2V，不能过充，否则会因正极的锂离子丢失太多而使蓄电池报废。对锂离子电池充电时，应采用专用的恒流、恒压充电器，先恒流充电至锂离子电池两端电压为4.2V后，转入恒压充电模式；当恒压充电电流降至100mA时，应停止充电。

由于锂离子电池的内部结构原因，放电时锂离子不能全部移向正极，必须保留一部分锂离子在负极，以保证在下次充电时锂离子能够畅通地嵌入通道。否则蓄电池寿命会缩短。为了保证石墨层中放电后留有部分锂离子，就要严格限制放电终止最低电压，也就是说锂离子电池不能过放电。单体锂离子电池的放电终止电压通常为3.0V，最低不能低于2.5V。蓄电池放电时间长短与蓄电池容量、放电电流大小有关。

蓄电池充电时，正极上电离出锂离子和电子（脱嵌），锂离子经过电解液运动到负极，得到电子，被还原成锂原子嵌入到碳层的微孔中（插入）；蓄电池放电时，嵌在负极碳层中的锂原子，失去电子（脱插）成为锂离子，通过电解液，又运动回正极（嵌入）；锂离子电池的充放电过程，也就是锂离子在正负极间不断嵌入和脱嵌的过程，同时伴随着等当量电子的嵌入和脱嵌。这个过程中参与的锂离子数量越多，充放电容量就越高。锂离子电池的工作原理如图1-2-24所示。

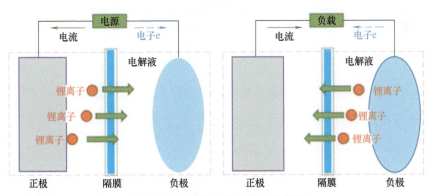

图1-2-24 锂离子电池的工作原理

（8）动力蓄电池结构

以比亚迪E5纯电动汽车磷酸铁锂电池为例。

动力蓄电池外部结构：包括密封盖、钢板压条、密封条、电池托盘，如图1-2-25所示。

内部结构：包括电池模组、动力连接片、连接电缆、采集器、采样线、电池组固定压条、密封条，如图1-2-26所示。

单体电池电压为3.3V，电池包内部含有2个分压接触器、1个正极接触器、1个负极接触器、采样线束、电池模组连接片和链接电缆等。

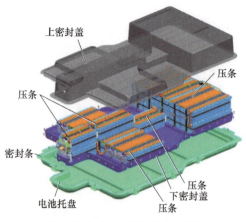

图 1-2-25 动力蓄电池外部结构

图 1-2-26 动力蓄电池内部结构

动力蓄电池单列模组结构如图 1-2-27 所示。

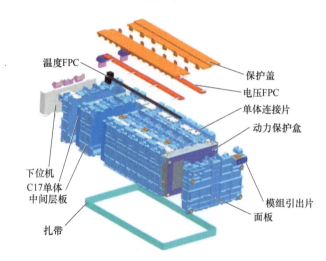

图 1-2-27 动力蓄电池单列模组结构

动力蓄电池双列模组结构如图 1-2-28 所示。

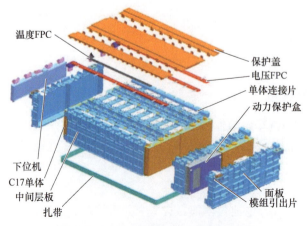

图 1-2-28 动力蓄电池双列模组结构

1）单体电池（Cell）：单体电池是直接将化学能转化为电能的基本单元装置，包括电极、隔膜、电解质、外壳和端子，如图1-2-29所示。

2）电池模组（Module）：将一个以上单体电池按照串联、并联或串并联方式组合，且只有一对正负极输出端子，并作为电源使用的组合体被称为电池模组，如图1-2-30所示。

图1-2-29 单体电池

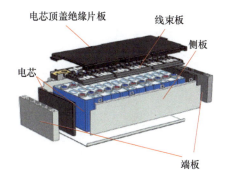

图1-2-30 电池模组

3）电池监控（CSC）单元：每一个单体电池有多个CSC单元，以监测其中每个单体电池或电池组单体电压、温度信息。CSC单元将相关信息上报电池控制单元（BMU）并根据BMU的指令令单体电压均衡。

4）电池高压分配单元（B-BOX）：安装在动力蓄电池总成的正负极输出端，由高压正极继电器、高压负极继电器、预充继电器、电流传感器、和预充电阻等组成。

(9) 动力蓄电池的冷却

1）动力蓄电池的热管理：纯电动汽车自燃是非常大的安全隐患。纯电动汽车自燃的重要原因之一就是动力蓄电池热失控，因此动力蓄电池的热管理非常重要，如果温度过高，会影响蓄电池的寿命和安全性，动力蓄电池的工作温度要保持在20～35℃之间。

纯电动汽车对动力蓄电池的热管理具有以下要求。

① 保证单体电池最适宜的工作温度范围，避免单体电池整体或局部温度过高，能够使蓄电池在高温环境中有效散热，低温环境中迅速加热或保温。

② 减小单体电池，尤其是大尺寸单体电池内部不同部位的温度差异，保证单体电池温度分布均匀。

③ 满足纯电动汽车轻量化、紧凑性的具体要求，安装和维护方便，可靠性好且成本低廉。

④ 产生有害气体时能够有效通风，以及与温度等相关参数相一致的热测量与监控。

2）动力蓄电池的冷却分类。动力蓄电池的冷却主要分为风冷和液冷两大类。

风冷散热的典型代表是日产聆风（Leaf）纯电动汽车，采用鼓风机（专门用于动力蓄电池的冷却）驱动空气，通过空调制冷系统的蒸发器后变成冷风，再去冷却动力蓄电池。该技术比较成熟，由于空气的比热较小，带走的热量较少，主要适用于散热量较小的动力蓄电池，如图1-2-31所示。

液冷散热的典型代表是特斯拉纯电动汽车，在整个空调系统上添加中间换热器，中间换热器内部有两个流道,一个流道内部流动的是冷却液,一个流道流动的是制冷剂,二者进行热交换。冷却液经过换热后变成低温冷却液流入动力蓄电池中,对动力蓄电池进行冷却。目前该冷却技术比较成熟,获得了广泛应用。由于冷却液的比热容大,能够带走更多的热量,因此其主要应用于大容量的动力蓄电池,如图 1-2-32 所示。

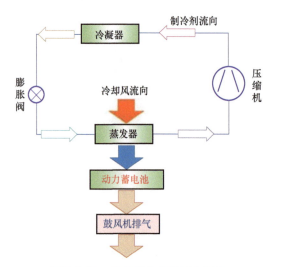

图 1-2-31　动力蓄电池的风冷原理

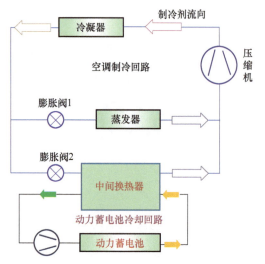

图 1-2-32　动力蓄电池的液冷原理

四、动力蓄电池管理系统

1. 动力蓄电池管理系统组成

（1）动力蓄电池管理系统的定义

纯电动汽车动力蓄电池是由成百上千个单体电池组合而成,必须对这些单体电池进行管理,才能发挥最大的作用,所以需要电池管理系统对单体电池进行管理。

蓄电池管理系统（Battery Management System，BMS）是连接动力蓄电池和纯电动汽车的重要纽带,其精准的控制和管理确保了动力蓄电池工作在理想状态,如图 1-2-33 所示。

动力蓄电池管理系统是指监视动力蓄电池的状态（电压、电流、温度、荷电状态等）,可以为动力蓄电池提供通信、安全、单体电池均衡及

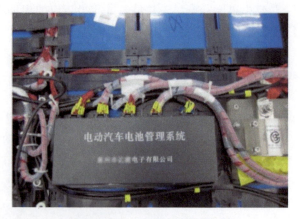

图 1-2-33　动力蓄电池管理系统

管理控制，并提供与应用设备通信接口的系统。动力蓄电池管理系统通过控制动力蓄电池的充放电过程，实现对动力蓄电池的保护，提升动力蓄电池综合性能，如图 1-2-34 所示。

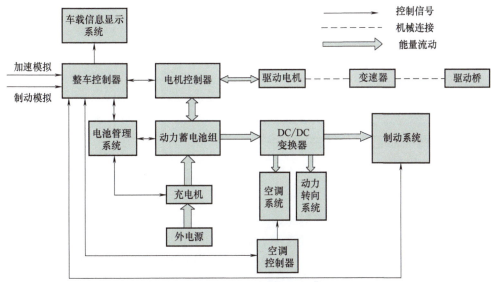

图 1-2-34　动力蓄电池管理系统在纯电动汽车上的位置

动力蓄电池管理系统和动力蓄电池组一起组成蓄电池包整体，与动力蓄电池管理系统有通信关系的两个部件分别是整车控制器和充电机。动力蓄电池管理系统向上通过 CAN 总线与纯电动汽车整车控制器通信，上报蓄电池包状态参数；接收整车控制器指令，配合整车需要，确定功率输出；向下监控整个蓄电池包的运行状态，保护蓄电池包不受过放、过热等非正常运行状态的侵害；在充电过程中，BMS 与充电机交互，管理充电参数，监控充电过程正常完成。

（2）动力蓄电池管理系统的组成

动力蓄电池管理系统主要由检测模块、均衡电源模块和控制模块三部分组成，如图 1-2-35 所示。

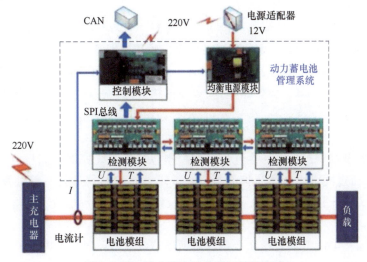

图 1-2-35　动力蓄电池管理系统的组成

1)检测模块:检测模块能够对动力蓄电池组中各单体电池的电压、电流、温度等关键状态参数进行准确和实时的检测,并通过串行外设接口(Serial Peripheral Interface,SPI)总线上报给控制模块。

2)均衡电源模块:均衡电源模块能够平衡单体电池间的电压差异,解决动力蓄电池组"短板效应"。

3)控制模块:控制模块能够根据既定策略完成控制功能,实现SOC估计,同时将电池状态数据通过CAN总线发送给整车其他的电子控制单元。

2. 动力蓄电池管理系统主要功能

(1)动力蓄电池管理系统的功能

1)蓄电池参数检测:蓄电池参数检测包括总电压、总电流、单体电池电压检测(防止出现过充、过放甚至反极现象)、温度检测(最好每串蓄电池、关键电缆接头等均有温度传感器)、烟雾探测(监测电解液泄漏等)、绝缘检测(监测漏电)、碰撞检测等。

2)蓄电池状态估计:蓄电池状态包括荷电状态或放电深度(Depth of Discharge,DOD)、健康状态(State of Health,SOH)、功能状态(State of Function,SOF)、能量状态(State of Energy,SOE)、故障及安全状态(Safety of Status,SOS)等。

3)充电控制:BMS中具有一个充电管理模块,它能够根据蓄电池的特性、温度以及充电机的功率等级,控制充电机为蓄电池进行安全充电。

4)热管理:根据蓄电池组内温度分布信息及充放电需求,决定主动加热/散热的强度,使得蓄电池尽可能工作在最适合的温度,充分发挥蓄电池的性能。

5)蓄电池均衡:蓄电池不一致分为容量不一致、电阻不一致和电压不一致。特别是容量不一致性的存在,使得蓄电池组的容量小于组中最小单体电池的容量。蓄电池均衡根据单体电池信息,采用主动或被动、耗散或非耗散等均衡方式,尽可能使蓄电池组容量接近于最小单体电池的容量。

6)在线故障诊断:在线故障诊断包括故障检测、故障类型判断、故障定位、故障信息输出等。故障检测是指通过采集到的传感器信号,采用诊断算法诊断故障类型,并进行早期预警。蓄电池故障是指蓄电池组、高压电回路、热管理等各个子系统的传感器故障,执行器故障(如接触器、风扇、泵、加热器等),以及网络故障、各种控制器软硬件故障等。蓄电池组本身故障包括过压(过充)、欠压(过放)、过电流、超高温、内短路故障、接头松动、电解液泄漏、绝缘能力降低等。

7)蓄电池安全控制与报警:蓄电池安全控制包括热系统控制、高压电安全控制。BMS诊断到故障后,通过网络通知整车控制器,并要求整车控制器进行有效处理(超过一定阈值时BMS也可以切断主回路电源),以防止高温、低温、过充、过放、过电流、漏电等对蓄电池和人身的损害。

8)网络通信:BMS需要与整车控制器等网络节点通信;同时,BMS在车辆上拆卸不方便,需要在不拆壳的情况下进行在线标定、监控、自动代码生成和在线程序下载(程序更新而不拆卸产品）等，一般的车载网络均采用 CAN 总线技术。

9）信息存储：用于存储关键数据，如 SOC、SOH、SOF、SOE、累积充放电安时数、故障码和一致性等。

10）电磁兼容：由于纯电动汽车使用环境恶劣，要求 BMS 具有好的抗电磁干扰能力，同时要求 BMS 对外辐射小。

（2）动力蓄电池管理系统的工作模式

动力蓄电池管理系统的工作模式主要有下电模式、待机模式、放电模式、充电模式、故障模式等。

1）下电模式：下电模式是整个系统的低压与高压部分处于不工作状态的模式。在下电模式下，BMS 控制的所有高压接触器均处于断开状态；低压控制电源处于不供电的状态。下电模式属于省电模式。

2）待机模式：BMS 在此模式下不处理任何数据，能耗极低，能快速启动。准备模式下，系统所有的接触器均处于未接合状态。在该模式下，系统可接受外界的点火锁、整车控制器、电机控制器、充电插头开关等部件发出的硬线信号或受 CAN 报文控制的低压信号来驱动各高压接触器，从而使 BMS 进入所需工作模式。

3）放电模式：BMS 在待机模式下检测到放电唤醒信号后，接收并执行整车控制器发来的动力蓄电池运行状态指令和接触器的动作指令，完成 BMS 上电及预充电流程，进入放电模式。

4）充电模式：当 BMS 检测充电唤醒信号时，系统即进入充电模式。在该模式下主正、主负继电器闭合，同时为保证低压控制电源持续供电，DC/DC 变换器须处于工作状态。

5）故障模式：BMS 在任何模式下检测到故障，均进入故障模式，同时上报整车控制器故障状态和相关故障代码。故障模式是控制系统中常出现的一种状态。由于纯电动汽车动力蓄电池的使用关系到用户的人身安全，因而系统对于各种相应模式总是采取安全第一的原则。BMS 对于故障的响应还需根据故障等级而定，当其故障级别较低时，系统可采取报错或发出轻微报警信号的方式告知驾驶员；而当故障级别较高，甚至伴随有危险时，系统采取直接断开高压接触器的控制策略。

五、充电系统

1. 慢充系统

（1）慢充系统的技术要求

1）慢充系统的定义：慢速充电系统通过慢速充电线束（充电桩慢速充电线束或家用慢速充电线束）与交流充电桩或 220V 家用交流插座相连，为动力蓄电池充电；慢速充电系统将 220V 交流电转化为直流电，实现电动汽车动力蓄电池的电能补给。慢充系统结构如图 1-2-36 所示。

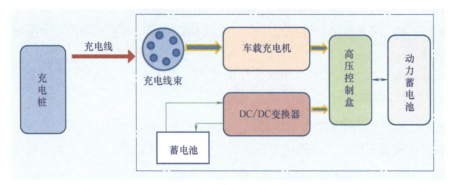

图 1-2-36　慢充系统结构

2）慢充充电技术要求：

① 充电线连接确认信号正常。

② 充电机供电电源正常（含 220V 和 12V）及充电机工作正常。

③ 充电唤醒信号输出正常（12V）。

④ 充电机、VCU、BMS 之间通信正常（主继电器闭合、发送电流强度需求）。

⑤ 动力蓄电池电芯温度大于 0℃ 且小于 45℃。

⑥ 单体电池最高电压与最低电压差小于 0.3V（300mV）。

⑦ 单体电池最高温度与最低温度差小于 15℃。

⑧ 绝缘电阻大于 20MΩ。

⑨ 实际单体电池最高电压不超过额定单体电压 0.4V。

⑩ 高、低压电路连接正常。

（2）慢充系统的组成与工作原理

1）慢充系统的组成：慢充系统主要由供电设备（充电桩）、车载充电机、高压控制盒、动力蓄电池、整车控制器、高压线束和低压控制线束等组成。

① 慢充充电接口：慢充使用的常规充电桩多采用家用 220V 电压供电，只需要把车载充电器插到停车场或者附近的电源插座上就可以充电。慢充所需电流和电压小，民用线路可以承受，安装方便，慢充充电接口如图 1-2-37 所示，慢充充电接口的定义和额定值见表 1-2-4、表 1-2-5。

在充电连接过程中，首先接通保护接地触头，最后接通控制导引触头与充电连接确认触头；断开过程相反。车辆充电接口的电气连接界面如图 1-2-38 所示，供电接口的电气连接界面如图 1-2-39 所示。

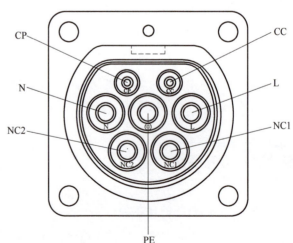

图 1-2-37　慢充充电接口

表 1-2-4　慢充充电接口定义

触头编号/标识	额定电压和额定电流	功 能 定 义
L₁	250V 10A/16A/32A	交流电源（单相）
	440V 16A/32A/63A	交流电源（三相）
L₂	440V 16A/32A/63A	交流电源（三相）
L₃	440V 16A/32A/63A	交流电源（三相）
N	250V 10A/16A/32A	中线（单相）
	440V 16A/32A/63A	中线（三相）
PE-接地	—	保护接地（PE），连接供电设备地线和车辆电平台
CC	0V-30V 2A	充电连接确认
CP	0V-30V 2A	控制导引

表 1-2-5　交流充电接口的额定值

额定电压/V	额定电流/A
250	10/16/32
440	16/32/63

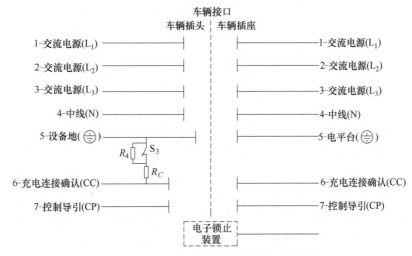

图 1-2-38　车辆充电接口的电气连接界面

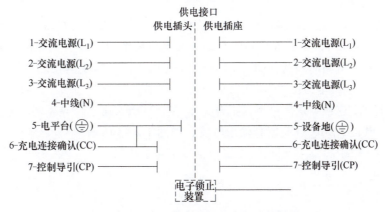

图 1-2-39　车辆供电接口的电气连接界面

② 车载充电机：车载充电机是指安装固定在纯电动汽车上，将交流电能转换为直流电能，采用传导方式为纯电动汽车动力蓄电池充电的专用装置，如图1-2-40所示。

车载充电机由交流输入接口、功率单元、控制单元、直流输出接口等部分组成。车载充电机作为纯电动汽车电气系统的一部分，被固定在底盘上。车载充电机的输入端，以标准充电接口的形式固定在车体上，用于连接外部电源；车载充电机的输出端，直接连接动力蓄电池系统慢充接口，如图1-2-41所示。

图1-2-40　车载充电机

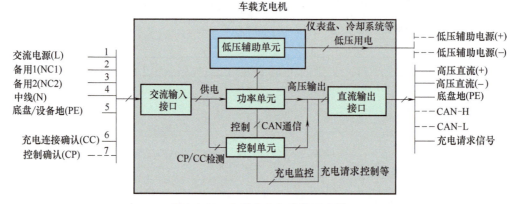

图1-2-41　车载充电机连接示意图

a. 交流输入端口：交流输入端口是车载充电机与地面供电设备的连接装置。

b. 功率单元：功率单元作为充电能量的传递通道，主要作用是在控制单元的配合下，把电网的交流电转换成动力蓄电池需要的高压直流电。

c. 控制单元：控制单元的主要作用是通过电力电子开关器件控制功率单元的转换过程，通过闭环控制方式精确地完成转换功能，并提供保护功能。

d. 低压辅助单元：低压辅助单元主要作用是为控制单元的电力电子器件提供低压供电及实现系统与外界的联系。

e. 直流输出端口：直流输出端口是车载充电机与动力蓄电池之间的连接装置。

2）慢充系统的工作原理：充电枪连接通过充电机反馈到VCU，再唤醒仪表显示连接状态（负触发）；充电机同时唤醒VCU和BMS（正触发），VCU唤醒仪表启动显示充电状态（负触发）；正、负主继电器由VCU发出指令由BMS控制闭合，如图1-2-42所示。

充电桩通过CC连接确认信号后，把开关S_1从12V端切换到PWM端；当检测点1电压降到6V时，充电桩K_1/K_2开关闭合输出电流，如图1-2-43所示。

充电控制流程如图1-2-44所示，主要包括以下主要步骤。

① 交流供电；

② 充电唤醒；

③ BMS检测充电需求；

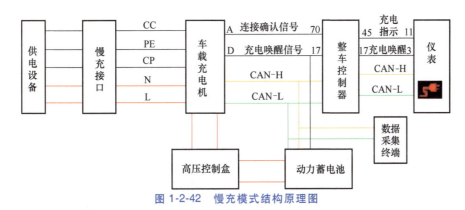

图 1-2-42　慢充模式结构原理图

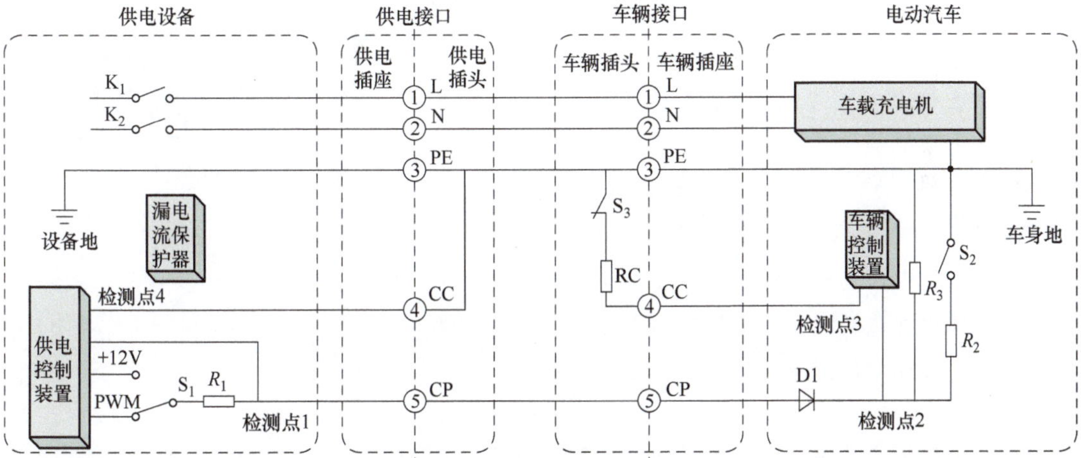

图 1-2-43　慢充模式工作原理

④ BMS 给车载充电机发送工作指令并闭合继电器；

⑤ 车载充电机开始工作，进行充电；

⑥ 电池检测充电完成后，给车载充电机发送停止指令；

⑦ 车载充电机停止工作；

⑧ 电池断开继电器。

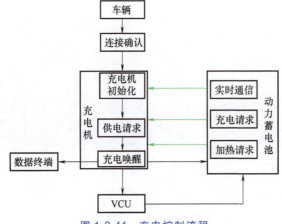

图 1-2-44　充电控制流程

2. 快充系统

（1）快充系统的技术要求

1）快充系统的定义：电动汽车的快充系统是把三相 380V 的交流电在充电桩内转换为高压直流，然后直接给动力蓄电池充电的装置。在快充模式下，通常在半小时内可以把动力蓄电池的 SOC 由 20% 充至 80% 的状态，如图 1-2-45 所示。

2）快速充电技术要求：

① 充电线连接确认信号正常；

② BMS 供电电源（12V）正常；

③ 充电唤醒信号（12V）输出正常；

④ 充电桩、VCU、BMS 之间通信正常（主继电器闭合、发送电流强度需求）；

图 1-2-45　快速充电

⑤ 动力蓄电池单体电池温度大于 5℃ 小于 45℃；

⑥ 单体电池最高电压与最低电压差小于 0.3V（300mV）；

⑦ 单体电池最高温度与最低温度差小于 15℃；

⑧ 绝缘电阻>20MΩ；

⑨ 实际单体电池最高电压不超过额定单体电压 0.4V；

⑩ 高、低压电路连接正常（远程开关关闭状态）。

（2）快充系统的组成与工作原理

1）快充系统的组成：快充系统主要由充电设备（充电桩）、高压控制盒、动力蓄电池、整车控制器、高压线束和低压控制线束等组成，如图 1-2-46 所示。

a）直流充电桩

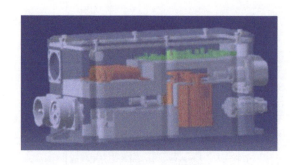

b）高压控制盒

图 1-2-46　快充系统的组成

① 快充充电接口：快充充电口有 9 个孔，中间两个大孔分别接直流正极和直流负极，快充充电接口如图 1-2-47 所示，快充充电接口定义及额定值如表 1-2-6、表 1-2-7 所示。

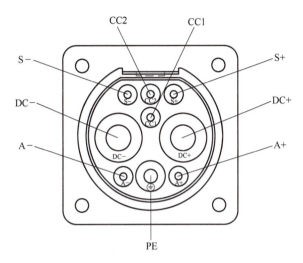

图 1-2-47 快充充电接口

表 1-2-6 快充充电接口定义

端口定义	额定电压和额定电流	功 能 定 义
DC+	750V/1000V 80A/125A/200A/250A	直流电源正,连接直流电源正与电池正极
DC-	750V1000V 80A/125A/200A/250A	直流电源负,连接直流电源负与电池负极
PE	—	保护接地（PE）,连接供电设备地线和车辆电平台
S+	0~30V 2A	充电通信 CAN_H,连接非车载充电机与电动汽车的通信线
S-	0~30V 2A	充电通信 CAN_L,连接非车载充电机与电动汽车的通信线
CC1	0~30V 2A	充电连接确认
CC2	0~30V 2A	充电连接确认
A+	0~30V 20A	低压辅助电源正,连接非车载充电机为电动汽车提供的低压辅助电源
A-	0~30V 20A	低压辅助电源负,连接非车载充电机为电动汽车提供的低压辅助电源

表 1-2-7 直流充电接口的额定值

额定电压/V	额定电流/A	额定电压/V	额定电流/A
750/1000	80	750/1000	200
	125		250

车辆插头和车辆插座在连接过程中触头耦合的顺序为：保护接地、直流电源正、直流电源负、车辆端连接确认，低压辅助电源正与低压辅助电源负、充电通信与供电端连接确认；在断开的过程中顺序则相反，直流充电接口的连接界面如图 1-2-48 所示。

② 高压控制盒：可以完成动力蓄电池电源的输出及分配，实现对支路用电器的保护及切断，如图 1-2-49 所示。

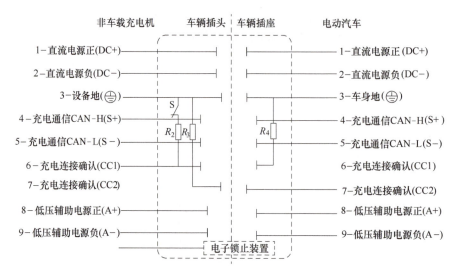

图 1-2-48　直流充电接口的连接界面

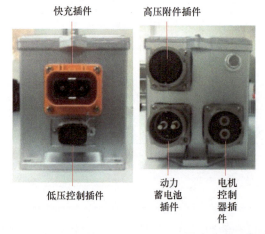

图 1-2-49　高压控制盒

2）快充系统的工作原理：快充模式系统结构原理如图 1-2-50 所示。

直流充电安全保护系统工作原理：直流充电安全保护系统包括非车载充电机控制装置，电阻 R_1、R_2、R_3、R_4、R_5，开关 S，直流供电回路接触器 K_1 和 K_2（可以仅设置 1 个）、低

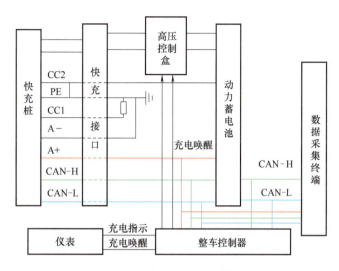

图 1-2-50　快充模式系统结构原理

压辅助供电回路接触器 K_3 和 K_4（可用仅设置 K_3）、充电回路接触器 K_5 和 K_6（可以仅设置 1 个）、电子锁以及车辆控制装置，其中车辆控制装置可以集成在蓄电池管理系统中。电阻 R_2 和 R_3 安装在车辆插头上，电阻 R_4 安装在车辆插座上。开关 S 为车辆插头的内部常闭开关，当车辆插头和车辆插座完全连接后，开关 S 闭合。在整个充电过程中，非车载充电机控制装置应能监测接触器 K_1、K_2，接触器 K_3、K_4 及电子锁状态并控制其接通及关断；纯电动汽车车辆控制装置应能监测接触器 K_5 和 K_6 状态并控制其接通及关断，如图 1-2-51 所示。

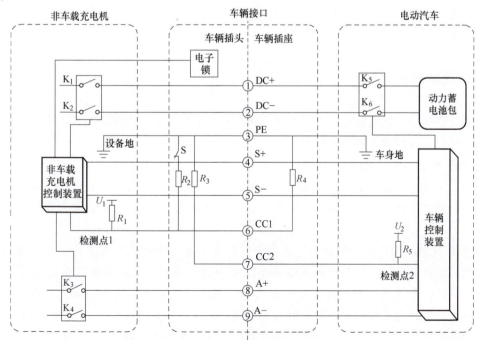

图 1-2-51　直流充电安全保护系统

直流充电过程：

① 将车辆插头和车辆插座插合后，车辆的总体设计方案可以自动启动某种触发条件，通过互锁或者其他控制措施使车辆处于不可行驶状态。

② 操作人员对非车载充电机进行充电设置后，非车载充电机控制装置通过测量检测点 1 的电压值判断车辆插头与车辆插座是否已完全连接，如检测点 1 的电压值为 4V，则判断车辆接口完全连接，非车载充电机控制电子锁锁止。

③ 在车辆接口完全连接后，如非车载充电机完成自检，则闭合接触器 K_3 和 K_4，使低压辅助供电回路导通，同时开始周期发送充电机辨识报文；在得到非车载充电机提供的低压辅助电源供电后，车辆控制装置通过测量检测点 2 的电压值判断车辆接口是否已完全连接；如检测点 2 的电压值为 6V，则车辆控制装置开始周期发送车辆控制装置（或蓄电池管理系统）辨识报文，该信号也可以作为车辆处于不可行驶状态的触发条件之一。

④ 车辆控制装置与非车载充电机控制装置通过通信完成"握手"和配置后，车辆控制装置闭合接触器 K_5 和 K_6，使充电回路导通，非车载充电机控制装置闭合接触器 K_1 和 K_2，使直流供电回路导通。

⑤ 在整个充电阶段，车辆控制装置通过向非车载充电机控制装置实时发送充电级别需求来控制整个充电过程，非车载充电机控制装置根据动力蓄电池充电级别需求来调整充电电压和充电电流，以确保充电正常进行。此外，车辆控制装置和非车载充电机控制装置还相互发送各自的状态信息。

⑥ 车辆控制装置根据动力蓄电池系统是否达到满充状态或是否收到充电机中止充电报文来判断是否结束充电。在满足以上充电结束条件时，车辆控制装置开始周期发送车辆控制装置（或蓄电池管理系统）中止充电报文，在一定时间后断开接触器 K_5 和 K_6；非车载充电机控制装置开始周期发送充电机中止充电报文，并控制充电机停止充电，之后断开接触器 K_1、K_2、K_3 和 K_4，然后将电子锁解锁。

3. 充电方式

纯电动汽车动力蓄电池充电方法主要有恒流充电、恒压充电和恒流限压充电，现代智能型蓄电池充电机可设置不同的充电方法。

① 恒流充电：恒流充电是指充电过程中使充电电流保持不变的充电方法。恒流充电具有较大的适应性，容易将动力蓄电池完全充满，有益于延长动力蓄电池的寿命。缺点是在充电过程中，需要根据逐渐升高的动力蓄电池电动势调节充电电压，以保持电流不变，充电时间也较长。

② 恒压充电：恒压充电是指充电过程中保持充电电压不变的充电方法，充电电流随蓄电池电动势的升高而减小。合理的充电电压，应在蓄电池即将充满时使其充电电流趋于 0。如果电压过高会造成充电初期充电电流过大和过充电，如果电压过低则会使蓄电池充电不足。充电初期若充电电流过大，则应适当调低充电电压，待蓄电池电动势升高后再将充电电压调整到规定值。恒压充电的优点是充电时间短，充电过程无须调整电压，较适合于补充充电。缺点是不容易将蓄电池完全充满，充电初期大电流对极板会有不利影响。

③ 恒流限压充电：恒流限压充电方法是先以恒流方式进行充电，当蓄电池组端电压上升到限压值时，充电机自动转换为恒压充电，直到充电完毕。

新能源汽车充电方式有交流慢充方式、直流快充方式、蓄电池更换充电方式、无线充电方式等，其中以交流慢充方式和直流快充方式为主，纯电动汽车上一般都有交流慢充和直流快充接口。两个充电接口从结构上是不同的，不能互换，如图 1-2-52 所示。插电式混合动力纯电动汽车因为蓄电池容量小，通常只配备交流充电接口。

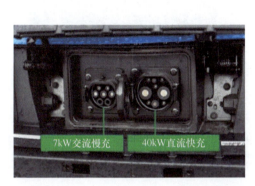 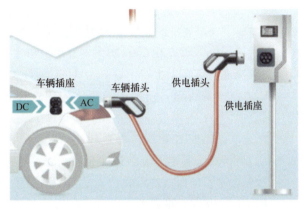

图 1-2-52　电动汽车充电口

④ 对纯电动汽车充电设备的要求：纯电动汽车的充电设备是指与纯电动汽车或动力蓄电池相连接，并为其提供电能的设备。对纯电动汽车充电设备有以下基本要求。

a. 安全性：纯电动汽车充电时，要确保人员的人身安全和动力蓄电池系统的安全。

b. 使用方便：充电设备应具有较高的智能性，不需要操作人员过多干预充电过程。

c. 成本经济：成本经济、价格低廉的充电设备有助于降低整个纯电动汽车的成本，提高运行效益，促进纯电动汽车的推广应用。

d. 效率高：高效率是对现代充电设备最重要的要求之一，效率的高低对纯电动汽车的充电时间具有重大影响，也会影响用户的充电体验。

e. 对供电电源污染小：采用电力电子技术的充电设备是一种高度非线性的设备，会对供电网及其他用电设备产生有害的谐波污染，而且由于充电设备功率因数低，在充电系统负载大量增加时，其对供电网的影响也不容忽视。

（1）交流充电

交流充电是通过交流充电桩充电接口，把电网的交流电输入纯电动汽车的慢充接口，经过汽车内部的车载充电机把交流电转成直流电后再输入动力蓄电池，完成充电的过程。交流充电桩没有功率转换模块，不做交直流转换。充电功率取决于车载充电机功率，如图 1-2-53 所示。

图 1-2-53　交流充电示意图

交流充电也可以使用标准家用电源插座或者预装的充电墙盒以及充电桩。交流充电方式采用恒压、恒流的传统充电方式对纯电动汽车进行充电，充电机的工作和安装成本相对比较低。纯电动汽车家用充电设施（车载充电机）和小型充电站多采用这种充电方式，如图 1-2-54 所示。

交流充电直接从低压照明电路取电，充电功率较小，由 220V/16A 规格的标准电网电源供电。典型的充电时间为 8～10h（SOC 由低于 20% 充至 95% 以上）。

交流充电具有以下主要优点。

① 充电技术成熟，技术门槛低，使用方便，容易推广普及。

② 充电设施配置简单，占地较小，投资少；蓄电池充电过程缓和，蓄电池能够深度充满，续驶里程更长。

图 1-2-54　电动汽车 7kW 壁挂式交流慢充充电桩

③ 充电时蓄电池发热温和，不易发生高温短路或爆炸危险，安全性较高。

④ 接口和相关标准较低。

⑤ 充电功率相对低，对配电网要求降低，基础设施配套需求小。

⑥ 交流充电一般选择夜间充电，可避开傍晚用电高峰期，享受低谷电价优惠，经济效益较好。

交流慢充方式具有以下主要缺点。

① 充电时间长。

② 主要用于有慢速充电需求的停车场所，如住宅小区停车场，社会公共停车场等，使用场景受到限制。

（2）直流快充

直流快充是用直流充电桩充电接口，把电网的交流电转化成直流电，输送到纯电动汽车的快充接口，电能直接进入动力蓄电池充电。直流充电桩内置功率转换模块，能将电网的交流电转换为直流电，无须经过车载充电机转换。直流充电的功率取决于蓄电池管理系统和充电桩输出功率中较小的那一个，如图 1-2-55 所示。

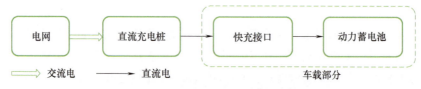

图 1-2-55　直流充电桩充电示意图

直流快充方式以 150～400A 的高电流在短时间内为蓄电池充电，与交流慢充方式相比，安装成本相对较高。快速充电也可称为迅速充电或应急充电，其目的是在短时间内给纯电动汽车充满电。

直流快速充电方式主要针对需要进行快速补充电能的情况进行充电，充电机功率很大，一般都大于 30kW，采用三相四线制 380V 供电。其典型的充电时间是 10~30min。这种充电方式对蓄电池寿命有一定的影响，特别是普通蓄电池在短时间内接受大量的电量会产生大量热量，直流充电桩如图 1-2-56 所示。

图 1-2-56　直流充电桩

直流快充方式具有以下主要优点。

① 技术较为成熟，接口标准要求较低。

② 充电速度快，有效提升纯电动汽车长途续驶能力，是一种有效的补充方案。

直流快充方式具有以下主要缺点。

① 充电功率较大，接口和用电安全要求提高，蓄电池热管理成为重要因素。

② 直流快充不能为蓄电池深度充电，一般可充至蓄电池容量的 80% 左右，容易损害蓄电池寿命，需要承担更多的蓄电池折旧成本。

③ 短时用电消耗大，对配电网要求较高，基础设施配套需求巨大。

④ 一般在白天和傍晚时间段充电，属于城市电力负荷高峰时段，对城市电网的安全性是一种威胁，而且不享受夜间电价打折。

（3）蓄电池更换方式

蓄电池更换方式通过更换动力蓄电池迅速补充车辆电能，蓄电池更换可在 10min 以内完成，大大提升了补能的便利性。

蓄电池更换方式具有以下主要优点。

① 用户体验和便利性接近传统的加油站加油。

② 用户可只购买裸车，蓄电池采用租赁的方式，大幅降低了车辆价格。

③ 采用适合的充电方式保证蓄电池的健康以及蓄电池效能的发挥，蓄电池集中管理便于集中回收和维护，减少环境污染。

④ 选择夜间用电低谷时段慢速充电，降低服务机构运行成本，对电网起到"削峰填谷"的作用。

蓄电池更换方式具有以下主要缺点。

① 基础设施建设成本较高，占用场地大，电网配套要求高。

② 需解决纯电动汽车更换蓄电池便利性的问题，例如蓄电池设计安装位置、蓄电池拆

卸难易程度等。

③ 需要纯电动汽车行业众多标准的严格统一，包括蓄电池本身外形和各项参数的标准化，蓄电池和电动车接口的标准化，蓄电池和外置充电设备接口的标准化等。

④ 频繁更换蓄电池容易导致蓄电池接口接触不良等问题，对蓄电池及车辆接口的安全可靠要求提高。

⑤ 蓄电池租赁带来了资产管理、物流配送、计价收费等一系列问题，运作更复杂，提高了运营成本。

(4) 无线充电方式

纯电动汽车无线充电是利用无线电能传输技术对蓄电池进行充电的一种新型充电方式，主要有电磁感应充电方式和磁共振充电方式，电磁感应式是将受电线圈安装在汽车的底盘上，将供电线圈安装在地面上，当纯电动汽车行驶到供电线圈正上方时，供电线圈中有交变电流通过，通过电磁感应在受电线圈中产生一定的电流，

如图 1-2-57a 所示；磁场共振式与电磁感应式工作原理大致相同，其区别在于磁场共振式中的供电线圈和受电线圈使用相同的共振周波，即谐振。将供电线圈和受电线圈调整到相同的频率，它们就可以交换彼此的能量，如图 1-2-57b 所示。

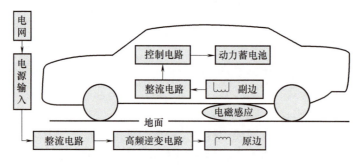

a) 电磁感应充电方式

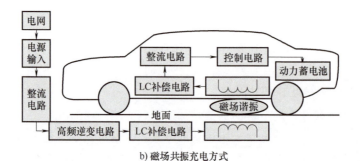

b) 磁场共振充电方式

图 1-2-57　无线充电方式

相对于纯电动汽车的有线充电而言，无线充电具有以下优势：
① 充电设备占地小，充电便利性高。
② 充电设施可无人值守，后期维护成本低。
③ 相同占地面积下，可充电的纯电动汽车数量提升，增大空间利用率。
无线充电具有以下缺点：

① 充电效率不高，峰值效率为90%左右，传统充电效率为95%左右。
② 传递功率不大，一般为10kW以下。
③ 无线充电主要采用电磁方式，存在辐射泄露的安全问题。

有了无线充电技术，公路上行驶的纯电动汽车或双能源汽车可通过安装在电线杆或其他高层建筑上的发射器快速补充电能。电费将从汽车上安装的预付卡中扣除，如图1-2-58所示。

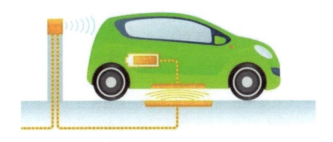

图1-2-58 纯电动汽车无线充电示意图

（5）移动式充电方式

移动充电是指纯电动汽车在路上巡航时进行充电，有接触式和感应式两种，如图1-2-59所示。

1) 接触式移动充电：接触式移动充电系统需要在车体的底部装一个接触拱，通过与嵌在路面上的充电元件相接触，接触拱便可获得瞬时高电流。当纯电动汽车行驶通过移动式充电区时，为纯电动汽车充电。

2) 感应式移动充电：车载式接触拱被感应线圈所取代，嵌在路面上的充电元件被可产生强磁场的高电流绕组取代，便成为感应式移动充电系统。

图1-2-59 纯电动汽车移动充电

（6）充电注意事项

当纯电动汽车SOC显示20%左右时，就应该充电。

纯电动汽车充电要注意以下事项：

1) 选择充电方式：充电方式有快充和慢充，要阅读使用说明书，选择最佳充电方式。

2) 快速充电：快速充电的电流电压较高，短时间内对蓄电池的冲击较大，容易令蓄电池的活性物质脱落并产生热量，因此对蓄电池保护散热方面有更高的要求，并不是每款车型都可使用快速充电设备。

3) 常规充电：常规充电采用随车配备的便携式充电设备进行充电，可使用家用电源或专用的充电桩电源。充电电流较小，一般为16~32A，充电时间为5~8h。

4) 低谷充电：可充分利用电力低谷时段进行充电，降低充电成本。

5)正确掌握充电时间:在使用过程中,应根据实际情况准确把握充电时间,参考平时使用频率及行驶里程情况,把握充电频次。正常行驶时,如果电量表指示红灯和黄灯亮,就应充电;如只剩下红灯亮,应停止运行,尽快充电,否则蓄电池过度放电会严重缩短其寿命。如果充满电后运行时间较短就充电,充电时间不宜过长,否则会过度充电,使蓄电池发热。过度充电、过度放电和充电不足都会缩短蓄电池寿命。

6)避免大电流放电:纯电动汽车在起步、加速、上坡时,尽量避免猛踩加速踏板,形成瞬间大电流放电,大电流放电容易损害蓄电池极板的物理性能。

7)车辆长期不用时,蓄电池一般采用半电存储,SOC可以为30%~60%。

为了防止纯电动汽车在充电过程中过充,应注意以下事项:

1)设置好时间:用充电桩进行充电时,一定要设置好时间,不要过分充电。应该根据纯电动汽车所剩余电量的实际情况,选择充电时间。如果时间过长,可能损害蓄电池健康。

2)定时检查:在给纯电动汽车充电时,应该定时去检查一下,看一看电量是否充满。如果充满就应该及时拔掉电源。

3)利用好时段:一般情况的纯电动汽车充满电量需要5~8h,所以说,充电应该利用好时间段。提前计算好充电时间,比如利用晚上时间,从晚上10点开始充,到第二天早晨6点断电,正好8h。

4)勤充少充:如果选择在办公室充电,而且是用交流充电的话,最好的方法是充电次数多一些,每次充电时间少一些。比如上午8点半到达办公室就开始充电,中午12点拔掉电源,然后开车回家。

5)蓄电池不要闲置太久:纯电动汽车不应闲置一两个月才行驶一次,那样对蓄电池的损伤很大。经常使用,就能激发蓄电池的活性,变得更加耐用。

第三章 认识底盘系统

一、悬架系统

1. 常见的悬架系统与作用

汽车悬架可分为两大类：非独立悬架和独立悬架。

（1）非独立悬架

非独立悬架的两侧车轮安装于一根整体式车桥上，车桥通过悬架与车架相连。这种悬架结构简单，传力可靠，但两轮受冲击振动时互相影响。而且由于非悬架系统质量较大，悬架的缓冲性能较差，行驶时汽车振动、冲击较大。该悬架结构一般多用于载重汽车、普通客车和一些越野车上，如图 1-3-1 所示。

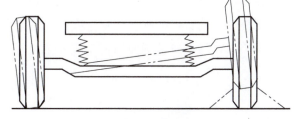

图 1-3-1 非独立悬架

1) 钢板弹簧式非独立悬架：钢板弹簧被用做非独立悬架的弹性元件，由于它兼起导向机构的作用，使得悬架系统大为简化，如图 1-3-2 所示。

这种悬架形式被广泛用于货车的前、后悬架中。它中部用 U 型螺栓将钢板弹簧固定在车桥上。悬架前端为固定铰链。它由钢板弹簧销钉将钢板弹簧前端卷耳部与钢板弹簧前支架连接在一起，前端卷耳孔中为减少磨损装有衬套。后端卷耳通过钢板弹簧吊耳销与后端吊耳与吊耳架相连，后端可以自由摆动，形成活动吊耳。当车架受到冲击弹簧变形时两卷耳之间的距离有变化的可能。

2) 螺旋弹簧非独立悬架：因为螺旋弹簧作为弹性元件，只能承受垂直载荷，所以其悬架系统要加设导向机构和减振器，如图 1-3-3 所示。

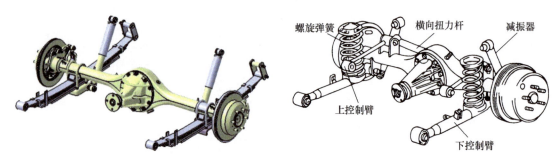

图 1-3-2　钢板弹簧式非独立悬架　　　　图 1-3-3　螺旋弹簧非独立悬架

（2）独立悬架

在独立悬架结构中，每个车轮单独通过一套悬架安装于车身或者车桥上，车桥采用断开式，中间一段固定于车架或者车身上；此种悬架两边车轮受冲击时互不影响，而且由于簧下质量较轻；缓冲与减振能力很强，乘坐舒适。各项指标都优于非独立式悬架，但该悬架结构复杂，而且还会使驱动桥、转向系变得复杂起来。

1）麦弗逊式：麦弗逊式是当今最为流行的独立悬架结构之一，一般用于轿车的前轮。简单地说，麦弗逊式悬架的主要结构即是由螺旋弹簧、减振器以及下控制臂组成，减振器可以避免螺旋弹簧受力时向前、后、左、右偏移的现象，限制弹簧只能作上下方向的振动，并可以用减振器的行程长短及阻尼，来设定悬架的性能，如图 1-3-4 所示。

麦弗逊式悬架优点是在行车舒适性上的表现令人满意，其结构体积不大，可有效扩大车内乘坐空间。但也由于其构造为直筒式，抗侧向冲击能力较弱，抗制动点头作用较差。

2）双叉臂式：双叉臂式悬架又称双 A 臂式独立悬架，双叉臂悬架拥有上下两个叉臂，横向力由两个叉臂同时吸收，支柱只承载车身重量，因此横向刚度大。双叉臂式悬架的上下两个 A 字形叉臂可以精确地定位前轮的各种几何参数，当前轮转弯时，上下两个叉臂能同时承受横向力，加上两叉臂的横向刚度较大，所以为车辆带来较高的操控性，如图 1-3-5 所示。

图 1-3-4　麦弗逊式前悬架　　　　图 1-3-5　双叉臂式悬架

3）双横臂式：双横臂式悬架和双叉臂式悬架有着许多共性，只是结构比双叉臂式简单些，也可以称之为简化版的双叉臂式悬架。同双叉臂式悬架一样，双横臂式悬架的横向刚度也比较大，一般也采用上下不等长的摇臂设置。而有的双横臂的上下臂不能起到纵向导向作用，还需要另加拉杆导向。这种结构较双叉臂更简单，双横臂悬架性能介于麦弗逊悬挂和双叉臂悬架之间，拥有不错的运动性能，一般使用在紧凑级或者中级以上的家用车上，如图 1-3-6 所示。

图 1-3-6　双横臂式悬架

（3）悬架系统的作用

① 连接车架（或车身）和车桥（或车轮），把路面作用到车轮的各种力传给车架（或车身）。
② 缓和冲击、衰减振动，使乘坐舒适，具有良好的平顺性。
③ 保证汽车具有良好的操纵稳定性。

 2. 前悬架的作用与组成

（1）前悬架的作用

汽车前悬架系统的作用是最大限度地增加轮胎与路面之间的摩擦力，能够提供良好的转向操纵性和稳定性以及确保乘客的舒适度。它能够吸收车轮垂直加速的能量，使车轮在上下跳动的同时车架和车身尽可能不受干扰。

（2）前悬架的组成

纯电动汽车前悬架组成如图 1-3-7 所示。

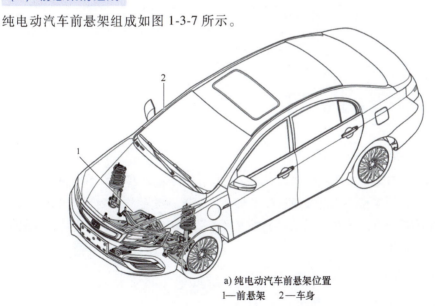

a）纯电动汽车前悬架位置
1—前悬架　2—车身

图 1-3-7　纯电动汽车前悬架

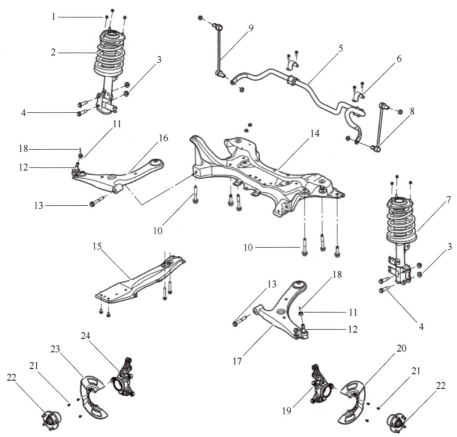

b) 纯电动汽车前悬架结构

1—前减振器上螺母 2—右前支柱总成 3—前减振器与转向节连接螺母 4—前减振器与转向节连接螺栓 5—前防倾杆 6—前防倾杆固定夹、衬套及螺栓 7—左前支柱总成 8—左前防倾杆连接杆总成 9—右前防倾杆连接杆总成 10—前下摆臂后连接螺栓 11—球头槽形螺母 12—前下摆臂球头 13—前下摆臂前连接螺栓 14—前副车架 15—纵梁 16—右前下摆臂总成 17—左前下摆臂总成 18—开口销 19—左转向节 20—左前防尘罩 21—防尘罩安装螺栓 22—前轮毂总成 23—右前防尘罩 24—右转向节

图 1-3-7 纯电动汽车前悬架（续）

 3. 后悬架的作用与组成

（1）后悬架的作用

扭力梁式半独立悬架也称为扭力梁式悬架，包括：两个减振器、两个螺旋弹簧，后悬架总成和两个橡胶衬套。车桥支承总成通过位于每个控制臂前侧的橡胶衬套连接至车身底部，车桥结构维持车轮与车身的关联，通过一个扭力梁来平衡左右车轮的上下跳动，以减小车辆的摇晃，保持车辆的平稳。

（2）后悬架的组成

纯电动汽车后悬架如图 1-3-8 所示。

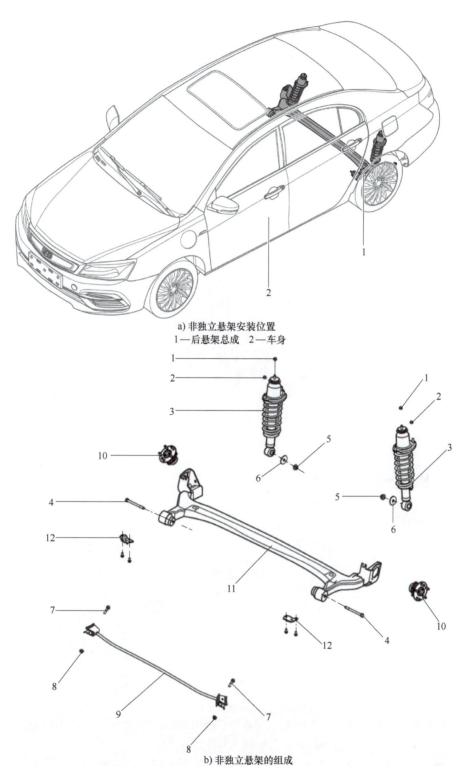

a) 非独立悬架安装位置
1—后悬架总成 2—车身

b) 非独立悬架的组成
1—后支柱总成锁紧螺母 2—后支柱总成与车身的固定螺母 3—后支柱总成 4—后桥总成与车身的固定螺栓 5—后减振器与后桥总成的固定螺母 6—后减振器与后桥总成的固定垫片 7—后防倾杆总成与后桥总成的固定螺栓 8—后防倾杆总成与后桥总成的固定螺母 9—后防倾杆总成 10—轮毂单元 11—后桥总成 12—后轴支柱加强板

图 1-3-8 纯电动汽车后悬架

二、制动系统

1. 前制动系统结构与工作原理

(1) 前制动系统的结构组成

前盘式制动系统由下列部件组成:制动衬块、制动衬块导向片、制动盘、制动钳、制动钳和制动衬块支架、制动钳浮动销,如图 1-3-9 所示。

a) 前盘式制动器总成

b) 前盘式制动器分解
1—前转向节 2—前防尘罩 3—前防尘罩安装螺栓 4—前制动钳总成 5—前轮毂总成 6—前制动盘

图 1-3-9 前制动系统的结构组成

1)制动衬块:制动衬块将来自液压制动钳的机械输出力作用在制动盘的擦面上。

2)制动衬块导向片:制动衬块导向片位于盘式制动衬块和制动衬块安装支架之间,保持制动衬块移动顺畅,消除噪音。

3）制动盘：制动盘利用盘式制动衬块作用在其摩擦面上的机械输出力产生摩擦力来减慢轮胎和车轮总成的转速，对车辆进行制动。

4）制动钳：制动钳接受来自制动总泵的液体压力，把液体压力转换成机械输出力作用在内制动衬块上；当总泵回位时，制动钳活塞自动回位。

5）制动钳和制动衬块支架：制动钳和制动衬块支架用于将盘式制动衬块和制动钳固定到位，且和液压制动钳保持正确的配合位置，当机械输出力作用在内制动衬块上时，使制动衬块滑动。

6）制动钳浮动销：制动钳浮动销用于安装液压制动钳，并将制动钳固定到位，且和制动钳支架保持正确的配合位置，当有机械输出力作用时，使制动钳相对于制动衬块滑动。

（2）前制动系统的工作原理

来自液压制动钳活塞的机械输出力作用在内制动衬块上，当活塞向外推压内制动衬块时，制动钳壳体同时向内拉动外制动衬块，从而使输出力均匀分配，制动衬块将输出力作用到制动盘两面的摩擦面上，从而减慢轮胎和车轮总成的转速，制动衬块导向片和制动钳浮动销的功能是否正常对均匀分配制动力非常重要。前制动器的工作原理如图1-3-10所示。

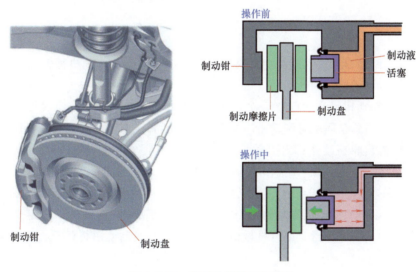

图1-3-10　前制动器的工作原理

 2. 后制动系统结构与工作原理

（1）后制动器的结构组成

后盘式制动系统由下列部件组成：制动衬块、制动衬块导向片、制动盘、制动钳、制动钳和制动衬块支架、制动钳浮动销，如图1-3-11所示。

1）制动衬块：制动衬块将来自液压制动钳的机械输出力作用在制动盘的摩擦面上。

2）制动衬块导向片：制动衬块导向片位于盘式制动衬块和制动衬块安装支架之间，保持制动衬块移动顺畅，消除噪声。

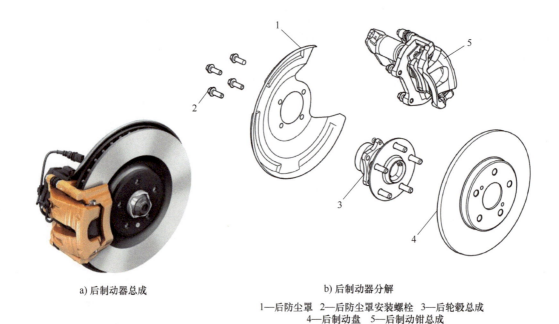

a) 后制动器总成　　　　　　　b) 后制动器分解
1—后防尘罩　2—后防尘罩安装螺栓　3—后轮毂总成
4—后制动盘　5—后制动钳总成

图 1-3-11　后制动器的结构组成

3）制动盘：制动盘利用盘式制动衬块作用在制动盘摩擦面上的机械输出力来降低轮胎和车轮总成的转速，进行车辆的制动。

4）制动钳：制动钳接受来自制动总泵的液体压力，把液体压力转换成机械输出力作用在内制动衬块上；当总泵回位时制动钳活塞自动回位，有些车型的制动钳还集成了电子驻车制动（EPB）电机，能够通过 EPB 开关控制，实现电子驻车。

5）制动钳和制动衬块支架：制动钳和制动衬块支架用于将盘式制动衬块和制动钳固定到位，且和液压制动钳保持正确的配合位置，当机械输出力作用在制动衬块上时，使制动衬块滑动。

6）制动钳浮动销：制动钳浮动销用于安装液压制动钳，并将制动钳固定到位，且和制动钳支架保持正确的配合位置，当有机械输出力作用时，使制动钳相对于制动衬块滑动。

（2）后制动器的工作原理

来自液压制动钳活塞的机械输出力作用在内制动衬块上，当活塞向外推压内制动衬块时，制动钳壳体同时向内拉动外制动衬块，从而使输出力均匀分配，制动衬块将输出力作用到制动盘两面的摩擦面上，从而降低轮胎和车轮总成的转速，制动衬块导向片和制动钳浮动销的功能是否正常对均匀分配制动力非常重要。

3. 驻车制动系统结构与工作原理

（1）驻车制动系统的结构组成

由驻车制动控制电机直接控制后轮制动卡钳来实现驻车制动的 EPB 系统，主要部件包括驻车制动开关、驻车制动控制单元和驻车制动执行电机等三部分，如图 1-3-12 所示。

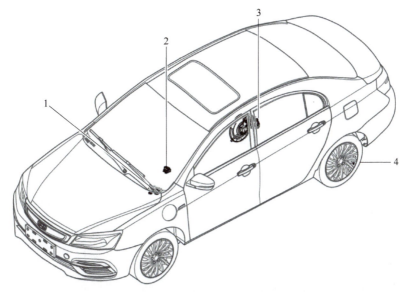

图 1-3-12　驻车制动的结构组成

1—EPB 控制器　2—EPB 开关　3—右后驻车制动电机　4—左后驻车制动电机

1）驻车制动开关：驻车制动开关位于变速杆左侧控制面板上，向上拉动驻车制动开关时驻车制动锁止，向下按下驻车制动开关时驻车制动释放。

2）EPB 控制单元：EPB 系统设计有独立的控制单元，该控制单元安装副仪表板内变速杆安装支架内的车身底板上面，主要功能就是接收 EPB 开关的信息和 CAN 数据总线上的信息，通过对这些信息的处理和分析然后对驻车制动控制电机进行控制。

3）驻车制动执行电机：驻车制动执行电机分别安装于左右后轮的制动卡钳上，该电机分为直流电机和齿轮箱两部分，并且与后轮制动卡钳集成到一起。控制电机在驻车制动期间工作，控制电机内部没有相应的传感器检测制动片的夹紧力，而是通过啮合制动片时负荷的变化导致电机电流的变化来了解制动片的夹紧力，然后由 EPB 控制单元控制直流电机的工作。

装备 EPB 系统的车型，如果出现了驻车制动不能够释放的故障时，需要将驻车制动控制电机的后盖板打开，然后使用一个专用的扳手旋转执行电机内的推杆使制动卡钳释放。完成这项操作后需要使用专用的诊断仪对 EPB 制动卡钳进行复位。

(2) 驻车制动的工作原理

1）电子驻车制动系统的优点包括：

① 在驱动电机关闭后能够自动施加驻车制动。

② 不同驾驶员力量大小有差别，传统驻车制动系统的效果因操作力度大小而不同，EPB 制动力稳定，不会因人而异，代替了传统的驻车制动系统使驻车制动可以通过手动的简单的开关操作来实现驻车制动，大大提升了整车舒适性与安全性。

③ 可以增加辅助起步功能。

④ 操作装置占空间较小，使车辆内部设计更加方便。

2）电子驻车系统工作原理：

① 静态驻车及解除：车辆在停止时，拨动 EPB 开关，EPB 系统工作制动锁止车辆。释放驻车制动时，启动开关处于 ON 位置（电机工作或不工作均可），踩下行车制动踏板，按下 EPB 开关，EPB 系统停止制动锁止。如果车辆的前机舱盖和行李舱盖以及 4 个车门都是 OFF 状态时，变速杆从 P 位移到 R 位或 D 位时，EPB 系统也会自动释放。

② 动态应急制动：车辆在行驶过程中，驾驶员拨动 EPB 开关，EPB 控制单元收到开关信号后通过数据总线要求 ESC 系统控制行车制动，如果行车制动系统或是 ESC 系统故障，由 EPB 控制单元直接控制驻车制动系统工作（仅限于后轮）来应对这种紧急情况。EPB 系统的动态制动控制是持续进行的，直到松开 EPB 开关为止。在动态制动工作期间，驻车制动警告灯将会一直闪烁。

③ 坡道驻车及辅助：坡道驻车时，EPB 会根据集成在液压电子控制模块中的纵向加速度传感器来测算坡度，从而计算出车辆在斜坡上由于重力而产生的下滑力，EPB 系统就会对后轮施加制动力平衡下滑，实现坡道驻车。当车辆坡道起步时，EPB 坡道辅助功能会根据坡道角度、驱动电机转矩、加速踏板位置、档位等信息来计算释放时机，当车辆的牵引力大于下滑力的时候，自动释放驻车制动，辅助坡道起步。驻车制动电气原理如图 1-3-13 所示。

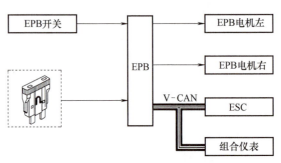

图 1-3-13　驻车制动电气原理

4. 液压制动系统的组成与工作原理

（1）液压制动系统的组成

液压制动系统包括以下部件：制动踏板、制动踏板推杆、真空助力器、电动真空泵、真空软管、制动总泵储液罐、制动总泵、制动分泵，如图 1-3-14 所示。

1）制动踏板：制动踏板从驾驶员处接收、放大和传输制动系统输入力。

2）制动踏板推杆：制动踏板推杆将经过放大的制动踏板输入力传递到真空助力器。

3）真空助力器：驾驶员对制动系统输入的力通过制动踏板而放大，并由制动踏板推杆传递到真空助力器，经过真空助力器进一步放大后施加到液压制动总泵。真空助力器利用真空源放大制动力，减少驾驶员施加在制动踏板的操纵力。

4）电动真空泵：电动真空泵使用车载电源驱动泵体，用于形成制动助力器真空。

5）真空软管：真空软管用于输送真空助力器所需的真空源。

6）制动总泵储液罐：储液罐内部装有供液压制动系统使用的制动液。

7）制动总泵：制动总泵将机械输入力转换为液压输出压力，液压输出压力从总泵分配到两个液压油路，为对角车轮制动油路供油。

8）制动分泵：将液压输入压力转换为机械输出力。

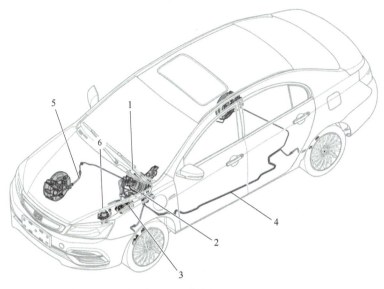

图 1-3-14 液压制动系统的组成

1—真空助力器　2—制动主缸　3—液压电子稳定性控制单元（ESC 系统）　4—制动硬管　5—制动软管　6—电动真空泵

（2）液压系统的工作原理

来自制动踏板的机械力由总泵转换为油液压力，经过液压电子控制单元的调整后，通过制动硬管和软管输送到制动分泵，制动分泵再将油液压力转换成机械力，从而使制动衬块压紧制动盘，使车辆制动。

在电机-泵单元（线性执行器）的制动压力建立阶段，驾驶员踩着制动踏板（正常制动），液压单元压力建立情况如图 1-3-15 所示。

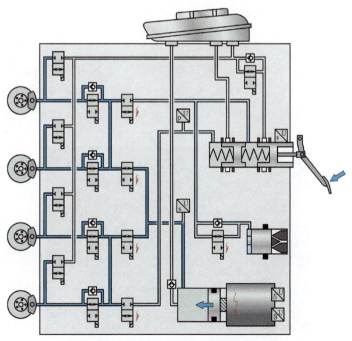

图 1-3-15 液压单元压力建立

在液压备用/应急工况时的制动压力建立情况如图1-3-16所示。

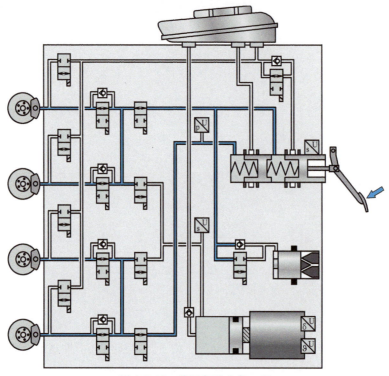

图1-3-16 液压备用应急工况

 5. 电子稳定系统的组成与工作原理

（1）电子稳定（ESC）系统的组成

ESC系统包含ESC电子控制单元、液压控制单元，实现基本的功能有电子制动力分配（EBD）、ABS、牵引力控制系统（TCS）、VDC等，以及ESC的扩展功能坡道辅助（HHC）、液压制动辅助（HBA）、车辆动态减速（CDP）。真空管理系统（VAM）、制动能量回收模块（RBS）软件集成在ESC电子控制单元中，如图1-3-17所示。

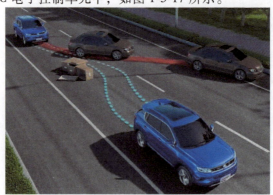

图1-3-17 电子稳定（ESC）系统的作用

电子稳定系统包括ESC控制模块、车轮速度传感器、转向盘转角传感器,如图1-3-18所示。

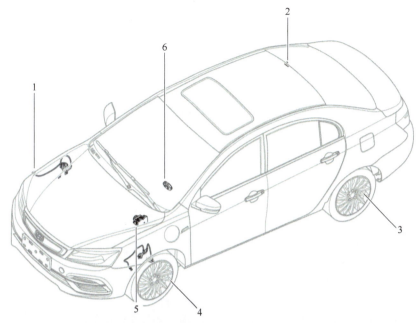

图1-3-18 电子稳定系统(ESC)的组成

1—右前轮速传感器 2—右后轮速传感器 3—左后轮速传感器 4—左前轮速传感器
5—ESC控制模块 6—转向盘转角传感器

1) ESC控制模块:ESC控制模块控制ESC系统功能并检测故障。当点火开关接通并且未出现防抱死制动系统故障诊断码时,系统给继电器通电,从而向电磁阀和液压泵提供蓄电池正极电压。ESC控制模块不断检测车轮的状态,控制车轮的滑移率保持在一定的范围内,从而保持车辆的稳定性。液压控制管路采用对角线分路式配置,使制动总泵的油液一路流向左前轮和右后轮,另一路油液流向右前轮和左后轮。对角分路在液压控制上是隔离的,这样当一条制动主管路泄漏或出现故障时,另一路可保证连续的制动能力,如图1-3-19所示。ESC控制模块包括如下主要部件:

① ESC控制模块;
② ESC泵及其继电器;
③ 进油阀,每个进油阀控制一个车轮;
④ 排油阀,每个排油阀控制一个车轮;
⑤ 电磁线圈继电器。

2) 车轮速度传感器:车轮速度传感器是霍尔型转速传感器,随着车轮旋转,ABS控制模块利用轮速信号计算车轮速度。车轮速度传感器可以单独更换,但信号盘(齿圈)固定在半轴上,需要和半轴一同更换。

3) 制动灯开关:制动灯开关在踩下制动踏板时点亮制动灯,同时向ABS控制模块发送制动信号。

4) ABS警告灯:ABS警告灯位于组合仪表上,通过点亮来通知驾驶员ABS发生故障。

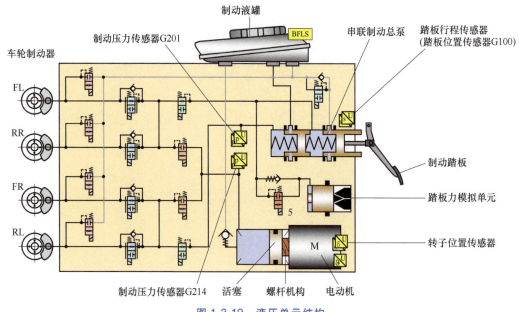

图 1-3-19 液压单元结构

当发生如下事件时,仪表板组合仪表将启亮 ABS 警告灯:

① ABS 控制模块检测到 ABS 有故障,组合仪表通过 CAN 从 ABS 控制模块接到一条请求启亮信息。

② 组合仪表在每个点火循环开始时执行自检测试,指示灯启亮约 3s。

③ 组合仪表检测到与 ABS 控制模块之间的通信丢失。

5)EBD 警告灯:EBD 警告灯位于组合仪表上,通过点亮来通知驾驶员 EBD 发生故障。当 ABS 警告灯亮但 EBD 警告灯不亮时仍有 EBD 功能,当 ABS 警告灯和 EBD 警告灯等都亮时 ABS 和 EBD 功能都失效。

6)ESC OFF 警告灯:警告灯位于仪表控制面上,通过点亮来通知驾驶员 ESC 功能关闭。

(2)电子稳定系统的工作原理

1)EBD 功能:EBD 即电子制动力分配,能够识别后轮先于前轮抱死的趋势,通过及时调整后轮制动力,保证后轮不先于前轮抱死,保证车辆稳定性。系统为自动开启状态,当车辆制动时,系统自动监控前后轮的滑移率并进行比较,在 ABS 起作用前,通过阀门调节后轮管路压力,使前后轮能够同时抱死。当系统监测到故障时,EBD 功能会立即关闭,如图 1-3-20 所示。

EBD 失效时,仪表上的 EBD 警告灯会点亮,直至故障排除。故障排除后,在下一点火循环恢复功能。

2)ABS 功能:ABS 即制动防抱死系统,能够在早期识别出某一个或几个车轮抱死的趋势,并降低这一个或几个车轮的制动压力,保证即使在紧急制动车辆时,车辆仍能够转向,从而躲避障碍物并降低车速或停车。

ABS 为自动开启状态,当车辆制动时,系统自动监控各前后轮的滑移率,在车轮抱死前,通过保压、减压、增压等阶段,调节轮缸液压,使车轮滑移率处于规定的范围,防止车

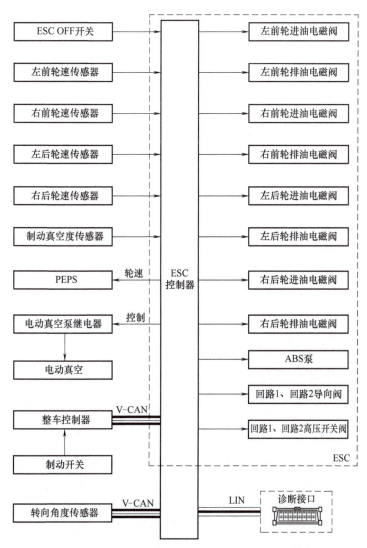

图 1-3-20 电子稳定系统（ESC）电气原理示意图

轮抱死。当系统监测到故障时，ABS 会立即关闭。

系统上电时会进行自检，此时仪表指示灯常亮，几秒后若无故障则熄灭。系统监测到 ABS 失效时，仪表上 ABS 故障灯会点亮，直至故障排除。故障排除后，在下一点火循环恢复功能。

3）TCS 功能：TSC 即牵引力控制系统，能够识别车辆起步或者加速过程中的驱动轮打滑的趋势，通过干预动力输出或者施加车轮制动，控制车轮滑转率，保证车辆的驱动稳定性和舒适性。

系统为自动开启状态，驾驶员可以通过面板上的 ESC OFF 开关进行关闭。在功能开启状态下，启动或加速时，系统自动监控驱动轮的滑转率，超过设定值范围时，系统降低动力输出转矩或对车轮进行液压制动，防止车轮打滑以致侧向附着力降低；滑转率低于设定值范围时，增加动力输出（不高于驾驶员需求）和降低制动力矩。系统监测到故障时，TCS 会立即关闭。当驾驶员需求转矩小于可能导致打滑的输出转矩时，TCS 对动力输出的干预会立即停止。

系统上电时，系统会进行自检，此时仪表指示灯常亮，几秒后若无故障则熄灭。TCS 失效时，仪表上 ESC 故障灯会点亮，若故障不排除，故障灯会一直点亮。故障排除后，在下一点火循环恢复功能。当 ESC OFF 开关被按下，TCS 功能关闭，仪表上 ESC OFF 灯常亮。

4）VDC 功能：VDC 即车辆动态稳定性控制，能够识别整车实际状态与驾驶意图的差别，通过调整车轮制动压力或干预动力管理控制（或干预驱动电机管理控制），从而防止车辆失控，提高车辆稳定性。

系统为自动开启状态，驾驶员可以通过面板上的 ESC OFF 开关进行关闭。当功能开启时，系统会监控驾驶员的操纵输入（如打转向盘、踩下加速踏板等），并和整车实际行驶轨迹做比较，当汽车出现转向不足或转向过度时，系统会根据情况对动力输出和车轮制动进行操作，修正汽车的行驶轨迹，防止车辆滑出车道或甩尾，保证行车安全。

系统上电时，会进行自检，此时仪表指示灯常亮，几秒后若无故障则熄灭。当系统监测到 VDC 失效时，仪表上 ESC 故障灯会点亮，直至故障排除。当 ESC OFF 开关被按下，VDC 功能关闭，仪表上 ESC OFF 灯常亮。

5）HHC 功能：HHC 即坡道起步辅助，在坡道起步时，驾驶员松开制动踏板，车辆仍能保持原位，简化坡起操作。

系统为自动开启状态，车辆在坡道上踩制动踏板静止，当驾驶员意图行驶，松开制动踏板去踩加速踏板时，坡道起步辅助系统继续在四个车轮上施加液压制动力，防止车轮后溜。保持车辆停止时间为 1s，当驱动力大于起步阻力时，该系统会立即释放车轮上的液压制动力，让车辆起步。功能激活时，后制动灯点亮。

6）HBA 功能：HBA 即紧急制动辅助，用于防止紧急情况下驾驶员踩下制动踏板的力度不足，能够在需要紧急制动时为驾驶员提供最大制动力，从而减少制动距离。

系统为自动开启状态，若监测到驾驶员踩下踏板的速度和力度超过门限值，则自动增加制动液压至车轮抱死压力。

系统监测到 HBA 失效时，仪表上 ESC 故障灯会点亮，直至故障排除。

7）HBB 功能：HBB 即液压助力辅助，能够在真空度不足时，由 ESC 提供液压制动。系统为自动开启状态，系统若检测系统真空度低，ESC 自动按照设定曲线增加制动液压，当制动灯开关、助力器、轮速传感器故障时，系统按照设定的策略进行液压助力，保证基本减速度的情况下又不至于过制动造成车轮抱死甩尾。

系统监测到 HBB 激活时，仪表上 ESC 故障灯会点亮；当 HBB 功能失效时，仪表上驻车系统故障警告指示灯、ESC 故障灯会点亮。

8）CDP 功能：CDP 能够在驾驶员拉驻车开关做紧急制动时，控制 ESC 对四轮进行液压制动，减少制动距离。

系统为自动开启状态，当车速大于 3km/h，需要做紧急制动时，驾驶员直接拉起 EPB 开关，CDP 控制 ESC 对四轮进行液压制动，减速度可达到 $6m/s^2$。

系统监测到 CDP 失效时，仪表上 ESC 故障灯会点亮。CDP 激活时，车尾红色制动灯点亮。

9）VAM 功能：VAM 即真空管理系统，其功能是对电动真空泵工作进行控制管理。

系统默认为自动开启状态，当助力系统真空度低于设定值时，ESC 控制电动真空泵工作，为助力器提供真空，真空度值高于设定值时，ESC 控制电动真空泵停止工作；真空度设定值会随着车速的变化而相应提高，保证行车安全的前提下延长 EVP 的使用寿命。

系统监测到 VAM 失效时，仪表上 ESC 故障灯会点亮。

10）RBS 功能：RBS 即制动能量回收系统，在满足整车稳定的前提下，踩制动踏板制动时，进行电机制动力矩输出控制，进而回收车辆动能。

系统默认为自动开启状态，当驾驶员需要减速踩制动踏板时，RBS 会控制电机进行制动能量回收，电机制动力矩与液压制动力矩直接叠加，在减速度 $0.2g$ 时可达到 65% 的电机制动比率，整车制动能量回收率约为 9%。

系统监测到 RBS 失效时，仪表上 ESC 故障灯会点亮。

11）自诊断测试：ABS 控制模块在每次启动开关打开时执行一次自诊断测试，只要 ABS 有电且处于工作状态，控制模块都会对性能进行监控。一旦发现错误会立即报警，直至错误消失，错误码会保留在 ABS 存储器中，直至手动消除。

三、行车系统

1. 行车系统的组成与作用

（1）行车系统的组成

行驶系统一般由车架、车桥、车轮和悬架等部分组成，如图 1-3-21 所示。

图 1-3-21　行车系统的组成

（2）行车系统的作用

① 传递并承受路面作用于车轮上的各种力和力矩，借助驱动轮与路面的附着作用，将传动系传来的转矩转化为汽车行驶的驱动力；

② 缓和不平路面对汽车产生的冲击，减小汽车在行驶中车身的振动，保证汽车平顺行驶。
③ 与转向系统协调配合，实现汽车行驶方向的正确控制，保证汽车稳定操纵。

2. 胎压监测系统的组成及工作原理

（1）胎压监测系统的组成

胎压监测系统（TPMS）通过安装在轮胎内的 TPMS 传感器实时监控轮胎气压、温度等参数，TPMS 传感器与 TPMS 接收单元之间通过无线射频通信。当轮胎发生高压、低压、高温等异常状态时，TPMS 接收单元发送报警信号给仪表进行报警提醒，使驾驶员可以及时有效地处理异常状况，降低危险发生的概率。

TPMS 部件功能包括胎压信息监测、轮胎换位或更换 TPMS 传感器后自动学习与定位、通过 CAN 接口发送显示数据与报警信息给仪表。

TPMS 传感器安装位置如图 1-3-22 所示。

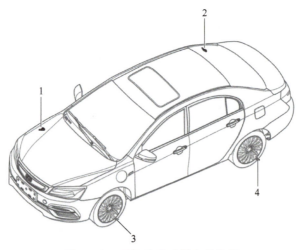

图 1-3-22　TPMS 传感器安装位置

1—右前轮 TPMS 传感器　2—右后轮 TPMS 传感器　3—左前轮 TPMS 传感器　4—左后轮 TPMS 传感器

TPMS 由轮胎电子（WE）单元和接收器（RX）单元组成。

1）轮胎电子（WE）单元：每一个汽车轮胎都装配着一个连接在轮胎气门嘴上的 WE 传感器。WE 传感器是一个以电池作为电源的单元，会定期地测量轮胎压力、温度和加速度信息。压力、温度和加速度信息会被 WE 传感器内的 MCU 转化成数字形式。加速度信息被用来判断汽车处于静止还是运动状态。WE 传感器装备的 RF 发送电路用于周期性地发送轮胎内的信息。WE 传感器中还装配有低频（LF）接收电路。低频接收电路使 WE 传感器能够被诊断并通过外部触发的低频电磁场进入不同的模式。

2）接收器（RX）单元：TPMS 接收器单元集成在中央集控器（BCM）中。当汽车点火电路接通时，TPMS 接收器的 MCU 和 RF 接收电路启动。接收器单元持续不断地监控附近 WE 传感器单元发送的无线信号。TPMS 接收器单元能够记忆装载于特定汽车的 WE 传感器的 ID 码。当 TPMS 接收器单元接收到一个信息时，它会检查在信息中包含的 ID 码是否与储存的 ID 码相符。如果相符，TPMS 接收器单元会将信息输入到 TPMS 报警算法中。这一算法会评估每一个轮胎的压力和温度随时间的变化，并在出现有潜在危险的轮胎欠压情况时做出决定，持续地通过胎压报警灯警示驾驶员。除了处理 WE 单元发出的信息，TPMS 接收器还可以对自身电路和工作状态进行自检。如果检测出严重的故障，TPMS 接收器将持续地点亮 TPMS 报警灯以给汽车驾驶员以警示。

（2）胎压监测系统的工作原理

TPMS 控制单元集成在中央集控器中，如图 1-3-23 所示。

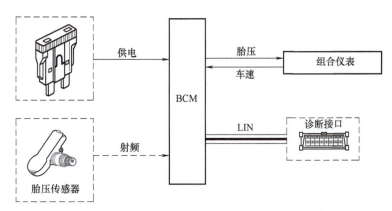

图 1-3-23　电气原理示意图

1) 复位状态：当初始加电或电压低于复位门限时，TPMS 控制单元会处于非操作服务状态，即复位状态。一旦电压达到可接受值时，TPMS 控制单元将会从复位状态中释放出来，模块会进入正常状态。

2) 初始化状态（系统自检）：当启动开关电源模式至 ON 状态时，在初始化状态，系统将对 I/O 端口、寄存器、内部变量、数据存储地址等进行初始设置。

3) 启动状态：当处于启动状态，TPMS 正常运行。

① 接收 WE 传感器的射频数据帧。

当处在启动状态，TPMS 控制单元要不断地接收和处理 TPMS 传感器产生的射频数据帧。

② 验证收到的 WE 传感器数据帧。

当收到一个 WE 传感器发出的射频数据帧时，TPMS 控制单元会首先验证接收到消息的合法性。传感器发出的信息会通过预警算法进行处理。

③ 处理收到的每个有效的 TPMS 传感器的消息。

一旦监测到某一个轮胎气压过低，点亮胎压报警灯。

④ 持续监测 K 总线请求。

TPMS 控制单元必须在 K 总线使用之前进入激活状态。

⑤ 车辆运动状态（轮速传感器）。

系统通过一个速度信号来监测是否有一个没装传感器的轮胎或备胎在车上使用。

4) 诊断状态：当连接诊断仪并通过 K 总线通信时，TPMS 控制单元进入诊断模式。

5) 睡眠模式：系统进入睡眠模式后会进入低功耗状态。当进入睡眠模式后，无须接收和处理传感器消息，或者诊断命令，直到监测到点火状态为开时，系统退出睡眠模式。

唤醒条件：当启动开关输入信号从状态关（OFF）变为状态开（ON）的时候，TPMS控制单元退出休眠状态。

休眠条件：当 TPMS 接收机检测到点火信息输入是状态关（OFF）和没有待接收的 RF 信息，也没有 LFI 未完成的控制传输时，TPMS 接收机将会进入休眠状态。

四、传动系统

1. 传动系统的组成

动力传动系统是电动汽车最主要的系统，电动汽车运行性能的好坏主要是由其动力传动系统的性能决定的。

电动汽车动力传动系统由动力蓄电池、控制器、电动机、变速器、主减速器等组成，如图 1-3-24 所示。

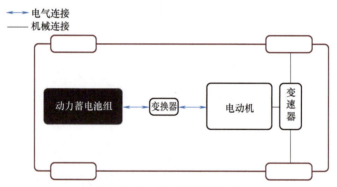

图 1-3-24　传动系统的组成

2. 传动系统的作用

电机控制器承受从加速踏板、刹车踏板和变速杆的输出信号，控制电动机的动力输出，通过减速器、传动轴、差速器、半轴等机械传动装置驱动车轮旋转。车辆减速时，电机对车辆前进起制动作用，这时电机将车辆动能转化为电能，为动力蓄电池充电，也就是所谓的再生制动。

五、转向系统

1. 电动转向系统的组成

电动转向系统由力矩传感器、车速传感器、电子控制单元（ECU）、电动机和电磁离合器等组成。系统通过采集转角、力矩信号、车速信号来控制转向助力大小，如图1-3-25所示。

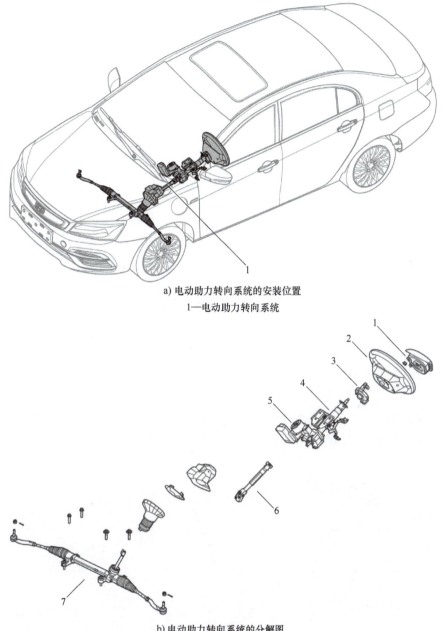

a) 电动助力转向系统的安装位置
1—电动助力转向系统

b) 电动助力转向系统的分解图
1—安全气囊　2—转向盘　3—时钟弹簧及转角传感器
4—转向柱　5—转向电机总成　6—中间轴　7—机械转向器

图1-3-25　电动转向系统

 2. 电动转向系统的工作原理

汽车转向时，力矩及转角传感器把检测到的力矩及角度信号的大小、方向经处理后传给电子控制单元,电子控制单元同时接收车速信号,根据车速信号、转角和力矩信号决定电机的旋转方向和助力力矩的大小,如图 1-3-26 所示。

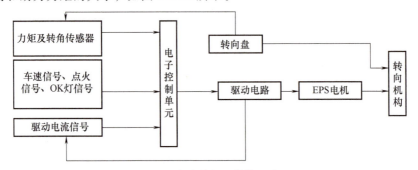

图 1-3-26　电动转向系统的工作原理

电流传感器检测电路的电流,对驱动电路实施监控,在同一转向盘力矩输入下,电机的目标电流随车速的变化而变化,最后由驱动电路驱动电机工作,实现助力转向。

六、减速器

1. 减速器的组成

汽车减速器由一对或几对减速齿轮副构成。减速器在传动系中起降低转速,增大转矩作用采用圆锥齿轮传动则可以改变转矩传递方向,如图 1-3-27 所示。

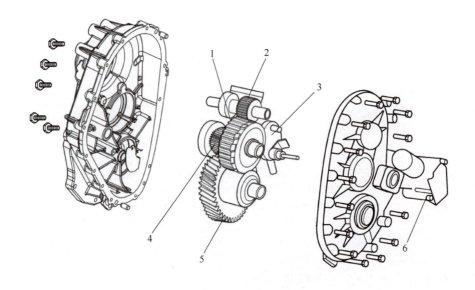

图 1-3-27　减速器的组成

1—中间轴输入齿轮　2—输入轴齿轮　3—驻车棘爪　4—中间轴输出齿轮　5—输出轴齿轮　6—驻车电机

2. 减速器的工作原理

电动机的速度-转矩特性非常适合驱动汽车的需求，在纯电动模式下，汽车的驱动系统不再需要多档位的变速器，结构得以大幅简化。

减速器介于驱动电机和驱动半轴之间，驱动电机的动力输出轴通过花键直接与减速器输入轴齿轮连接。减速器将驱动电机的动力传给驱动半轴，起到降低转速增大转矩作用，动力传递路线如图 1-3-28 所示。

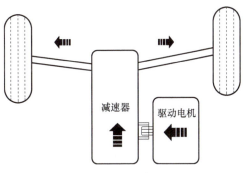

图 1-3-28 动力传递路线

七、电子驻车

 1. 电子驻车的作用

电动汽车多采用单速比减速器，只有一个前进档、一个倒车档、一个空档和一个驻车档。当车辆处在驻车档时减速器会通过一套锁止装置锁止减速器。电子驻车组成如图 1-3-29 所示。

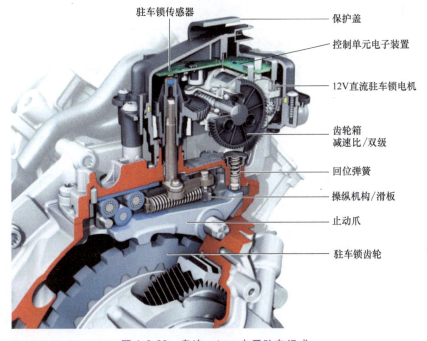

图 1-3-29 奥迪 e-tron 电子驻车组成

2. 电子驻车的工作原理

驾驶员操作电子变速杆进入 P 档，电子变速杆将驻车请求信号发送到整车控制器（VCU），VCU 结合当前驱动电机转速及轮速情况判断是否符合驻车条件。当符合条件时，VCU 发送驻车指令到变速器控制单元（TCU），TCU 根据驻车条件判断是否进行驻车，TCU 控制驻车电机进入 P 档，锁止减速器。驻车完成后 TCU 将收到减速器发出的 P 档位置信号，并将此信号反馈给 VCU，完成换档过程，如图 1-3-30 所示。

驾驶员操作电子变速杆退出 P 档，电子变速杆将解除驻车请求信号发送给整车控制器（VCU），VCU 结合当前驱动电机转速及轮速情况判断是否满足解除驻车条件，当符合条件时，VCU 发送解除驻车指令到 TCU，TCU 根据解锁条件判断是否进行解锁，TCU 控制电机解除 P 档锁止减速器。解除驻车完成后 TCU 将收到减速器发出的档位位置信号，并将此信号反馈给 VCU，完成换挡过程。

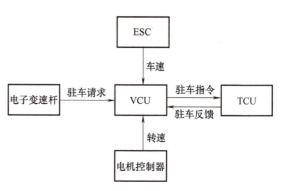

图 1-3-30　驻车控制流程

驻车电机有一个编码器，输出 4bit 代码用来确定驻车电机位置。TCU 接口通过汽车 CAN 接收来自其他车辆系统的信息（驱动电机转速、车速、停车请求等）。TCU 接收相关的换档条件和换档请求，直接控制驻车电机驱动棘爪扣入或松开棘轮，达到驻车或解除驻车功能，如图 1-3-31 所示。

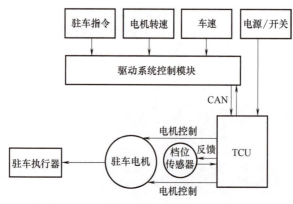

图 1-3-31　变速器控制单元（TCU）内部结构

第四章 认识智能辅助系统

一、电动汽车智能网联系统

 1. 智能网联汽车的定义

智能网联汽车是车联网与智能车的有机联合,是搭载先进的车载传感器、控制器、执行器等装置,并融合现代通信与网络技术,实现车与人、路、后台等智能信息交换共享,实现安全、舒适、节能、高效行驶,并最终可替代人来操作的新一代汽车,如图 1-4-1 所示。

图 1-4-1 智能网联汽车

 2. 智能网联汽车的分级

(1) 美国国家公路交通安全管理局分级标准

美国国家公路交通安全管理局(NHTSA)按以下 5 级定义汽车的自动化等级。

1）无自动驾驶阶段（0级）：在无自动驾驶阶段，驾驶员拥有车辆的全部控制权，在任何时刻，驾驶员都单独控制汽车的运行，包括制动、转向、加速和减速等。

2）驾驶员辅助阶段（1级）：在驾驶员辅助阶段，驾驶员拥有车辆的全部控制权，车辆具备一种或多种辅助控制技术，例如车道偏离报警系统、正面碰撞预警系统、定速巡航系统以及汽车并线辅助系统等，这些辅助控制系统独立工作，在特定情况下，通过对车辆运行状况及运行环境的检测，提示驾驶员驾驶相关的信息或警告驾驶员驾驶中可能出现的危险，方便驾驶员在接到提示或警告后及时做出反应，相对于其他发展阶段，这一阶段的技术发展已经很成熟，已经成为一些汽车的标准配置，随着成本的降低，其应用范围将逐步扩大。

3）半自动驾驶阶段（2级）：在半自动驾驶阶段，驾驶员和车辆共享对车辆的控制权。车辆至少有两种先进驾驶辅助系统，而且这些系统能同时工作，例如自适应巡航控制系统和车道保持辅助系统的功能相结合，在一定程度上协助驾驶员控制车辆。

4）有条件自动驾驶阶段（3级）：在有条件自动驾驶阶段，车辆和驾驶员共享对车辆的控制权。在特定的道路环境下（高速公路、城郊和市区），驾驶员完全不用控制车辆，车辆可完全自动行驶，而且可以自动检测环境的变化以检测是否返回驾驶员驾驶模式。现阶段高度自动驾驶技术有堵车辅助、高速公路自动驾驶和泊车引导等功能。3级和2级的主要区别是，3级在自动驾驶条件下，驾驶员不必时常监视道路，以自动驾驶为主，驾驶员驾驶为辅；2级在自动驾驶条件下，驾驶员必须监视道路，而且以驾驶员驾驶为主，自动驾驶为辅。

5）完全自动驾驶阶段（4级）：在完全自动驾驶阶段，自动驾驶系统拥有对车辆的全部控制权，驾驶员在任何时候都不能获得控制权。驾驶员只需提供目的地信息或者进行导航输入，整个驾驶过程无须驾驶员参与。车辆能在全工况全天候环境下完全掌握所有与安全有关的驾驶功能，并监视道路环境，完全自动驾驶的实现将意味着自动驾驶汽车真正驶入了人们的生活，也将使驾驶员从根本上得到解放，驾驶员可以在车上从事其他活动，如上网、办公、娱乐和休息等。

自动驾驶级别越高，应用的先进驾驶辅助系统越多，车辆系统的集成与融合度越高，软件控制的重要性越大。

（2）中国智能网联汽车划分标准

中国把智能网联汽车发展划分5个阶段，即辅助驾驶阶段（DA）、部分自动驾驶阶段（PA）、有条件自动驾驶阶段（CA）、高度自动驾驶阶段（HA）和完全自动驾驶阶段（FA）。

1）辅助驾驶阶段（DA）：通过环境信息对行驶方向和加速中的一项操作提供支援，其他驾驶操作都由驾驶员来完成。适用于车道内正常行驶，高速公路无车道干涉路段行驶、无换道操作等。

2）部分自动驾驶阶段（PA）：通过环境信息对行驶方向和加减速中的多项操作提供支援，其他操作都由驾驶员完成。适用于变道以及泊车、环岛绕行等市区简单工况；还适用于高速公路及市区无车道干涉路段进行换道、泊车、环岛绕行、拥堵跟车等操作。

3）有条件自动驾驶阶段（CA）：由无人驾驶系统完成所有驾驶操作，根据系统请求，驾驶员需要提供适当的干预。适用于高速公路正常行驶工况；还适用于高速公路及市区无车道干涉路段进行换道、泊车环岛绕行、拥堵跟车等操作。

4）高度自动驾驶阶段（HA）：由无人驾驶系统完成驾驶员能够完成的所有驾驶操作，特定环境下系统会向驾驶员提出响应请求，驾驶员可以对系统请求不进行响应。适用于有车道干扰路段（交叉路口、车流汇入、拥堵区域、人车混杂交通流等市区复杂工况）进行的全部操作。

5）完全自动驾驶阶段（FA）：无人驾驶系统可以完成驾驶员能够完成的所有道路环境下的操作，不需要驾驶员介入，适用于所有行驶工况下进行的全部操作。无论怎样分级，从驾驶员对车辆控制权角度来看，可以分为驾驶员拥有车辆全部控制权、驾驶员拥有部分车辆控制权、驾驶员不拥有车辆控制权三种形式。其中驾驶员拥有部分车辆控制权时，根据车辆高级驾驶辅助系统（ADAS）的配备和技术成熟程度，决定驾驶员拥有车辆控制权的多少，ADAS装备越多，技术越成熟，驾驶员拥有车辆控制权越少，车辆自动驾驶程度越高。

3. 智能网联系统的构成

智能网联汽车系统主要由环境感知层、智能决策层以及控制和执行层组成。

1）环境感知层：环境感知层的主要功能是通过车载环境感知技术、卫星定位技术、4G/5G及V2X无线通信技术等，实现对车辆自身属性和车辆外在属性（如道路、车辆和行人等）静、动态信息的提取和收集，并向智能决策层输送信息。

2）智能决策层：智能决策层的主要功能是接收环境感知层的信息并进行融合，对道路、车辆、行人、交通标志和交通信号等进行识别、决策分析和判断车辆驾驶模式及将要执行的操作，并向控制和执行层输送指令。

3）控制和执行层：控制和执行层的主要功能是按照智能决策层的指令，对车辆进行操作和协同控制，并为联网汽车提供道路交通信息、安全信息、娱乐信息、救援信息以及商务办公、网上消费等，保障汽车安全行驶和舒适驾驶。

二、泊车辅助系统

1. 泊车辅助系统的组成

泊车辅助系统主要由信息检测单元、电子控制单元和执行单元等组成。驾驶员仅需操作变速杆，制动及加速踏板。泊车辅助系统通常具备由平行泊车、垂直泊车和水平泊出三个功能。泊车辅助系统仪表显示如图1-4-2所示。

图 1-4-2　泊车辅助系统仪表显示

2. 泊车辅助系统的工作原理

信息检测单元是泊车辅助系统的"眼睛",它能通过超声波传感器和摄像头,识别周边的路面环境以及其他车辆的位置,从而将采集到的图像数据以及周围物体离车身的距离传递给电子控制单元。

电子控制单元是泊车辅助系统核心,它能将信息检测单元上传的数据进行处理和分析,探知汽车当前的位置、目标的位置以及周边的环境,然后依据这些参数规划好路径,并将指令输出到执行单元。

执行单元接收到电子控制单元的指令,就会精准控制转向盘的转动、加速和制动,让汽车能按照规划好的路径运动,并随时准备接收中断时的紧急停车,如图 1-4-3 所示。

图 1-4-3　泊车辅助

奥迪 A8 上的智能泊车辅助系统的主控制单元始终都是供电控制单元 J519,泊车辅助系统的所有执行元件和传感器都连接在该控制单元,如图 1-4-4 所示。

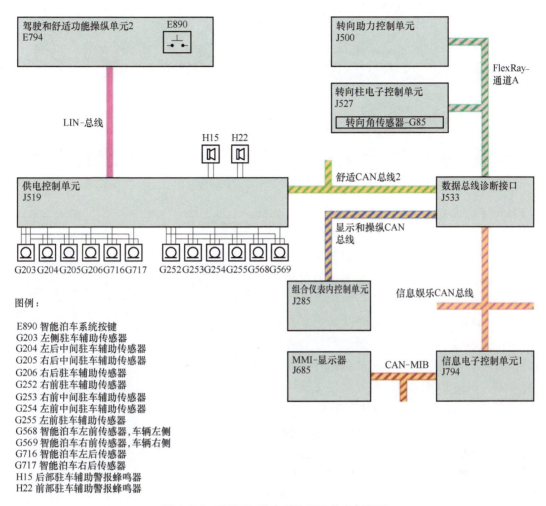

图 1-4-4 奥迪 A8 泊车辅助系统的电气原理

三、前方碰撞警告系统

 1. 前方碰撞警告系统的组成

前方防碰撞警告（Forward Collision Warning，FCW）系统是通过摄像头、雷达等传感器实时感知车辆前方的物体，检测车辆与目标之间的距离并警示驾驶员的一种系统，如图 1-4-5 所示。

前方防碰撞警告系统主要由环境感知单元、控制单元和执行单元构成，如图 1-4-6 所示。

1）环境感知单元：环境感知单元主要由摄像头、毫米波雷达、车速传感器、加速踏板

图 1-4-5　前方防碰撞警告系统

传感器和制动踏板传感器组成。加速踏板传感器用于检测当前方可能发生碰撞危险时驾驶员是否松开加速踏板；制动踏板传感器用于检测驾驶员在接收到前方可能发生碰撞危险时是否踩下制动踏板。

2）控制单元：控制单元可以接受来自环境感知单元的相关数据，对数据进行综合分析后，按照算法处理程序对车辆的当前行驶状态进行计算，判断车辆应使用何种处理工况进行处理，并且将处理信息发送给执行单元。

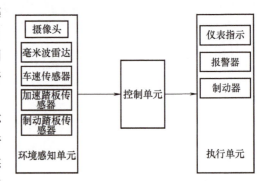

图 1-4-6　前方防碰撞警告系统的组成

3）执行单元：执行单元主要由仪表报警器及制动器构成。

2. 前方碰撞警告系统的工作原理

（1）工作原理概述

汽车前方防碰撞警告系统的工作原理可概述为：利用摄像头识别出前方物体，并通过毫米波雷达感测与前车或前方障碍物的距离，通过电子控制单元对物体进行识别并对距离进行测算，同时判断当前的工况。如果观测距离小于报警距离，那么车辆就会进行报警提示，如果观测距离小于安全距离，车辆就会自动制动，如图 1-4-7 所示。

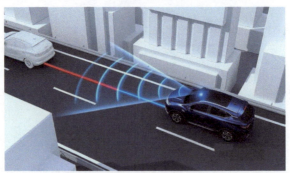

图 1-4-7　前方碰撞警告系统

（2）前方碰撞警告系统的系统限制

在下列场景下系统可能会失效：

① 高速撞向缓慢行驶的车辆；

② 突然驶入的车辆或紧急制动的车辆；

③ 尾部特殊的车辆或尾灯装置无法完全看到的车辆；

④ 部分遮挡的车辆；

⑤ 前方两轮车

出现以下情况时，摄像头的功能以及相应驾驶员辅助系统的功能可能会受到限制：

① 大雾、大雨、雨水四溅或大雪；

② 光照不充足时；

③ 对面照射光线强烈；

④ 摄像头的探测区域或风挡玻璃有污物；

⑤ 急转弯时；

⑥ 行人身高在 80cm 以下时；

⑦ 起动发动机后 10s；

⑧ 在交付车辆或更换摄像机后马上进行的摄像头校准过程中。

四、车道偏离警告系统

1. 车道偏离警告系统的组成

车道偏离警告（Lane Departure Warning，LDW）系统使用摄像头作为视觉传感器检测车道线，计算车辆在车道中的位置及运动信息，判断车辆当前是否偏离车道。如果检测到车辆偏离车道且驾驶员没有进行纠正时，系统会发出警告或通过转向盘振动的方式提示驾驶员，如图 1-4-8 所示。

图 1-4-8　车道偏离警告系统

车道偏离警告系统主要由环境感知单元、电子控制单元和执行单元组成，如图1-4-9所示。

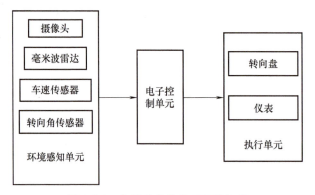

图1-4-9　车道偏离警告系统的组成

2. 车道偏离警告系统的工作原理

（1）工作原理

一个或多个图像传感器提供道路的多帧图像，这些传感器连接至处理器的多个视频端口。数据进入系统后，它被实时地变换成可处理的格式，在处理器内部，首先进行预处理，过滤掉图像捕获期间混入的噪声。

然后探测车辆相对于车道标志线的位置，道路图像的输入信息流被变换为一系列画出道路表面轮廓的线条，在数据字段内寻找边缘就能发现车道标志线，这些边缘实际上形成了车辆向前行驶应保持的边界。处理器则要时刻跟踪这些标志线，以确定行车路线是否正常。一旦发现车辆无意间偏离车行道，处理器做出判断后输出一个信号驱动报警装置，让驾驶员立即纠正行车路线。报警形式可以是蜂鸣器或喇叭，也可以用语言提示，还有用振动座椅或转向盘的方式来提醒驾驶员。

LDW系统还要考虑到汽车正常使用的制动装置和转向装置。这些装置会影响LDW的工作，使系统复杂化。因此，在慢速行驶或制动、正常转向时，LDW系统是不工作的。

该系统在行驶速度高于65km/h时可以启动，可检测当前车辆是否压线或即将偏离车道。如果检测到车辆偏离或压线时，仪表盘会显示红色的报警标志，并发出报警声音提示驾驶员，同时，转向盘会振动来提醒驾驶员。如果驾驶员打转向灯时，该系统认为驾驶员在控制车辆，系统不工作，如图1-4-10所示。

（2）系统限制

出现以下情况时，系统无法执行或只能提供有限的功能：

① 大雾、大雨或大雪；

② 急转弯或车道狭窄；

③ 分界线被冰雪、污物或积水覆盖；

图 1-4-10　车道偏离警告系统的工作原理

④ 分界线被物体遮挡；
⑤ 分界线缺失、磨损、看不清、聚集或分离或者不明确，例如在施工区域内。

五、夜视系统

 1. 夜视系统的组成

夜视系统由两部分组成：一部分是红外线摄像机；另一部分是光显示系统。主动型夜视系统安装了两个额外的红外线灯，这种红外线灯在可见光被长范围之外进行工作，因此不会对人类的视线产生影响。

夜视系统小型摄像机有的被安装在前风窗玻璃上方中央的内侧（如奔驰 S 级），有的位于汽车的前部（如奥迪 A8）。摄像机记录汽车前方的环境状况，然后在显示屏上显示出来，如图 1-4-11 所示。

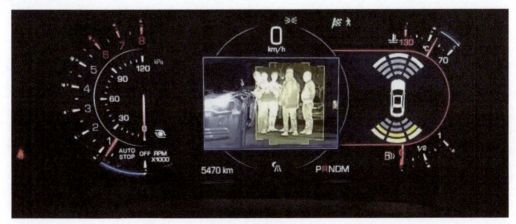

图 1-4-11　夜视系统

2. 夜视系统的工作原理

(1) 工作原理

汽车夜视系统利用热成像原理（又称为红外线成像技术），其原理是，任何物体都会散发热量，不同温度的物体散发的热量不相同。人类、动物和行驶的车辆与周围环境相比散发的热量更多。夜视系统的摄像机扫描这些信息，然后转变成可视的图像，把在夜间人们肉眼看不清的物体清楚地呈现在显示屏上。传感器根据光照强度辨别天色，确认达到夜间时段，夜视系统开启。当车速超过15km/h时，红外线灯自动开启，增强夜视系统接收图像的效果。夜视系统分为主动型和被动型两大类。利用物体自身发出的远红外线辐射生成物体图像的，称为被动型红外成像。被动型夜视系统对"无生命"的冷目标可能探测不到。

有些摄像头被安装在车外，一般位于车前的格栅后方，需要经常清洁，并且当汽车前部发生碰撞时容易受损。所谓主动型夜视系统，就是不依靠目标物的光源，而是以辐射源发出的近红外线主动照射物体，探测器接收被反射的红外辐射生成图像，所以对发热的和不发热的物体都能成像，如图1-4-12所示。

图1-4-12　主动夜视系统

(2) 系统限制

出现以下情况时，系统功能可能会受到限制且不会发出警告或发出错误警告：
① 在陡坡上和急转弯时；
② 摄像机有污物或风窗玻璃损坏时；
③ 大雾、大雨或大雪；
④ 车外温度较高时。

在以下情况时，也可能出现错误识别或不识别行人或动物的情况：
① 行人或动物被全部或部分遮挡，特别是头部被遮挡；
② 行人未处于直立姿势，例如躺下时；
③ 骑车人未使用传统车轮，例如斜躺自行车；
④ 系统受到机械冲击影响，例如发生事故后。

第五章 认识车身电气系统

一、整车控制器

1. 整车控制器的功能和结构

（1）整车控制器的功能

整车控制器（Vehicle Control Unit，VCU）是纯电动汽车各动力系统的总成控制器，负责协调电驱动系统、动力蓄电池系统、制动系统等各部件的工作，保证纯电动汽车的动力性、经济性和安全性等，如图1-5-1所示。

整车控制器通过采集加速踏板信号、制动踏板信号和挡位开关信号等驾驶信息，同时接收CAN上电机控制器和蓄电池管理系统发出的信号，并结合整车控制策略对这些信息进行分析和判断，提取驾驶员的驾驶意图和车辆运行状态信息，最后通过CAN发出指令来控制各部件控制器的工作，保证车辆的正常行驶。

1）控制汽车行驶：控制纯电动汽车行驶，协调纯电动汽车各个分系统正常工作，这是整车控制器最基本的

图1-5-1 整车控制器

功能。整车控制器根据驾驶员的驾驶意图和车辆实时状态，按照设定的控制程序向相关电控单元发送控制信号。

例如当驾驶员踩下加速踏板时，整车控制器向电机控制器发送驱动电机输出转矩信号，电机控制器控制驱动电机按照驾驶员的意图输出转矩。

2）整车网联化管理：纯电动汽车整车通信网络是基于CAN技术的通信网络，具有多个主从节点。整车控制器作为车载网络的主节点，负责信息的组织与传输、网络状态的监控、网络节点的管理以及网络故障的诊断与处理，对车载网络的正常运行具有重要作用。

3）制动能量回收：纯电动汽车的驱动电机可以工作在再生制动状态，对制动能量进行

回收利用。整车控制器分析驾驶员制动意图、动力蓄电池系统状态和驱动电机状态等消息，并结合制动能量回收控制策略，在满足制动能量回收的条件下对电机控制器发送驱动电机模式和转矩指令，使得驱动电机工作在发电模式，在不影响制动性能的前提下回收车辆动能，并转化为电能储存在动力蓄电池中，从而实现制动能量回收，提高车辆能量利用效率。

4）能量管理与优化：纯电动汽车有很多用电设备，包括驱动电机和空调等。整车控制器可以对能量进行合理优化来提高纯电动汽车的续驶里程。例如当动力蓄电池电量较低时，整车控制器发送控制指令关闭部分起辅助作用的电气设备，将电能优先保证车辆的安全行驶。

5）监测车辆状态：整车控制器通过直接采集信号和接收 CAN 上的数据的方式获得车辆运行的实时数据，包括车速、驱动电机的工作模式、转矩、转速、蓄电池的剩余电量、蓄电池总电压、单体蓄电池电压、蓄电池温度和故障等信息，然后通过 CAN 将这些实时信息发送到车载仪表进行显示。此外整车控制器定时检测 CAN 上各模块的通信，如果发现总线上某一节点不能够正常通信，则在车载仪表上显示该故障信息，并对相应的紧急情况采取合理的措施进行处理，防止极端状况的发生，使得驾驶员能够直接、准确地获取车辆当前的运行状态信息。

6）故障诊断与处理：整车控制器对整车运行状态进行实时监控。发生故障时及时报警，采取安全措施并发送错误代码，确保车辆安全行驶。对于不太严重的故障，控制器能确保车辆低速行驶到附近维修站进行检修。

7）外接充电管理：整车控制器监控充电过程，显示充电状态。

8）设备在线诊断：整车控制器负责与外部诊断设备的连接和诊断通信，实现诊断功能，包括数据流读取、故障码的读取和清除、控制端口的调试。

（2）整车控制器的结构

整车控制器由金属壳体和一组 PCB 线路板组成，如图 1-5-2 所示。

整车控制器系统功能结构如图 1-5-3 所示，主要包含电源电路、开关量输入/输出模块、A/D 采集模块及 CAN 通信模块。

1）电源电路：电源电路负责从车载 12V 蓄电池取电，为控制器和各输入、输出模块提供隔离电源。

2）开关量输入/输出模块：开关量输入模块接收的信号主要有钥匙信号、档位信号、充电开关、制动信号等；开关量输出信号主要是控制继电器，其在不同整车系统中意义略有不同，一般情况下控制如水泵继电器及 PTC 继电器等。

图 1-5-2　整车控制器 PCB 线路板

3）A/D 采集模块：A/D 采集模块主要采集加速踏板和制动踏板开度信号及蓄电池电压信号。

4）CAN 通信模块：CAN 通信模块负责与整车其他设备通信，主要设备有电机控制器（MCU）、蓄电池管理系统（BMS）及充电机等。不同企业、不同车型的整车控制器的结构

第五章 认识车身电气系统 | 85

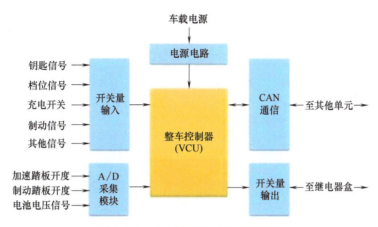

图 1-5-3 整车控制器系统功能结构

与功能是有差异的。整车控制器的硬件电路包括微控制器、开关量调节、模拟量调节、继电器驱动、高速 CAN 接口、电源等模块，如图 1-5-4 所示。

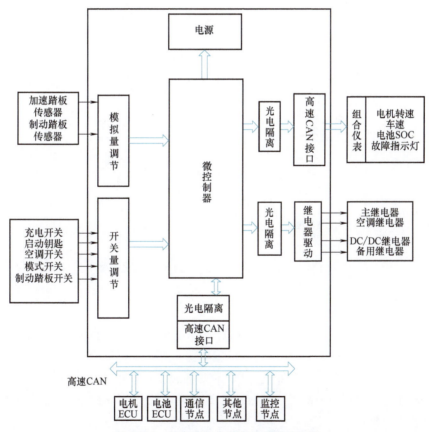

图 1-5-4 纯电动汽车整车控制器结构图

① 微控制器模块：微控制器模块是整车控制器的核心，综合考虑纯电动汽车整车控制器的功能及其运行的外界环境，微控制器模块应该具有高速的数据处理性能、丰富的硬件接口、低成本和可靠性高的特点。

② 开关量调节模块：开关量调节模块用于开关输入量的电平转换和整形，其一端与多个开关量传感器相连，另一端与微控制器相接。

③ 模拟量调节模块：模拟量调节模块用于采集加速踏板和制动踏板的模拟信号，并输送给微控制器。

④ 继电器驱动模块：继电器驱动模块用于驱动多个继电器，其一端通过光电隔离器与微控制器相连，另一端与多个继电器相接。

⑤ 高速 CAN 接口模块：高速 CAN 接口模块用于提供高速 CAN 接口，其一端通过光电隔离器与微控制器相连，另一端与系统高速 CAN 相接。

⑥ 电源模块：电源模块为微处理器和各输入、输出模块提供隔离电源，并对蓄电池电压进行监控，与微控制器相连。

2. 整车控制器的工作原理

纯电动汽车比较重要的开关信号和模拟信号由传感器直接传递给整车控制器（VCU），而不通过 CAN。开关信号包括钥匙信号、档位信号、充电开关、制动信号等；模拟信号包括加速踏板信号、制动踏板信号、蓄电池电压信号等。纯电动汽车上的其他具有独立系统的电器，一般通过共用 CAN 的方式进行信息传递，如图 1-5-5 所示。

图 1-5-5　纯电动汽车整车控制器的控制原理图

（1）VCU 与动力蓄电池系统

动力蓄电池是纯电动汽车动力的唯一来源。VCU 与蓄电池管理系统通过整车 CAN 进行信息交互，如图 1-5-6 所示。

动力蓄电池系统实时监测并上报给 VCU 的参数包括：总电流、总电压、最高单体电池电压、最低单体电池电压、最高温度、蓄电池系统荷电状态（SOC），某些系统还监测蓄电池系统健康状态（SOH）。

VCU 发送给动力蓄电池系统的命令包括充电、放电和开关指令。

① 充电：在最初的充电连接信号确认后，整车处于禁止行车状态，VCU 交出控制权。整个充电过程由蓄电池管理系统和充电机共同完成，直至充电完成或者充电中断，车辆控制权重新回到 VCU 手中。

② 放电：VCU 根据驾驶员意图，推算出车辆的功率需求，换算成电流需求，发送给蓄电池管理系统。蓄电池管理系统根据自身 SOC、温度和系统设计阈值，确定提供的电流值。

③ 开关指令：在充放电开始之前，VCU 控制整车强电系统上电，通过控制蓄电池包的主回路接触器实现。在车辆运行过程中，遇到突发状况，VCU 酌情判断是否闭合或者断开主回路接触器。

（2）VCU 与驱动电机及其控制器

VCU 向电机控制器发送的指令，包含三个部分的描述，电机使能信息、电机模式信息（再生制动，正向驱动，反向驱动）以及相应模式下的电机转矩；电机控制器向 VCU 上报驱动电机的各种参数及故障报警信息，主要参数包括电机转速、电机转矩、电机电压和电流。

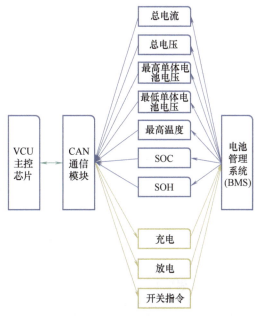

图 1-5-6　VCU 与蓄电池管理系统的信息交互

（3）VCU 与充电系统

充电系统包括车载充电机、非车载充电机，广义上还包含换电系统。充换电系统（这里的"充"主要是指非车载充电机），出于最大通用性的考量，需要一套统一的通信协议。

以充电枪与车辆上的充电接口的物理连接为开端，整个充电过程中的信息互换都在蓄电池管理系统和充电机之间进行，不再通过 VCU。

（4）VCU 与制动系统

采用复合制动系统的纯电动汽车，需要综合考虑液压制动系统、电机制动和防抱死系统（ABS）的协调一致性，进而需要有自己的管理系统，称为制动管理系统（BCU）。BCU 可以独立于 VCU 之外，只通过 CAN 通信，也可以把功能集成到 VCU 内部。

根据制动踏板的开度和开度变化的速度，VCU 计算出车辆的制动需求力矩，传递给 BCU。BCU 根据车辆的具体状态做出具体力矩分配。

对于车速中等的一般制动，直接使用电机能量回馈制动，以最大效率回收制动能量；当车速高、驾驶员急踩制动踏板需要紧急制动时，BCU 会首先启动液压制动系统，待减速状态稳定以后，再引入能量回馈制动，并逐渐加大比例。

当车辆行驶在冰雪路面时，BCU 则会将 ABS 优先级设置为最高，保证车辆正常安全行驶。

（5）VCU 与智能仪表

智能仪表系统通过 CAN 与 VCU 相连，从 VCU 获取需要显示的数据。数据传输进仪表控制器以后，信号处理电路将信息还原成各个仪表的显示内容。

3. 整车控制器的工作模式

根据整车工况和动力总成状态不同，整车控制器工作模式主要有自检模式、启动模式、起步模式、行驶模式、制动模式、再生模式、停车模式、故障模式、充电模式、下电模式等，如图1-5-7所示。

(1) 自检模式

如果钥匙门信号处于ON档，则启动自检模式，闭合主继电器，同时VCU进行自检，如果自检失败进入故障处理模式，自检通过等待启动信号。

(2) 启动模式

驾驶员通过打开钥匙等操作，使VCU上电，然后唤醒CAN上其他节点开始工作。当整车所有设备都正常启动后，系统进入准备（READY）状态，指示可以进行正常驾驶操作。

图1-5-7 整车控制器的工作模式

如果钥匙门信号处于启动（START）档，同时自检模式有效，档位在P档，没有禁止启动故障则进行高压上电程序，同时VCU给驱动电机系统、DC/DC变换器及空调控制系统发送高压上电请求命令，驱动电机系统、DC/DC变换器及空调控制系统检测没有高压故障则反馈给VCU准许上高压指令，VCU通过控制高压预充电及主继电器实现高压上电过程，高压上电结束后仪表上EV-Ready灯亮，完成启动模式。

(3) 行驶模式

行驶模式是指车辆处于正常运行状态，包括加速、制动、倒车。这个过程中，VCU持续监测各个电气系统电流、电压、温度等参数，以及车辆自身的车速、滑移率等行车参数。VCU识别驾驶员意图，按照加速踏板的开度和开度变化率，计算电机的驱动转矩和蓄电池的输出功率。行驶模式主要根据加速踏板位置及车辆行驶状态，实时控制电机转矩指令，实现按驾驶员意图控制车辆运行。纯电动汽车行驶过程中对驱动电机的控制方式分为恒转矩控制和恒功率控制，如图1-5-8所示，VCU的控制输出是转矩，功率是约束条件。

当电机输出功率没有达到期望功率时，VCU采用恒转矩控制策略；当电机输出功率达到期望功率后，VCU采用恒功率控制策略。

VCU采集来自驾驶员的控制信号（档位信号、加速踏板信号、车辆模式等），并根据系统的限制条件，经算法运算向MCU输出驱动转矩，控制汽车的运行。根据驾驶

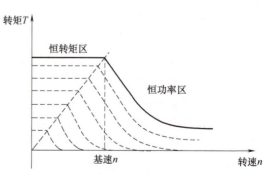

图1-5-8 行驶模式示意

员的不同需要，可以实现蠕行、前进、后退、巡航、一般模式行驶、运动模式行驶、经济模式行驶等运行方式。

（4）制动模式

制动踏板被踩下，起动制动模式。VCU分析制动踏板的开度和开度变化率以及车速，结合车辆自身的车型参数，推算制动力矩。向制动控制器发送指令，做出最合理的制动力矩分配方案（提供制动力矩的主体包括液压制动系统和电机回收制动），以及是否优先启动ABS主导制动过程，从而安全有效地实现驾驶员的制动意图。

（5）再生模式

再生模式实现特定工况下控制驱动电机发电给动力蓄电池充电，根据制动踏板状态分为滑行再生发电及制动再生两种情况，如图1-5-9所示。

滑行再生与制动再生采取的发电转矩控制逻辑为：当车速V大于车速V_2的条件采取恒转矩发电，制动再生转矩为T_2，滑行再生转矩为T_1；车速V大于车速V_1小于V_2时，驱动电机制动再生或滑行再生发电转矩按比例逐渐较小；车速小于V_1取消驱动电机发电，同时驱动电机发电转矩取决于与当前车速及驱动电机的发电能力。

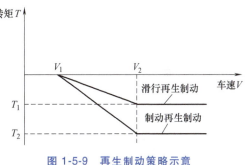

图1-5-9 再生制动策略示意

（6）停车模式

停车模式是整车运行过程中无故障出现，驾驶员正常关闭钥匙，此模式中VCU控制驱动电机和动力蓄电池系统下电，然后控制各个附件设备关闭，完成自下电的过程。

（7）故障模式

在纯电动汽车运行过程中，VCU把系统内出现的故障定义成几个等级。故障等级最低的，一般只是提示驾驶员。比如动力蓄电池温度达到50℃；故障等级最高的，会强制车辆在一个比较短的时间内停车，比如检测出了系统绝缘故障。而介于两者之间的故障，VCU不会强制停车，但会对车辆的运行状态进行限制。比如当动力蓄电池电量SOC低于30%时，可能会限速行驶，此时的动力蓄电池系统，已经无法输出额定功率，而只能以较小的功率工作。

（8）充电模式

充电时，插上充电枪，充电机开始工作，VCU被触发上电。在检测到充电连接信号后，VCU监控整车当前状态，当允许充电时启动BMS，然后BMS与充电机进行通信，启动充电过程。VCU持续监测BMS及充电机的状态信息，如果充电则仪表控制器显示充电灯充电状态。充电过程出现故障时，VCU会及时切断BMS继电器，以中断充电过程，防止发生危险事故。

（9）下电模式

如果钥匙门信号在OFF档，则启动下电模式，VCU根据驱动电机、空调等高压系统的准许下高压信号来控制BMS断开高压继电器，同时VCU根据驱动电机系统的温度来确认是否要延时下电,温度降到一定范围内时,关闭驱动电机冷却水泵和冷却风扇,关闭电源主继电器,下电完成。

二、照明与信号系统

1. 照明与信号系统的组成

(1) 车辆外部与信号灯光

车辆外部灯光由前组合灯总成、侧转向灯总成、后组合灯总成、高位制动灯总成、后雾灯总成,如图1-5-10所示。

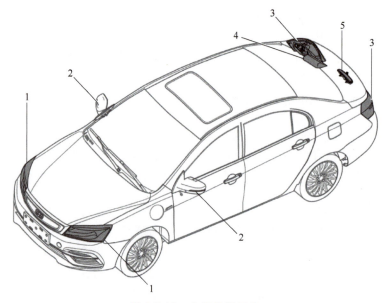

图 1-5-10　车辆外部灯光

1—前组合灯总成　2—侧转向灯总成　3—后组合灯总成　4—高位制动灯总成　5—后雾灯总成

1)前照灯:前照灯又叫前大灯,装于汽车头部两侧,用于夜间行车道路的照明。汽车的前照灯一般有卤素灯、氙气灯、LED灯等类型。现在的汽车普遍采用的都是卤素灯,如图1-5-11所示。

前照灯由转向柱左侧的多功能操纵杆控制。将前照灯开关转至第一个位置时,将启亮位置灯、牌照灯和仪表板照明灯。将前照灯开关转至第二个位置时,除启亮所有上述灯外,还启亮前照灯。在开关转至关闭位置时,关闭所有灯。

前照灯远光和近光的切换也由该操纵杆控制。当前照灯启亮时,将操纵杆向前推离驾驶员直到听到咔嗒声,前照灯即从近光变为远光。在前照灯远光接通时,组合仪表总成上的指示灯启亮。将操纵杆朝驾驶员方向拉回,则从远光变为近光。如果继续朝驾驶员方向拉仍可以从近光变为远光，不过当手松开时，操纵杆会自动回到近光位置。

前照灯必须对光才能实现正确的路面照明。当安装新的前照灯总成时或者当对前端区域的维修可能已影响到前照灯总成或其安装座时，应检查前照灯对光。

2）前照灯未关提醒蜂鸣器：当前照灯开关处于前照灯接通或位置灯接通位置时，同时操作起动开关使电源模式不在"ACC（附件）"，"ON（接通）"或"START（起动）"位置，此时车身控制模块监测驾驶员车

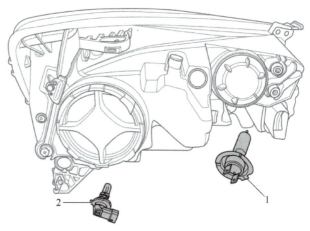

图 1-5-11 前照灯总成
1—远光灯灯泡 2—近光灯灯泡

门状态，如果左前门打开，车身控制模块将使蜂鸣器鸣响。如果前照灯关闭后，车身控制模块将检测不到前照灯开关处于打开状态，蜂鸣器不鸣响。

3）位置灯和转向信号灯：将照明开关转至第一个位置即可启亮位置灯。操作起动开关使电源模式至 OFF 状态即可关闭位置灯。在启用转向信号灯时，前后转向信号灯和侧转向信号灯闪烁，发出转向信号。转向信号灯仅在电源模式至 ON 状态时工作。转向信号灯由转向柱左侧的灯开关控制。往上或往下拨动操纵杆（超过止动点）将启亮前后和侧转向信号灯。在转弯结束后，操纵杆返回水平位置，转向信号灯停止闪亮。在变道或转小弯时，由于转向盘转角不大，可能无法取消转向信号，因此仅将信号操纵杆转至一个止动位置并保持。当操纵杆松开后，操纵杆返回水平位置，转向信号即被取消。当遥控防盗系统工作时，车身控制模块（BCM）可以控制转向指示灯闪烁表明遥控防盗系统的工作状态。

4）雾灯：当使用前/后雾灯时，必须先开启近光或远光灯，并转动多功能操纵杆至前/后雾灯档位，仪表上的指示灯启亮，指示前/后雾灯已经接通。关闭前/后雾灯，同时指示灯熄灭。

5）日间行车灯：当驱动电机旋转时，日间行车灯应该自动点亮；此功能应可以通过诊断仪配置。日间行车灯应在前大灯开启时自动熄灭，但在前大灯只是短暂间隔的间歇闪烁警示时不熄灭。（远光灯点亮时间小于 700ms 视为间歇闪烁警示）。

6）后组合灯：后位置灯、制动灯和转向信号灯为一个总成，后雾灯和倒车灯为一个总成。接通位置灯时启亮后位置灯。中央高位制动灯位于后风窗中，驾驶员踩下制动踏板时启亮。

7）倒车灯：倒车灯位于后保险杠上。当变速杆处于倒档位时将启亮。倒车灯由 BCM 发出指令操纵亮起和关闭。

8）牌照灯：牌照灯在前照灯或位置灯启亮时点亮。牌照灯安装在牌照板上方。

9）充电口照明灯：充电口照明灯位于充电口，当车辆充电口盖在打开时，提供照明，方便车辆充电。

(2) 车辆内部灯光

车辆内部灯光包括杂物箱灯、车门灯、前排阅读灯、后排阅读灯、行李舱灯、牌照灯等，如图 1-5-12 所示。

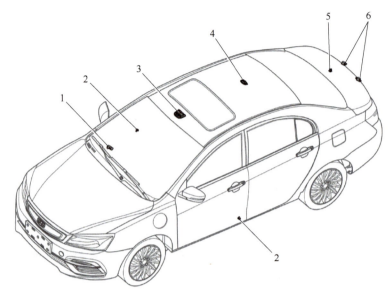

图 1-5-12　车辆内部灯光

1—杂物箱灯　2—车门灯　3—前排阅读灯　4—后排阅读灯　5—行李舱灯　6—牌照灯

1) 车内门控灯：门控灯开关位于后阅读灯上，当开关处于 DOOR 档位时，打开车门，门控灯启亮；关闭车门，则门控灯延时数秒熄灭。

2) 阅读灯：前阅读灯在前排车顶中部，按下开关，灯泡启亮，再次按下，灯泡熄灭。

3) 行李舱灯：行李舱灯位于行李舱门防磨板下方。只要打开背门，灯就启亮。

2. 照明与信号系统的工作原理

照明与信号系统电气原理如图 1-5-13 所示。

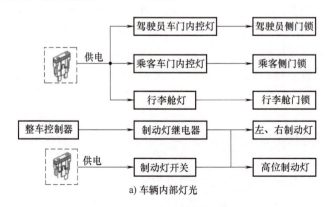

a) 车辆内部灯光

图 1-5-13　照明与信号系统电气原理

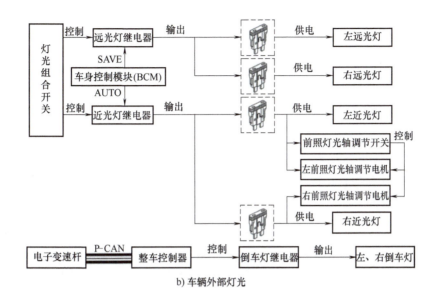

b) 车辆外部灯光

图 1-5-13　照明与信号系统电气原理（续）

(1) 车辆外部灯光

1) 前照灯工作原理：当灯光组合开关置于"前照灯"档时，工作电压由组合开关线束插接器输出来驱动前照灯继电器吸合，点亮前照灯。前照灯供电电压被传送到前大灯光轴调节开关和左、右前大灯光轴调节电机，此时上下拨动调节开关能改变调节电机的信号电压，从而实现前照灯的高度调节功能。

当 BCM 监测到灯光组合开关线束插接器有电压，则说明开关处在"AUTO"（自动灯），此时 BCM 会监测来自环境光线传感器的信号，如果环境光照不强，BCM 会通过线束插接器输出电压来驱动前照灯继电器吸合，自动点亮前照灯；当环境光照增强时，BCM 会切断线束插接器的电压输出，从而实现前照灯自动关闭。当灯光组合开关切换到远光位置时，通过线束插接器控制接地来驱动远光灯继电器吸合点亮远光灯，同时远光灯供电电压被传送到仪表，点亮仪表内的远光指示灯。

2) 位置灯工作原理：当灯光组合开关置于"位置灯"档，开关信号通过组合开关的线束插接器端子输出工作电压来驱动位置灯继电器吸合，以点亮所有位置灯、仪表背光照明灯以及左、右牌照灯。

3) 日间行车灯工作原理：BCM 线束插接器端子输出工作电压来驱动日间行车灯继电器吸合，点亮日间行车灯。同时此电压被传送到仪表点亮日间行车灯指示灯。

4) 后雾灯工作原理：当前近光或远光灯开启后，开关会控制位置灯继电器工作并将驱动电源输送至后雾灯继电器。当后雾灯开关闭合时，开关提供位置灯继电器输出的电压来驱动后雾灯继电器闭合点亮后雾灯，同时此电压被传送到仪表点亮后雾灯指示灯。

5) 转向灯工作原理：多功能操纵杆控制灯光组合开关线束插接器端子的接地电路，此接地信号传送至 BCM。BCM 通过线束插接器输出电压分别点亮左、右转向灯。

6）制动灯工作原理：制动灯受布置于制动踏板上的制动灯开关控制。当制动踏板被踩下时工作电压通过开关直接加在制动灯灯泡上。

7）倒车灯工作原理：电子换档线束连接器输出工作电压来驱动倒车灯继电器吸合，点亮倒车灯。仪表倒车档位信息通过 CAN 接收显示。

（2）车辆内部灯光

1）室内门控灯工作原理：当后排阅读灯开关处于 DOOR 档，后排阅读灯的电源来自 BCM 线束连接器。当车门打开时，门控开关接地电路接通，使后排阅读灯点亮。

2）行李舱灯工作原理：行李舱灯的电源来自熔丝。当行李舱门打开时，门控开关接地电路接通，使行李舱灯点亮。

三、空调制冷与加热系统

1. 空调制冷系统与加热系统的组成

空调制冷系统与加热系统的组成如图 1-5-14 所示。

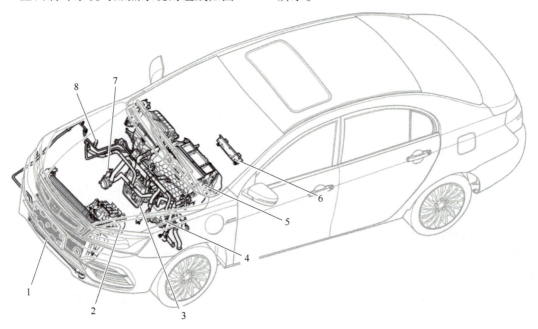

a）空调制冷系统与加热系统的位置

1—冷凝器 2—空调压缩机 3—PTC 加热器 4—热交换器总成 5—空调箱总成 6—空调控制面板 7—PTC 电动水泵 8—空调压力开关

图 1-5-14 空调制冷系统与加热系统的组成

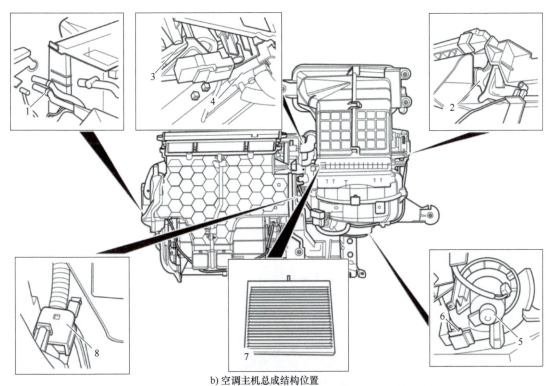

b) 空调主机总成结构位置

1—加热器芯进出水管 2—内外循环控制电机 3—冷暖风向控制电机 4—膨胀阀
5—鼓风机 6—鼓风机调速模块 7—空调滤芯 8—室内温度传感器

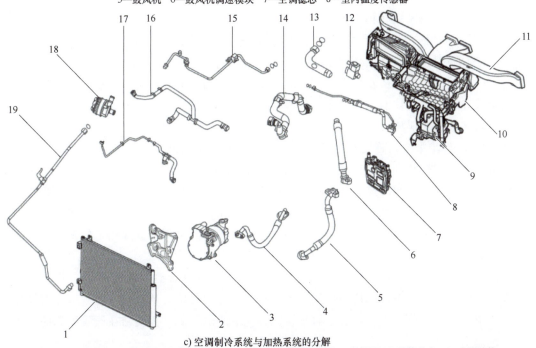

c) 空调制冷系统与加热系统的分解

1—冷凝器 2—压缩机 3—空调压缩机安装支架 4—压缩机排气软管总成 5—压缩机吸气软管 6—空调连接管(低压) 7—PTC加热器 8—热交换器高低压管总成 9—热交换集成模块 10—压缩机吸气管 11—空调上部出风管 12—制冷管路电磁阀 13—空调低压管总成 14—电池出水管 15—空调高压管总成 16—热交换器总成出水管(热管理) 17—热交换器总成进水管(热管理) 18—电动水泵 19—空调高压管总成

图 1-5-14 空调制冷系统与加热系统的组成（续）

1）压缩机：压缩机为电动涡旋式，压缩机控制器与压缩机集成一体，通过电机自身的旋转带动涡旋盘压缩，完成制冷剂的吸入和排出，为制冷循环提供动力。

2）冷凝器、储液干燥器：从空调压缩机出来的高温高压制冷剂蒸汽流入冷凝器，冷凝器由能进行快速热传递的铝管和冷却翅片制成，冷却翅片通过散热把高温高压的制冷剂蒸汽凝结成中温高压的液体。储液干燥器位于冷凝器的右侧，与冷凝器焊接成一体。储液干燥器内部结构设计可以保证中温高压的气液混合制冷剂进入，而从储液干燥器出来的是中温高压的液态制冷剂。储液干燥器内部有吸附制冷系统水分的干燥剂，干燥剂不能重复使用。

3）室外温度传感器：室外温度传感器影响车内空气温度的自动控制，这些传感器都是对温度敏感的热敏元件，传感器的电阻和温度呈反比对应关系。空调控制模块根据电阻值信息控制内外循环电机，冷暖温度风向电机，鼓风机调速模块等来控制空调温度。车外温度传感器位于车辆前保险杠下面的前格栅区域，空调控制模块使用这个传感器来获知车外空气温度信息，使用该信息空调控制模块会在仪表上显示外部温度。

4）环境光及阳光传感器：环境光及阳光传感器位于仪表板装上部装饰衬垫左边。环境光及阳光传感器属于光照能量传感器，该传感器可测量阳光照射到车辆所产生的热量，为空调控制模块提供更多的补偿参数。空调控制模块根据车外光照强度的状态和车内空调工况需求，实时自动调整空调风量和冷/热风混合比例，让所有乘员均能获得最舒适的感觉。

5）室内空调主机：室内空调主机位于仪表板内，由鼓风电机、鼓风机调速模块、空调滤清器、加热器芯、蒸发器、膨胀阀、冷暖温度风向控制电机以及各种空气偏转风门、通风风道构成。

① 鼓风电机：鼓风机由永磁型电机、鼠笼式风扇组成。鼓风机在运转转速的变化取决于鼓风机调速模块。如用户选择最大风量模式，绝大部分进入鼓风机的空气来自乘客舱（内循环）。

② 加热器芯：加热器芯体是加热器系统的主要部件。加热器芯体位于空调主机内，发动机运转时发动机冷却液从发动机被泵入加热器芯体，加热器芯体将来自加热器冷却液的热量传输给流经加热器芯体的空气以及加热器的进口和出口暖风水管。拆卸时，加热器芯体的暖风水管路必须完全泄放。

③ 蒸发器与膨胀阀：蒸发器位于空调主机的左侧。将空调主机安装在车上时，需要对其进行拆卸，才能拆卸和安装蒸发器与膨胀阀。拆卸时，蒸发器的制冷剂管路必须完全泄放。维修时，配备独立制冷剂管路的蒸发器必须已经是安装好的。膨胀阀与蒸发器相连，安装于蒸发器的一端，位于蒸发器进口，膨胀阀的一侧连接着空调压缩机的进、排气管，另一侧连接着蒸发器的进、排气管，在液体管路内对高压液体制冷剂形成限制，使制冷剂流向蒸发器时成为低压液体。

④ 膨胀阀：膨胀阀根据空调压力下限、空调压力上限从大到小改变位置。蒸发器在空气进入乘员舱之前对其进行冷却和除湿。蒸发器内制冷剂蒸发，从而吸收通过蒸发器气流的热量。当空气中的热量传给蒸发器芯的时候，空气中的水分湿气会凝结在蒸发器芯的外表面上形成水流出。

蒸发器上配备有温度传感器以防止其结冰。该传感器对蒸发器上散热片的表面温度进行测量，若其温度低于0℃，则压缩机就不会继续工作。若该温度提升至4℃以上，压缩机便重新开始工作。

6）空调高压管、空调低压管、空调压力开关：车辆采用空调高压管与低压管（空调硬管和/或软管）将空调制冷系统连接成一个密闭的系统，制冷剂与润滑油在这个密闭系统里流动，完成制冷剂的工作循环过程。空调硬管由铝管和相应接头组成，空调软管由橡胶软管和相应的接头组成。

空调压力开关属于三态压力开关，根据空调制冷循环制冷剂压力值，打开或关断压力开关，传送空调系统压力信号，实现空调系统的压力保护。

制冷管路电磁阀属于开关阀，在只有电池需要冷却时，关闭进入乘员舱的制冷剂回路。

7）加热器：加热器由电阻膜和散热元件组成，在一定电压范围内，加热的功率随电流变化而变化，电阻膜的电阻随温度变化的影响较小，因此电加热器可输出稳定的功率，从而为制热系统提供稳定的热源。

2. 空调制冷系统的工作原理

压缩机受高压电驱动，当压缩机工作时，压缩机吸入从蒸发器出来的低温低压的气态制冷剂，经压缩后，制冷剂的温度和压力升高，并被送入冷凝器。在冷凝器内，高温高压的气态制冷剂把热量传递给经过冷凝器的车外空气而液化，变成液体。液态制冷剂流经膨胀阀时，温度和压力降低，并进入蒸发器。在蒸发器内，低温低压的液态制冷剂吸收经过蒸发器的车内空气的热量而蒸发，变成气体。气体又被压缩机吸入进行下一轮循环。这样，通过制冷剂在系统内的循环，不断吸收车内空气的热量并排到车外空气中，使车内空气的温度逐渐下降，如图1-5-15所示。

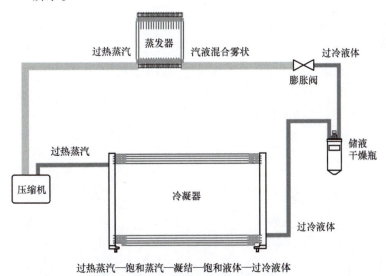

过热蒸汽—饱和蒸汽—凝结—饱和液体—过冷液体

图1-5-15　空调制冷系统的工作原理

3. 空调加热系统的工作原理

制热系统由鼓风机和电加热器（PTC）、加热器水泵、加热器芯体等组成。

当自动空调系统处于加热模式时，加热器在高压电的作用下对冷却液进行加热，高温冷却液被加热器水泵抽入加热器芯。同时，冷暖温度控制电机旋转至采暖位置，气流在鼓风机的作用下流过加热器芯，产生热量传递。外部空气在进入乘员舱前，与加热后的空气混合，吹出舒适的暖风，如图1-5-16所示。

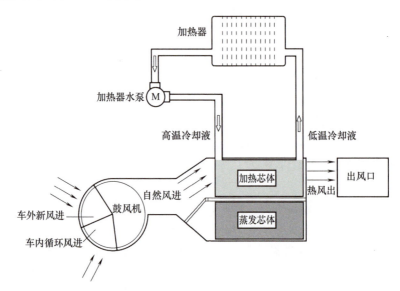

图1-5-16　空调加热系统的工作原理

 4. 通风控制系统的工作原理

通风控制系统上的各种位置可使模式阀门通过风道混合或引入冷风、热风和外部空气通过空调系统，气流由风道系统和出风口将空气输送到乘员舱。

在"AUTO（自动）"模式中会自动选择相应的模式状态，使用"MODE（模式）"按钮可更改车辆的送风模式，如图1-5-17所示。

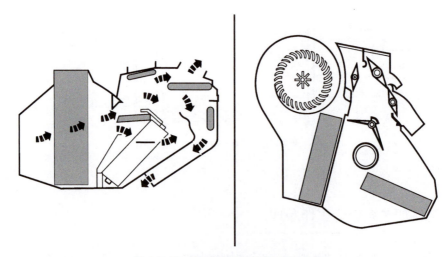

图1-5-17　通风控制系统的工作原理

四、电动车窗

 1. 电动车窗的组成

电动车窗采用伺服电机驱动车窗玻璃的升降，它取代了传统的转动摇柄升降车窗玻璃，使得玻璃的升降更加轻松。装有电动车窗的车，通常在各个车门都装有玻璃升降开关，向上按玻璃上升，向下按玻璃下降。在驾驶员侧的车门上，还有一个总开关，可以控制各个车门玻璃的升降，并可关闭全车的玻璃升降机构。

电动车窗主要由车窗玻璃、车窗玻璃升降器、电动机和控制开关等组成，如图1-5-18所示。

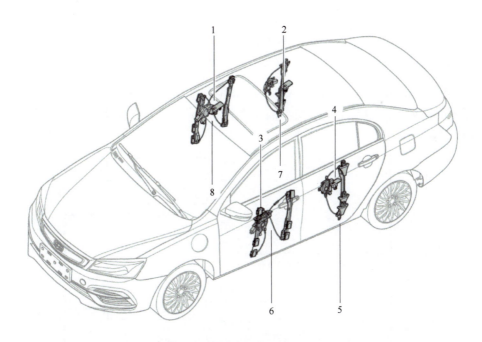

a) 电动车窗零部件的位置

1—右前门玻璃升降器开关 2—右后门玻璃升降器开关 3—左前门玻璃升降器开关 4—左后门玻璃升降器开关 5—左后门玻璃升降器 6—左前门玻璃升降器 7—右后门玻璃升降器 8—右前门玻璃升降器

图1-5-18 电动车窗零部件

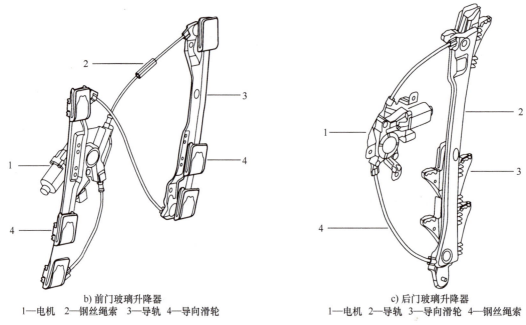

b) 前门玻璃升降器
1—电机 2—钢丝绳索 3—导轨 4—导向滑轮

c) 后门玻璃升降器
1—电机 2—导轨 3—导向滑轮 4—钢丝绳索

图 1-5-18 电动车窗零部件（续）

2. 电动车窗的工作原理

玻璃升降器具有以下四种操作方式：手动上升、手动下降、自动上升、自动下降。没有防夹功能升降器具有以下三种操作方式：手动上升、自动下降、手动下降，其电气原理如图 1-5-19 所示。

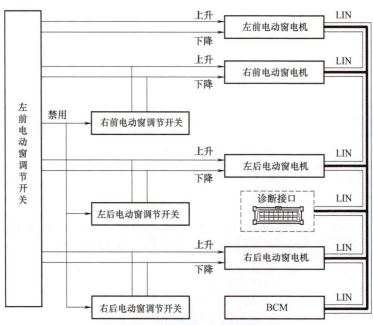

图 1-5-19 电动车窗电气原理示意

1）手动上升：轻扳玻璃升降器开关，并保持不放，相对应的玻璃升降器电机运动，使车窗玻璃运动上升；释放开关，车窗玻璃停止运动。

2）手动下降：轻按玻璃升降器开关，并保持不放，相对应的玻璃升降器电机运动，使车窗玻璃运动下降；释放开关，车窗玻璃停止运动。

满足以下任一条件时车窗升降功能被屏蔽：

启动开关关闭45s后。

启动开关关闭45s内，任一前门开启。

3）自动上升：完全上拉左前车门玻璃升降开关（保持时间大于500ms），左前车窗自动上升至最高位置，或一直上升到再次按下或上拉开关为止，其余车窗的操作与手动上升方式相同。

4）自动下降：完全按下左前车门玻璃升降开关（保持时间大于500ms），左前车窗自动下降至底部，或一直下降到再次按下或上拉开关为止，其余车窗的操作与手动下降方式相同。

5）延时功能：启动开关打开，玻璃升降允许操作，启动开关关闭45s后，控制器电源将被切断，禁止玻璃升降操作。

6）防夹功能：玻璃升降控制模块配有一个集成的障碍检测防夹系统。

防夹系统在车窗所有裸露边缘和车窗密封之间的采光口4～200mm范围内工作，车窗防夹的要求：已初始化的车窗在自动上升过程中，在顶部任何位置遇到4mm的检具都应能够防夹（即反向运动）。

7）舒适性关闭功能：舒适性关闭是通过一个LIN通信来自动关闭车窗的功能。一旦接到舒适性关闭命令，所有车窗会依次向上移动，直至车窗到达行程终点（车窗完全关闭位置）。启动的顺序和延时要求会由软件实现，在舒适性关闭期间，来自车窗开关的信号将被忽略，并且防夹功能处于激活状态。

8）电机保护关闭：若电机连续运行时间超过20s，则控制模块关闭并初始化。

9）软件热保护：控制模块通过一个热保护算法提供保护，防止升降电机过热。当在防夹期间触发热保护程序时，系统将完成车窗反向运行动作，但将忽略向上的任何新车窗命令，直至电机彻底冷却。

五、电动后视镜

1. 电动后视镜的组成

电动后视镜的后方装有两套电动机和驱动器，可控制反射镜上下及左右转动。通常上下方向的转动用一个电动机控制，左右方向的转动用另一个电动机控制，如图1-5-20所示。

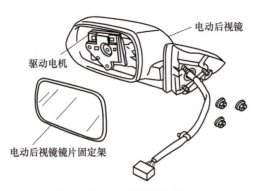

图 1-5-20　电动后视镜的组成

 2. 电动后视镜的工作原理

通过改变电动机的电流方向，即可完成后视镜的上下及左右调整。每个电动后视镜都有一个独立控制开关，开关杆可多方向移动，可使一个电动机工作或两个电动机同时工作。

在进行调整时，首先通过左/右调整开关选择好要调整的后视镜，如调整左镜时，将开关拨向左侧，此时开关分别与 7、8 接点接通，再通过控制开关即可进行该镜的上下或左右调整。如果进行向上调整时，可将控制开关推向上侧，此时控制开关分别与向上接点、左上接点结合。电流由蓄电池正极→熔断器→点火开关→控制开关向上接点→左/右调整开关→7 接点→左侧镜上下调整电机→1 接点→电动镜开关 2 接点→控制开关左上接点→电动镜开关 3 接点→蓄电池负极，形成回路，左镜上下调整电机运转，完成调整过程，如图 1-5-21 所示。

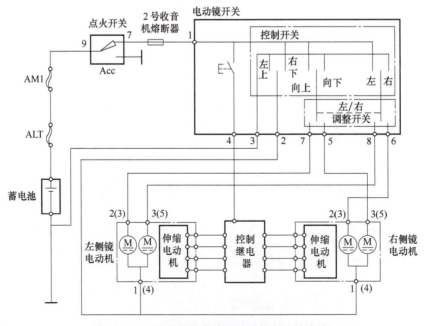

图 1-5-21　可伸缩式电动后视镜控制系统电路

六、天　窗

 1. 天窗的组成

天窗系统由天窗控制模块、天窗开关、带压力传感器和限位传感器的天窗电机、天窗、天窗遮阳板等零部件组成，如图 1-5-22 所示。

a) 天窗的位置
1—天窗装置

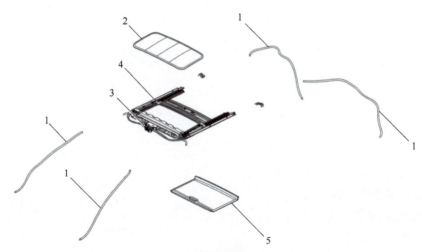

b) 天窗的零部件
1—天窗导水管　2—天窗玻璃　3—天窗电机　4—天窗骨架　5—遮阳板

图 1-5-22　天窗系统

2. 天窗的工作原理

1）手动操作：电动天窗的开关由位于前顶灯区域。当把天窗开关按至某一位置时，将发送信息至天窗控制模块，指示模块将控制电机执行相应运转，以将天窗玻璃滑至请求的位置。维持按键 40~500ms，玻璃将一直移动，直到按键释放。

2）快速操作：快速操作模式允许天窗自动开启或关闭，而不需要一直保持开关按下，此功能在开关信号超过 500ms 时激活，并且此模式在滑动和翻转操作中都可以用。

3）软停止：当玻璃滑动打开时，将停在位于完全打开位置之前的一个预设的位置，此预设位置是用来减少风振。当玻璃停在此位置时，使用者可以继续通过天窗开关操纵天窗至完全打开位置。

4）防夹功能：当关闭天窗时受到阻碍，天窗将返回距离正常关闭位置 200mm 处，此功能在快速滑动关闭和翻转功能时才有效。

5）睡眠模式：当天窗电机停止转动 30s 后，并且没有打开或关闭操作时，天窗将进入休眠模式以减少电能的消耗。

当按下打开或关闭天窗开关时，天窗将自动被唤醒。

6）初始化：当天窗的初始位置失效时，可以通过初始化设置来执行。在完全翻转位置时，按住翻转开关超过 5s，天窗将执行初始化操作。

7）工作原理：翻转开关和滑动开关都为接地信号，当开关按下时，信号电路将为低电压，如图 1-5-23 所示。

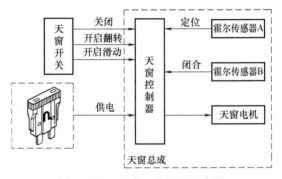

图 1-5-23　天窗工作原理示意图

七、刮水器/清洗系统

1. 刮水器/清洗系统的组成

刮水器/洗涤器系统由以下部分组成：
① 车身控制模块（BCM）；
② 刮水器/洗涤器开关；
③ 洗涤液储液罐；
④ 前刮水器电机及连杆装置；
⑤ 洗涤液泵；
⑥ 前刮水臂；

⑦ 洗涤器喷嘴。

刮水器/洗涤器能够实现高速、低速、间隙、点动四种控制模式,刮水器开关设在转向柱右侧的操纵杆上。

(1) 前刮水器/洗涤器系统

前刮水系统由刮水器/洗涤器开关、刮水器电机、连杆、刮水臂及刮水片组成。前刮水器电路中有一个自动停止装置,该装置由一个蜗杆齿轮和一个凸轮盘组成,目的是在刮水器/洗涤开关断开后还能短暂保持电路完整,直到刮水器臂完全回到初始位置时才断开电路。刮水器系统由永磁电机驱动,刮水电机安装在前围板上,与前刮水器连杆直接相连。刮水器开关是刮水器/洗涤器系统的组成部分,如图 1-5-24 所示。

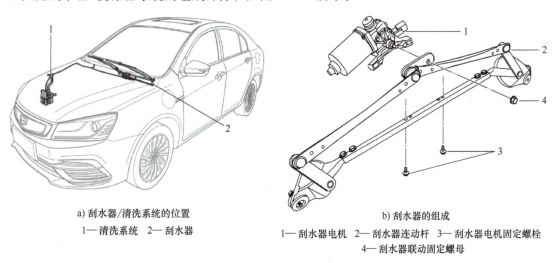

a) 刮水器/清洗系统的位置
1—清洗系统　2—刮水器

b) 刮水器的组成
1—刮水器电机　2—刮水器连动杆　3—刮水器电机固定螺栓
4—刮水器联动固定螺母

图 1-5-24　刮水器/洗涤器系统

(2) 前风窗玻璃洗涤器系统

前风窗玻璃洗涤系统由玻璃清洗剂、储液罐、清洗剂泵、软管、喷嘴和刮水器/洗涤开关组成,前风窗玻璃清洗剂储液罐安装在右前大灯总成下,右前翼子板衬板前部。清洗剂泵固定在清洗剂储液罐上,清洗剂泵使清洗剂通过软管输送至两个喷嘴。洗涤器开关也是刮水器/洗涤器开关的组成部分。

2. 刮水器/清洗系统的工作原理

前刮水器是由刮水器开关提供信号给车身控制模块,BCM 接收到刮水器开关接地信号后,驱动前刮水电机转动;当刮水器开关处于低档时,电流从电机低速电刷流入电枢线圈,产生大的反电动势,电机以低速旋转;当刮水开关处于高档时,电流从电机的高速电刷流入电枢线圈,产生小的反电动势,电机以高速旋转;当启动刮水洗涤器开关,此时刮水喷水泵处于工作状态;连续操作洗涤器开关 1s 后,刮水器电机也开始启动低档转动。当关闭刮水器开关后,刮水电机在电枢的惯性作用下,电机不会立即停止并且继续转一段时间,同时电枢产生反电动势,对刮水电机产生电力制动,电动机立即停在固定位置,如图 1-5-25 所示。

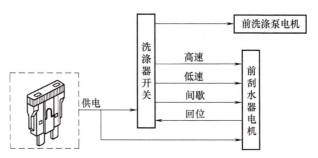

图 1-5-25　刮水器/清洗系统的电气原理框图

八、电动座椅

 1. 电动座椅的组成

电动座椅由电动座椅座垫、电动座椅靠背、电动座椅调节开关、电动座椅前后调节电机、电动座椅高度调节电机、电动座椅靠背调节电机组成，如图 1-5-26 所示。

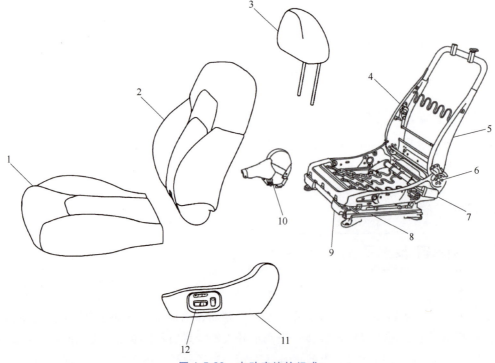

图 1-5-26　电动座椅的组成

1—电动座椅座垫　2—电动座椅靠背　3—头枕　4—电动座椅腰部支撑旋钮　5—电动座椅支架
6—电动座椅靠背调节电机　7—电动座椅高度调节电机　8—电动座椅下滑轨总成　9—电动座椅前后调节电机
10—电动座椅右侧饰板　11—电动座椅左侧饰板　12—电动座椅调节开关

通过电动座椅调节开关可以对座椅前后、座垫上下和靠背倾斜角度进行电动调整。

2. 电动座椅的工作原理

（1）电动座椅调节器开关

座椅调节器开关为所选座椅电机提供电源和接地电路，驱动电机进行调节，如图 1-5-27 所示。

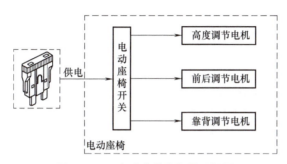

图 1-5-27　电动座椅电气原理框图

（2）座椅调节电机

所有的座椅电机独立工作。各电机都包括一个电子断路器（PTC）。该断路器在电路过载情况下断开，而且仅在电路电压切断后才会复位。每个座椅通常有三个座椅调节电机，它们是前后调节电机、高度调节电机和靠背调节电机。前后调节电机使整个座椅向前和向后移动。高度调节电机可以使整个座垫向上或者向下移动。靠背调节电机使座椅靠背前倾或者后倾。

（3）前后位置调节

当操作座椅调节开关使整个座椅向前移动时，蓄电池正极电压通过开关触点和前后调节电机向前控制电路施加至电机。电机通过前后调节电机向后开关触点和前后调节电机向后控制电路接地。电机运行以驱动整个座椅向前移动，直到开关松开。向后移动整个座椅和向前移动整个座椅的操作过程类似，不同的是，蓄电池正极电压和接地通过相反的电路施加在电机上，从而使电机反向运转。

（4）高度调节

当操作座椅开关使整个座垫向上移动时，蓄电池正极电压通过高度调节电机向上开关触点以及高度调节电机向上控制电路施加在高度调节电机上。电机通过向下开关触点以及高度调节电机向下控制电路接地。高度调节电机驱动整个座椅向上移动，直到开关松开。向下移动整个座椅和向上移动整个座椅的操作过程类似，不同的是蓄电池正极电压和接地通过相反的电路施加在电机上，从而使电机反向运转。

（5）靠背调节

当操作座椅靠背调节开关使座椅靠背向前倾斜时，蓄电池正极电压通过开关触点和靠背调节电机向前控制电路施加到电机上。电机通过向后开关触点和靠背调节电机向后控制电路接地。电机运行，使座椅靠背向前移动，直到开关松开。向后移动座椅靠背和向前移动座椅靠背的操作过程类似，不同的是蓄电池正极电压和接地通过相反的电路施加在电机上，从而使电机反向运转。

九、中控门锁

1. 中控门锁的组成

中控门锁系统一般包括钥匙操纵开关、门锁控制开关、门锁总成、行李舱开启器及门锁控制器等，各门锁的位置如图 1-5-28 所示。

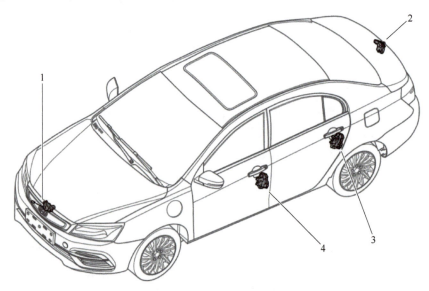

图 1-5-28　门锁的位置

1—机舱盖锁　2—行李舱锁　3—后门锁　4—前门锁

2. 中控门锁的工作原理

（1）门锁

门锁主要由电机、微动开关、壳体、拉杆等组成。

乘客侧门锁内有一个电机，一个微动开关。电机工作电压为 9~16V，工作电流 ≤2A，堵转电流为 3A。微动开关反应车门是否开启，如图 1-5-29 所示。

驾驶员侧门锁在乘客侧门锁基础上增加 2 个微动开关，一个反应左前门锁状态信号，一个反应机械锁芯状态信号（如虚线框）。

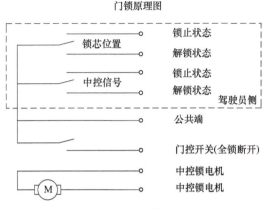

图 1-5-29 门锁原理

系统设有两个门锁开关,一个设置在左前门锁内,另一个位于左前门中控开关内。两个门锁开关的上锁信号共同输入到 BCM 同一个输入端子,但解锁信号确是分别输入的。驾驶员车门钥匙锁芯只能单独解锁车门,但可以锁止所有车门。

(2) 上锁操作

当 BCM 接收到开关上锁输入信号或者满足自动落锁条件时,从 BCM 的上锁输出端输出电源,控制五个车门的门锁电机执行上锁操作,如图 1-5-30 所示。

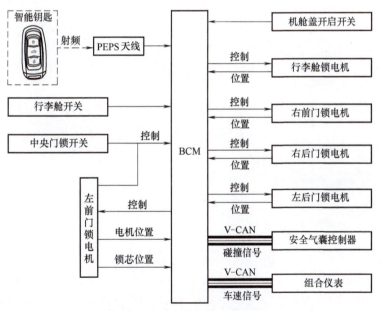

图 1-5-30 中控门锁电气原理示意

(3) 解锁操作

当 BCM 接收到开关解锁输入信号或者满足自动解锁条件时,从 BCM 的解锁输出端输出电源,控制四个车门外加后背门的门锁电机执行解锁操作。背门可通过操作后背门开关并通过无钥匙进入模块与 BCM 信号控制,以进行单独开启。

十、防盗报警系统

1. 防盗报警系统的组成

防盗报警系统是一个辅助的车辆报警装置,报警系统在出现强行侵入时触发。该系统与中控门锁系统配合使用。无线电频率干扰或电池电量用完都可能使该系统失效。

防盗报警系统包含如下主要部件,如图 1-5-31 所示:

① 车身控制模块(BCM);
② 转向柱电子锁(ESCL);
③ 智能钥匙;
④ 无钥匙进入+无钥匙闭锁传感器;
⑤ 车内钥匙搜索天线;
⑥ 启动开关。

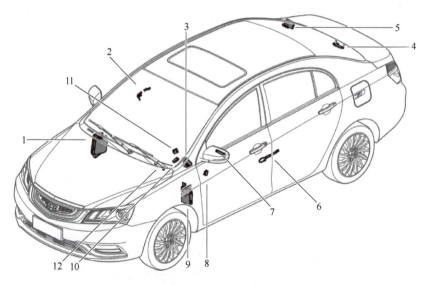

图 1-5-31 防盗报警系统的组成

1—PEPS 2—乘客侧门把手传感器 3—转向柱电子锁 4—无钥匙进入天线(行李舱) 5—防盗喇叭 6—驾驶员侧门把手传感器 7—无钥匙进入天线(副仪表板) 8—防盗指示灯 9—车身控制模块 10—智能钥匙 11—启动开关 12—无钥匙进入天线(仪表板)

2. 防盗报警系统的工作原理

当驾驶员按下遥控钥匙发射器上的按钮时,发射器向 BCM 发出信号,然后,BCM 执行相应功能。驾驶员在无钥匙进入+无钥匙闭锁传感器（左前、右前门把手）1.5m 范围内执行车门（前门或背门）开启动作，BCM 检测遥控钥匙（FOB）有效性，并发送信号使 BCM 执行相应功能，如图 1-5-32 所示。

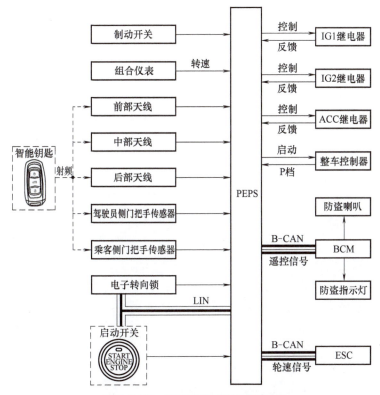

图 1-5-32　防盗报警系统电气原理

遥控防盗系统的设计是为了在有人强行打开车门时发出警报。在报警系统控制下，防盗喇叭将发出间歇警报声，同时转向信号灯也一齐闪烁。30s 后喇叭停止工作，仅左右闪光灯闪烁 5min。

当所有车门都关闭后，警报器将继续鸣响 30s。30s 过后，喇叭和车灯停止警报，并且车门锁定，系统返回启用状态。遥控防盗系统不会影响车辆的启动或正常运行。

1）前机舱罩微动开关：在机舱罩下设置有一接触开关，当机舱罩关闭时此开关断开；一旦机舱罩被打开，此开关闭合，并向 BCM 传送接地信号，BCM 根据此信号通过 CAN 总线向仪表发送点亮"发动机罩未关警告灯"信息。

2）行李舱接触开关：在行李舱处设置有一接触开关，当行李舱关闭时此开关断开；一旦行李舱被打开，此开关闭合，并向 BCM 传送接地信号，BCM 根据此信号通过 CAN 总线向仪表发送点亮行李舱（背门）未关警告灯"信息。

3）门接触开关：在每个门锁机构总成内设置有一接触开关，当车门关闭时这些开关断开；一旦有某个车门被打开，该门内的接触开关闭合，并向 BCM 传送接地信号，BCM 根据此信号通过 CAN 总线向仪表发送"门打开"信息。

4）防盗指示灯：防盗指示灯为一发光二极管，电源来自线路系统。当系统进入防盗状态后，BCM 给提供接地电路，控制其闪烁。

5）防盗喇叭：防盗喇叭设置在行李舱左侧内饰板后，自身有接地电路。当系统进入防盗触发状态后，BCM 给提供接地电源，控制其鸣响。

十一、数据通信系统

1. 数据通信系统的组成，如图 1-5-33 所示

1）常见的三种数据通信方式：
① CAN；
② K-LINE；
③ K-LINE（诊断）。

2）系统优点：
① 减少了控制电路导线的数量；
② 极大地降低了线束的重量；
③ 控制装置的插头芯针数量更少；
④ 提高了可靠性和耐用性。

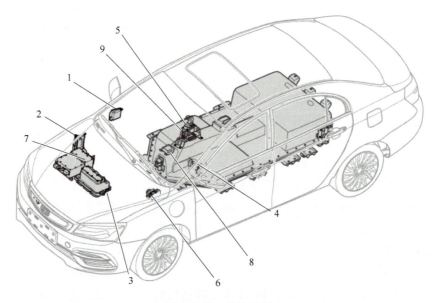

图 1-5-33　部件位置

1—热管理控制模块　2—整车控制器（VCU）　3—电机控制器　4—车身控制模块（BCM）
5—电子变速杆　6—ESC　7—车载充电机　8—安全气囊控制模块　9—EPB

3）功能概述：CAN 是 Controller Area Network 的缩写，全称是控制器局域网络总线，主要功能是控制设备相互连接，进行数据交换。是国际上应用最广泛的现场总线之一。被设计为汽车环境中的微控制器通信总线，在各电子控制单元之间交换信息，形成汽车电子控制网路。

LIN 是用于汽车分布式电控系统的一种新型低成本串行通信系统，主要用于智能传感器和执行器的串行通信。

故障诊断接口（DLC）是世界各汽车生产商共同协商和调节，用于故障诊断仪与车辆通信以及用故障诊断仪给车辆所用的通信系统编程使用的接口。

2. 数据通信系统的工作原理

（1）CAN 工作原理

CAN 的通信介质是双绞线，其中高速 CAN 的通信速率为 500kb/s。双绞线终端为 2 只 120Ω 的电阻。

高速 CAN 是差分总线。高速 CAN 串行数据总线（H）和高速 CAN 串行数据总线（L）从静止或闲置电平驱动到相反的极限。大约为 2.5V 的闲置电平被认为是隐性传输数据，并解释为逻辑 1。将线路驱动至极限时，高速 CAN 总线串行数据总线（H）将升高 1V 而高速 CAN 总线串行数据总线（L）将降低 1V。极限电压差 2V 被认为是显性传输数据并解释为逻辑 0，如图 1-5-34 所示。

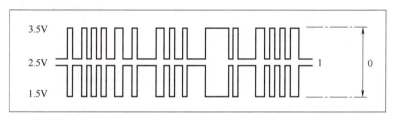

图 1-5-34 CAN 电压

发送 CAN 信号时，电流从控制器的发送端流到 CAN-H 线，经过终端电阻流入 CAN-L 线，再返回控制器的接收端。如果通信信号丢失，程序将针对各控制模块设置失去通信故障诊断码。该故障诊断码可被故障诊断仪读取。

（2）CAN 应用

电动汽车 CAN 由以下部件组成：BCM、DLC（诊断接口）、ACU（安全气囊模块）、ABS/ESC、HCU（整车控制器）、TCU、BMS（电池控制单元）、PEU（电机控制器）、组合仪表、空调控制器、EPB（电子驻车模块）、转向角传感器、电动压缩机、EPS（电动助力转向）等，如图 1-5-35 所示。

（3）LIN 应用

BCM 使用 LIN 与启动开关、电子转向锁中的防盗基站进行数据通信，以验证遥控钥匙的有效性。

BCM 使用 LIN 与前、后、左、右 4 个车门的电动窗升降电机及诊断接口进行数据通信。

空调控制面板使用 LIN 与电加热器（PTC）、加热器水泵进行数据通信，如图 1-5-36 所示。

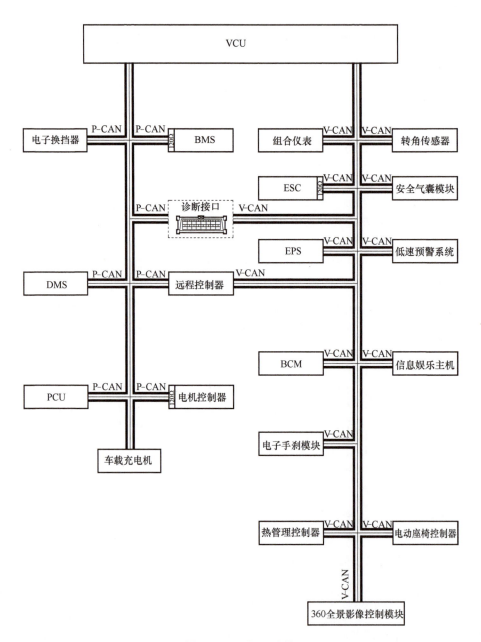

图 1-5-35 CAN 连接

(4) K 线工作原理

K 线用于外部测试设备和车载诊断接口之间的诊断通信。传输速率 10.47kb/s。传输信号时其电压在 0V 和 12V 之间切换：12V，逻辑"1"；0V，逻辑"0"。

(5) K 线的应用

使用外部测试设备可通过车载诊断接口之间的 K 线访问 ABS/ESC、组合仪表、空调控制器、TPMS 等模块的诊断数据。

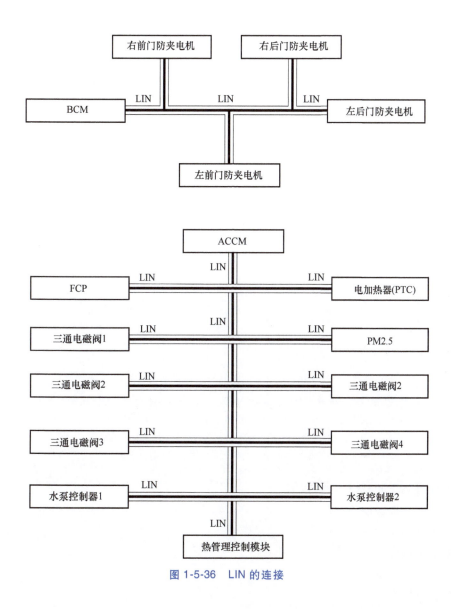

图 1-5-36　LIN 的连接

十二、安全保护装置

1. 安全保护装置的组成

安全气囊系统由下列部件组成，如图 1-5-37 所示：
① 安全气囊警告灯；
② 组合仪表总成；
③ 安全气囊电子控制单元（ACU）；

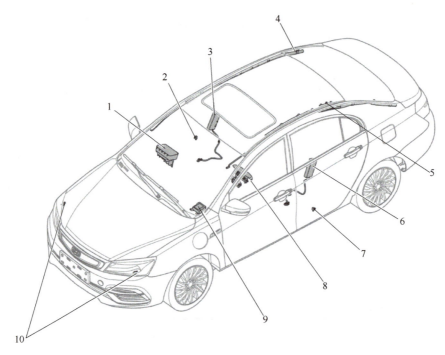

图1-5-37 安全气囊系统的组成

1—乘员安全气囊 2—乘员侧侧面碰撞传感器 3—前排右侧侧气囊（位于座椅靠背内）
4—右侧安全气帘 5—左侧安全气帘 6—前排左侧侧气囊（位于座椅靠背内）
7—驾驶员侧侧面碰撞传感器 8—驾驶员安全气囊及时钟弹簧
9—安全气囊电子控制单元 10—正面碰撞传感器

④ 驾驶员侧正面碰撞传感器；

⑤ 乘员侧正面碰撞传感器；

⑥ 驾驶员侧侧面碰撞传感器；

⑦ 乘员侧侧面碰撞传感器；

⑧ 乘员识别传感器；

⑨ 驾驶员安全气囊；

⑩ 乘员安全气囊；

⑪ 驾驶员安全带预紧器；

⑫ 乘员安全带预紧器；

⑬ 前排左侧侧气囊；

⑭ 前排右侧侧气囊；

⑮ 左侧安全气帘；

⑯ 右侧安全气帘；

⑰ 时钟弹簧；

⑱ 安全气囊系统线束；

⑲ 转向盘和转向柱。

2. 安全保护装置的工作原理

安全气囊系统为乘员提供了除安全带之外的辅助保护，是一种被动安全系统。安全气囊系统具有多个充气保护模块，分布在车辆的不同位置上，包括转向盘、仪表台、前排座椅靠背和车顶纵梁上。除了充气保护模块之外，车辆还可配备安全带预紧器。在车辆发生碰撞的时候，它会张紧安全带，从而在充气模块展开的同时保证乘员与安全气囊之间的安全距离。每个充气模块都有一个点爆回路，该回路由安全气囊控制模块控制。当安全气囊电子控制单元检测到碰撞的冲击力足够大时控制气囊充气。安全气囊控制模块对安全气囊系统的电气部件进行连续诊断监测。当检测到电路故障时，安全气囊控制模块就设置一个故障诊断码，并启亮安全气囊警告灯，以通知驾驶员。转向柱采用吸能式设计，在发生正面碰撞时可以收缩，降低了驾驶员的受伤概率，如图 1-5-38 所示。

安全气囊电子控制单元接收传感器的信号，用以判断碰撞的严重程度。当信号值大于存储器中的设定值，安全气囊电子控制单元发出点火指令，从而令安全气囊系统相应的充气模块充气展开。

当遇到冲击力足够大的正面碰撞，正面气囊充气展开，安全带预紧器就会启动；当遇到冲击力足够大的侧面碰撞，前排侧气囊、安全气帘充气展开，安全带预紧器启动。

安全气囊电子控制单元（ACU）确认碰撞信号后，会在 20ms 内向总线发送"碰撞解锁和断电"信号，20ms 为一个周期，共发送 3s。BCM 和 EMS 连续收到 3 个以上的信号，就会分别执行解锁和断电功能。

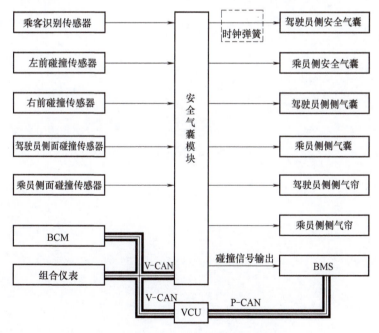

图 1-5-38　安全保护装置的工作原理

第二篇

维护与保养

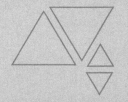

第六章 高压系统的认知与维修

一、高压系统认知

 1. 高压系统基本认知

纯电动汽车高压系统电压常见的等级分别是 144V、288V、317V、346V、400V 和 576V 等，但并不限于这些。

纯电动汽车在高压电气设备外壳体的醒目位置，如动力蓄电池系统、高压配电箱、驱动电机、充电机、DC/DC 变换器等位置都设有高压警告标识，用于提醒用户，防止接触高压触电，如图 2-6-1 所示。

高压警告标识的底色为黄色，边框和箭头为黑色，如图 2-6-2 所示。当移开遮拦或外壳可以露出 B 级电压带电部分时，遮拦和外壳上也应有同样清晰可见的符号。

a) 车辆机舱高压系统部件

图 2-6-1 高压系统基本认知

b) 驱动电机

c) 电动压缩机

d) 动力蓄电池

图 2-6-1　高压系统基本认知（续）

a) 危险电压警告标志

b) 高电压组件警告提示牌(规格1)

c) 高电压组件警告提示牌(规格2)

图 2-6-2　高压系统警告标识

2. 高压线束颜色和标识

（1）高压插接器

高压互锁是指通过检测高压系统连接位置的连接状态，识别异常情况，然后断开动力蓄电池的高压电源，防止人员受到电击伤害的措施。在纯电动汽车高压回路中，高压插接器是实现高压互锁功能的主要元件，如图 2-6-3 所示。

a) 高压插接器外观

b) 高压插接器互锁装置

图 2-6-3　高压插接器

（2）高压线束

高压线束是纯电动汽车上的插接器和线缆在整个汽车运行当中非常关键的连接件，其隐患主要是过热或燃烧，恶劣环境对线束屏蔽性能的影响以及进水和进尘的风险等。不同于传统汽车的12V线束，高压线束还需要考虑与整车电气系统的电磁兼容性。在实际使用中，纯电动汽车受到的电磁干扰风险远高于传统内燃机汽车。纯电动汽车的高压线束是高效的电磁干扰发射天线和接收天线，是导致纯电动汽车出现电磁兼容故障及辐射干扰超过法规要求的最重要原因。

高压线束产生的磁干扰会影响到汽车信号线路中数据传输的完整性和准确性，严重时会影响到整车的操控性和安全性。因此，在高压线束外边常常采用注胶、包裹屏蔽线等方式来减少对整车的磁干扰。

纯电动汽车上的所有高压线束都使用橙色线束，用于与低压系统的黑色线束区分，如图 2-6-4 所示。高压线束的插座一般也采用橙色。

a) 高压线束外观

b) 高压线束的位置

图 2-6-4　高压线束

二、高压系统维修安全防护

1. 高压电对人体的危害

25V 以上的交流电和 60V 以上的直流电就会对人身健康构成威胁，所以最大的安全接触电压分别是：交流电 50V，直流电 120V。

流过人体的电流超过大约 5mA，就被称为"触电"。这时人会感到有些发麻，但仍然能够摆脱电流导体。

流过人体的电流超过大约 10mA，就开始了所谓的"摆脱阈值"，它会触发身体挛缩。这时人无法摆脱电源，电流的作用时长因此会显著延长。

当 30~50mA 交流电较长时间对人体作用时，就会引发呼吸停顿和心室纤维颤动。

流过人体的电流超过大约 80mA 时，被称为"死亡阈值"。

交流电压引发人体内的交流电流，而该电流会触发肌肉和心脏颤动。交流电压的频率越低，其危险性越大。交流电会非常早地引发心室纤维颤动，如不能及时急救伤者，就会有生命危险。

在靠近开启的电机或者高压系统时，可能会对电子生命辅助系统造成负面影响，如图 2-6-5 所示。生命辅助系统包括：①体内的镇痛泵；②植入的除颤器；③心脏起搏器；④大脑起搏器；⑤胰岛素泵；⑥助听器。

(1) 影响因素

人体细胞在有限范围内具有导电性，细胞内液体比例较高是导电的主要原因。如果接触带电部件，电流可能流过人体。此时电流以最短路径流过身体，电流在体内所经过的路径可能会遇到不同器官，如图 2-6-6 所示。

图 2-6-5 禁止标志：禁止佩戴心脏起搏器的人士接近

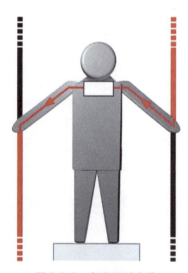

图 2-6-6 电流流过人体

针对人体内电流经过的不同路径，人体的电阻值也不同。人体欧姆电阻的大小取决于以下影响因素：①衣服；②皮肤湿度；③人体内路径的长度和类型。

有电流流过的身体部位处衣服越厚、越干，电阻值越大。如果皮肤上有水或雪，那么身体电阻值就会下降。

如果身体内电流经过的路径较短，那么电阻比电流流过较长路径时小。表 2-6-1 为人体电阻的近似值，这些数值可能受上述影响因素影响。

表 2-6-1 人体电阻的近似值

身体内电流的路径	欧姆电阻（大概数值）
从一只手到另一只手	约 1000Ω
从一只手到双脚	约 750Ω
从双手到双脚	约 500Ω
从双手到躯干	约 250Ω

电流强度仅取决于施加在身体上的电压和欧姆电阻：$I = U/R$。通过人体电流计算见表 2-6-2。

表 2-6-2 通过人体电流计算

情况	施加的电压 U/V	人体电阻/Ω	人体内的电流强度 I/mA
分别用一只手接触 12V 蓄电池的一个电极	12	1000	12
分别用一只手接触 420V 蓄电池的一个电极	420	1000	420
分别用一只手接触 230V 蓄电池的一个电极	230	750	307

（2）摆脱阈值

人体的摆脱阈值如图 2-6-7 所示。

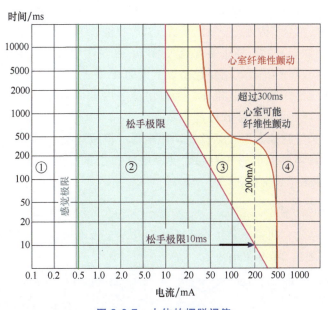

图 2-6-7 人体的摆脱阈值

1）强度范围①。在此范围内，不论作用多长时间都无不良影响。

2）强度范围②：

① 0.5~2mA：能感觉到电流。

② 3~5mA：开始有痛感。

③ 10~20mA：松手极限值。

一般说来，在此范围内流经身体的电流不会有什么危险。

3）强度范围③：

① 肌肉痉挛。

② 呼吸困难。

③ 心律不齐。

在此强度范围内的电流一般不会导致器官受伤。

4）强度等级④：

① 心脏纤维性颤动。

② 心脏停搏。

③ 呼吸停止。

在此范围内的电流会对人体造成生命危险。

2. 高压插接器

（1）高压插接器介绍

高压插接器是一种借助于电信号或机械力的作用使电路接通、断开的功能性元件，由固定端电插接器和自由端电插接器组成。

高压插接器结构一般包括：接触对、密封圈、对接锁止机构、支架、外壳、定位机构、高压互锁机构、屏蔽机构、绝缘结构等。一般的端接方式有焊接、压接、过孔连接、螺钉连接等。

高压插接器使用性能与低压插接器有较大不同，在使用中对于高压插接器的电性能、力学性能和环境性能有较高的要求。主要包括以下方面：

1）电性能。电气性能包括工作电压、额定电流、内导体和外导体的接触电阻、特性阻抗、电压驻波比、屏蔽性能及抗干扰性能等。

2）力学性能。力学性能主要包括抗振动冲击性、机械寿命、单孔分离和总分离力等。

3）环境性能。环境性能包括在不同温度、湿度和盐雾、灰尘环境下正常工作的能力，以及密封性能（包括水压、淋雨）等。

（2）拆装高压插接器

1）脱开高压插接器：将锁止件 1 沿箭头方向移动至极限位置，如图 2-6-8 所示。

压下锁止件 1，如图 2-6-9 所示。

图 2-6-8　向前推出锁止件

图 2-6-9　压下锁止件

完全翻开锁止件 1 并拔下插头 2，如图 2-6-10 所示。

2）连接高压插接器：插上插头 1 至极限位置并锁上锁止件 2，如图 2-6-11 所示。

 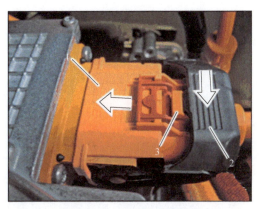

图 2-6-10　拔下插头　　　　　　　　图 2-6-11　连接高压插接器

注意：
必须听到锁止件 2 嵌入的声音。
锁止件 2 的锁止凸耳必须完全位于锁止件 2 下方。

将锁止件 1 沿箭头方向推至极限位置，如图 2-6-12 所示。

图 2-6-12　将锁止件安装到位

3. 高压断电安全设计原理及操作流程

（1）高压断电设计原理

对高电压组件进行操作时，售后服务人员可能接触高电压导线的接口等部件。行驶期间这些工作部件带有危险电压。为了在工作期间不会危及售后服务人员的安全，高电压组件上不允许带危险电压。

最简单的方法是关闭能源（无电压），即拉起高电压蓄电池的高电压安全插头，如图 2-6-13 所示。

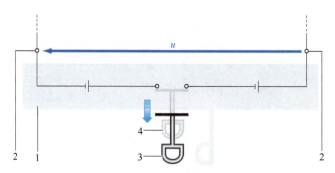

图 2-6-13　断开高压电方法一

1—高电压蓄电池壳体　2—高电压蓄电池的外部接口　3—处于拉起状态的高电压安全插头
4—处于插上状态的高电压安全插头

拉起一个插头即可断开串联蓄电池组的连接。因此可从外面接触到的高电压蓄电池上不再有电压。可用于断开连接的插头被标识为"高电压安全插头"或"售后服务时断开连接"。

除了断开串联蓄电池组外，目前还有使用另一种工作原理的高电压安全插头（图2-6-14）。在此高电压安全插头是控制单元的一个控制输入端。只要识别到拉起高电压安全插头，控制单元就会立即中断接触器的供电，随后接触器触点自动打开。其作用与断开串联蓄电池组时相同：拉起高电压安全插头后，高电压蓄电池的电极上不再有危险电压。

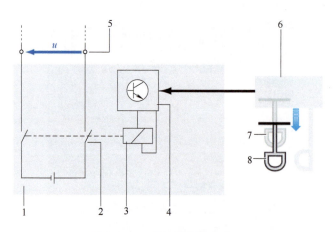

图 2-6-14　断开高压电方法二

1—高电压蓄电池壳体　2—两个接触器触点　3—接触器电磁铁
4—分析高电压安全插头状态并相应控制接触器的控制单元
5—高电压蓄电池的高电压接口　6—高电压安全插头的独立壳体
7—处于插上状态的高电压安全插头　8—处于拉起状态的高电压安全插头

拉起高电压安全插头时，高电压系统内多个过程并行自动执行。因此可确保高电压蓄电池的电极上、电子组件上和电动机上没有危险电压。执行断电的程序依次为：

① 断开串联蓄电池组和/或打开高电压蓄电池内的接触器。

② 其他高电压组件内的电容器放电。

③ 电动机绕组短路。

（2）电动汽车安全断电操作流程

电动汽车安全断电操作流程见表2-6-3。

表2-6-3　电动汽车安全断电操作流程

序号	操作流程	操作标准
1	操作前准备工作	维修人员应铺设并佩戴好有效的防护用具 观察车辆状态，并仔细阅读有关维修说明
2	断电操作	关掉点火开关（如果有的话，拔掉充电插头） 切断12V铅酸电池的负极搭铁线 按规定的方法拆除高压电池组上的橙色维护开关，注意在拔下维修开关的同时，按规定操作维修开关的解锁机关以免造成损坏
3	高压部件管理	将智能钥匙移至控制的探测范围以外，并且由相关负责人管理好 拆下的维修部件由相关负责人进行管理 用绝缘胶带包裹被断开的高压线路及插接器
4	验电操作	等待10min或更长时间后再进行下一步操作，以便让功率转换器总成内的高压电容器充分放完所存储的电荷；一些车自带主动放电功能，时间会短一些，以维修手册推荐的时间为准 测量电动汽车上的变频器输入和输出线端子的电压，确认无电压后方可接触电路元器件
5	确认断电及工作区域安全隔离	确认车辆无有害电压，相关高压触头已经做好保护，相关锁具、钥匙已经保管妥当 在车辆顶部或者明显部位安放警示标示，表明车辆状态 将车辆的维修区域用护栏围起来，无资质或无关人员不得进入维修区域

 4. 触电急救常识

发生触电事故时第一步——判断非常重要，因为后续步骤在很大程度上取决于判断。通过什么能够判断出是触电事故？以下特征表明可能发生了触电事故，如图2-6-15所示：

① 遇事故人仍与发生事故的电路接触，无法移动，因为电流流过身体时造成肌肉抽搐。

② 一个（或多个）人躺在地上失去知觉：通过身体的电流较高时心脏会停止跳动，血液循环中断，其结果是失去知觉。

③ 遇事故人身体上带有点状烧伤。

④ 遇事故人可能处于休克状态，可能表现为过度兴奋或无精打采。

图2-6-15　判断事故有原因

第二步应思考按哪个顺序做。尤其是发生触电事故时，自我保护是第一位的。如果救助人自身处于危险中或受伤，则无法为遇事故人提供救助，如图2-6-16所示。

只有明白救助顺序，才能迅速且目标明确地行动。如果有其他人在现场，也应当分派具体任务。通过这种方式提供救助可能比一个人单独行动更有效且更迅速，如图2-6-17所示。

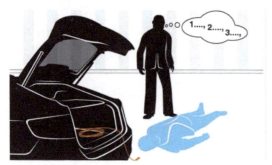

图 2-6-16 思考按哪个顺序做

图 2-6-17 行动

所有救助行动的总目标是，在不危害自身健康的前提下尽可能保证遇事故人活下来。即使救助人没有经验，也要尽快救助。但是还需要由受过医疗培训的人采取后续行动，以便让触电者能够痊愈。只有按正确顺序执行所有具体步骤，才能让救助链完整无缺，救助链如图 2-6-18 所示。

（1）紧急措施

电流流过人体时可能造成受重伤。电流强度越大，电流持续时间越长，受伤越严重。因此，作为救助遇事故人的首要措施必须断开事故电路，如图 2-6-19 所示。

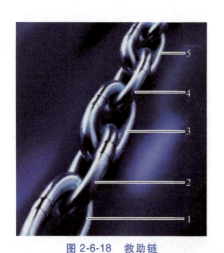

图 2-6-18 救助链
1—紧急措施 2—拨打紧急电话 3—急救措施
4—通过救援服务机构救援 5—后期医疗护理

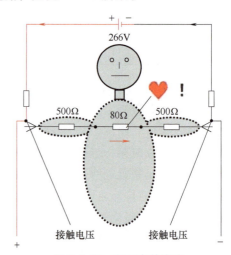

图 2-6-19 断开事故电路

每个救助人的自然反应是抓住遇事故人并将其从带电部件上拉下来，但是救助人会因此将自身置于危险中。此后电流流过两个人的身体并造成救助人受伤。因此，救助人正确估计当前情况并首先考虑自我保护非常重要。

可采用以下几种方式关闭混合动力车辆上事故电路的电源：

1）拉起高电压安全插头。

2）断开 12V 供电（如通过断开 12V 蓄电池接线）。

3）拔下熔丝（如果存在）。

如果救助人不能在无危险的情况下关闭电源，则必须以其他方式断开事故电路。为此救助人需使用绝缘用品，最好是绝缘防护手套。只有这样，才允许救助人尝试将遇事故人与带电部件分开。在特殊情况下也可以用位于附近的塑料部件或干木材将遇事故人与电路分开。只有使用这类用品，才能减小或排除电气事故给救助人带来的危险。

（2）拨打紧急电话

每次发生电流引起的事故时，都必须拨打紧急电话请专业医生实施救助。即使发生其他类型的事故时也应拨打紧急电话，尤其是遇事故人失去知觉或明显受重伤时，如图 2-6-20 所示。

拨打紧急电话时必须向急救服务机构的通话人说明以下信息：

1）事故发生在何处？
2）发生了什么？
3）多少人受伤？
4）事故或受伤类型？

（3）急救措施

如果遇事故人失去知觉和/或不再呼吸，则需要采取急救措施。这些措施用于维持生死攸关的机能，直至急救服务机构到达事故现场。护理受伤的人也属于急救措施范畴。

必须将失去知觉、但是还能呼吸的遇事故人置于侧卧状态，如图 2-6-21 所示。

图 2-6-20　拨打紧急电话

图 2-6-21　侧卧

遇事故人失去知觉且不再呼吸，必须立即开始心肺复苏措施，如图 2-6-22 所示。

a) 胸腔按压

b) 人工呼吸

图 2-6-22　心肺复苏措施

心肺复活措施包括交替按压胸腔和人工呼吸。必须持续执行措施，直至遇事故人恢复呼吸能力或救援服务人员到来。

发生触电事故时会出现心室颤动。此后心脏不再以大节奏运动方式跳动，而是以微小的高频运动方式跳动。这种状态与战栗类似，不再输送血液。这也会带来严重的生命危险。救助人可以从外表感觉到呼吸和心跳停止。心室颤动可以通过所谓的除颤器结束，因此可提高遇事故人苏醒的机会，救援服务机构也使用这类设备。此时也可以使用自动工作的除颤器，没有经验的人也可以操作这种除颤器，设备会自动决定是否需要除颤，如图 2-6-23 所示。

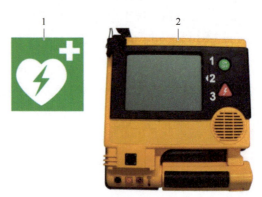

图 2-6-23　除颤器

1—用于表示除颤器存放箱或运输袋的符号　2—自动除颤器

烧伤时必须用流动的冷水冷却，直至疼痛减轻，然后用无菌纱布盖住。如果烧伤的同时神志不清且血液循环有问题，则优先采取复活措施。

（4）通过救援服务和后期医疗护理提供帮助

采取急救措施后立即进行救援服务工作。通过继续执行心肺复活措施、使用除颤器和/或药品进一步稳定或改善遇事故人的健康状态。此时，救助链还未结束。

每次发生触电事故时，都必须到医院检查，其原因是：电流不仅有短期危害健康的作用，而且影响可能在几个小时、几天或几个星期后才出现。例如，电流流过人体时产生蛋白质，这些蛋白质必须通过肾脏排出。如果降解量过大，则发生事故几天后可能导致肾衰竭。

取决于事故严重程度，遇事故人必须到门诊检查、在医院观察或复查。只有这样才能避免出现并发症和造成永久性健康损害。

5. 维修作业安全防护

（1）常用工具设备

1）绝缘维修工具。纯电动汽车高压系统的电压可以达到几百伏，在维修操作时，必须注意安全，要严格按照安全操作规范执行。

绝缘维修工具需要进行出厂前试验，外观检查应无油污、无潮湿、无松动、无裂纹、无露金、无断裂、无损伤。绝缘工具必须独立存放，不准与其他物品混放，避免与金属锐利物接触，以防破坏绝缘层，如图 2-6-24 所示。

2）万用表。万用表是用于测量电压、电流、电阻等参数的测量仪表，对于检测车辆电子电气零部件的状态与性能十分重要。很多万用表也可以自带测量电容、二极管、三极管等功能。常见的指针式万用表和数字式万用表如图 2-6-25 所示。

第六章 高压系统的认知与维修 | 131

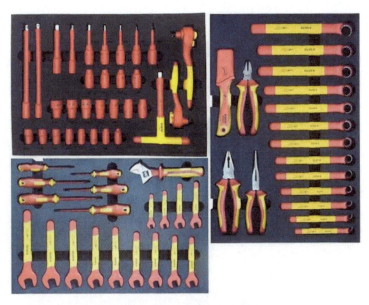

图 2-6-24 绝缘维修工具

图 2-6-25 指针式万用表和数字式万用表

3) 绝缘测试仪（兆欧表）。图 2-6-26 显示了两种绝缘测试仪（兆欧表），它的刻度是以

 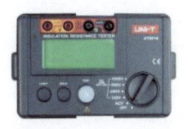

图 2-6-26 两种绝缘测试仪（兆欧表）

兆欧（MΩ）为单位的。兆欧表由中大规模集成电路组成。本表输出功率大、短路电流值高、输出电压等级多（每种机型有4个电压等级）。

测量绝缘电阻必须在测量端施加一高压，此高压值在绝缘电阻表国标中规定为50V、100V、250V、500V、1000V、2500V、5000V。

4）汽车故障诊断仪。汽车故障诊断仪是汽车维修中非常重要的工具，能够有效地排出汽车故障原因。其主要的功能有：读取故障码、清除故障码、读取发动机动态数据流、示波功能、元件动作测试、匹配、设定和编码及其他辅助功能，如图2-6-27所示。

5）钳形电流表。钳形电流表也称电流钳，由电流互感器和电流表组合而成，如图2-6-28所示。当捏紧钳头扳手时，电流互感器的钳头张开；当放开钳头扳手时，钳头闭合。钳形电流表可以在不断开电路的情况下测量线路电流，使用前应先检查其是否能正常工作。

图 2-6-27　汽车故障诊断仪

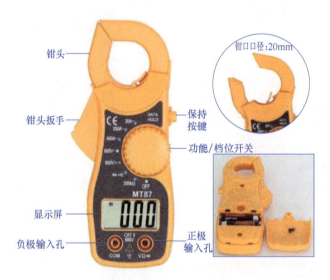

图 2-6-28　钳形电流表

6）高压放电仪。纯电动汽车动力蓄电池和一些高压部件都带有电容，断开电源后电容仍然会存储部分电量。为了避免发生触电事故，需要用高压放电仪对纯电动汽车的高压端口进行放电，如图2-6-29所示。

（2）安全防护用具

1）绝缘手套。绝缘手套有效期通常为两年，绝缘等级在1000V/300A以上需要进行出厂前试验，外观检查应无油污、无潮湿、无进水、无粘连、无裂纹、无漏气。每半年进行一次工频耐压试验，不合格即报废。存放在密闭的橱内，应与其他工具、仪表分别存放，如图2-6-30所示。

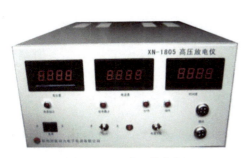

图 2-6-29　高压放电仪

图 2-6-30　绝缘手套

使用绝缘手套前，务必执行以下程序检查其是否破裂、磨破和存在其他类型的损坏，如图 2-6-31 所示：①将手套侧放；②将开口向上卷 2 或 3 次；③对折开口以将其封死；④确保没有空气泄漏。

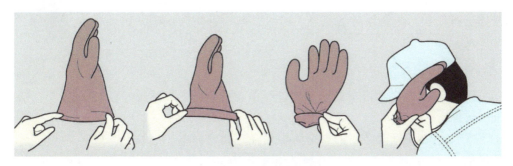

图 2-6-31　检查绝缘手套

2）绝缘鞋。绝缘鞋有效期通常为两年。需要对其进行出厂前试验，外观检查应无油污、无潮湿、无进水、无外伤、无裂纹、无孔洞、无毛刺、无断底断帮等，如图 2-6-32 所示。

绝缘鞋的内帮或鞋底上应有标准号、电绝缘字样（或英文缩写 EH）、闪电标记、耐电压数值等。绝缘鞋应放在干燥、通风处，不能随意乱放，并且避免接触高温、尖锐物品和酸碱油类物质。

3）防护眼镜。防护眼镜通常无有效期。需要对其进行出厂前试验，外观检查镜片应无裂痕或严重磨损，松紧带无老化，镜架镜带连接可靠，如图 2-6-33 所示。

图 2-6-32　电工绝缘鞋

在维修与检修纯电动汽车时，要佩戴防护眼镜。防护眼镜主要用于防御电器拉弧产生的电火花对眼睛造成损伤。使用前需要对防护眼镜进行检查，查看镜片是否有裂痕和损坏。

4）绝缘帽。绝缘帽有效期通常为两年半。需要对其进行出厂前试验，外观检查帽壳应无龟裂、无凹陷、无裂痕或无严重磨损，帽箍、顶衬、下颚带、后扣（或帽箍扣）等组件应完好无损，如图 2-6-34 所示。

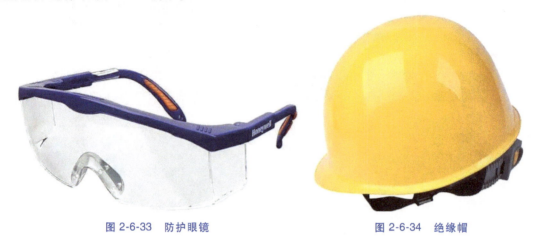

图 2-6-33　防护眼镜　　　　　　　　图 2-6-34　绝缘帽

5）绝缘服。绝缘服是操作人员带电作业时需要穿戴的服装，可以对身体进行防护。绝缘服具备阻燃、绝缘性能，可防高压电，如图 2-6-35 所示。

（3）安全防护要求

1）维修人员对纯电动汽车高压系统进行检查维修时，必须做好以下安全防护：

① 维修人员必须佩戴必要的安全防护用品，如绝缘鞋、绝缘手套、绝缘垫、防护眼镜等，其耐压等级必须大于 1000V。

② 使用前必须检查绝缘手套、绝缘鞋等防护用品是否有破损、破洞或裂纹等，应完好无损，确保安全。

③ 使用前必须检查绝缘手套、绝缘鞋等防护用品，不能带水进行操作，保证内外表面洁净、干燥，确保安全。

④ 维护和保养纯电动汽车部分所需工具：万用表、钳流表（含直流及交流）、具有绝缘手柄的操作工具（含力矩扳手、快速扳手、螺丝刀等）等。检测用仪器需要先检查功能及附件均工作正常后方可使用，操作工具应提前使用绝缘胶带包裹除去与标准件接触点以外的裸露金属部分，避免因仪器故障或操作工具裸露金属部分误触带电部件，导致高压事故。

图 2-6-35　绝缘服

⑤ 维修纯电动汽车高压系统时，必须设置专职监护人一名，监护人工作职责为监督维修的全过程：

a）监督维修人员资质、工具使用、防护用品佩戴、备件安全保护、维修安全警示牌等是否符合要求。

b）对维修过程中的安全维修操作规程进行检查，按安全维修操作规程指挥操作；维修人员在做完一个操作后告知监护人，监护人在作业流程单上作标记。

c）监护人及维修人员必须具备国家认可的《特种作业操作证（电工）》与《初级

（含）以上电工证》。

d）监护人及维修人员必须经过专业的纯电动车型新车型培训，并通过考核。

⑥ 严禁未经培训的人员进行高压部分检修，禁止一切带有侥幸心理的危险操作，避免发生安全事故。

⑦ 严禁不按章操作。

2）维修人员对纯电动汽车检查维修时，必须注意以下事项：

① 电气电路的维护必须由持电工证的合格电工执行，并严格遵守电工安全操作规程进行。

② 高压操作区域应张贴警示标志和隔离带，以防非预期人员进入或操作。

③ 高压操作区域应配备绝缘垫、消防设施和救援设施。

④ 操作工具不得随意摆放，不可放在口袋，更不能放在高压零部件上，使用后需放置在指定位置。

⑤ 操作前，检查安全设施或工具是否完好，确认完好后再进行操作。

⑥ 操作前，应检查车辆情况，尤其是高压部件的情况，确认完好后再进行操作，将车辆熄火，断开高压维修断开装置或高压输出插接器。

⑦ 高压零部件识别：橙色线缆以及所连接部分和带高压标志的都是高压零部件。非专业人士不能对高压线路、高压元件进行切割或打开。

⑧ 拔掉后的高压维修断开装置、插接器或接口需做绝缘处理。

⑨ 禁止高压正负极同时操作。

⑩ 在进行维护作业时应严格防止高压线束的绝缘层破损漏电。

⑪ 高压操作时，至少保证两人在场；一人操作，一人保持一定距离观察，起到安全提醒作用。

⑫ 在清洗车辆时，请避开高、低压元件，严禁用水直接冲洗高、低压元件。

⑬ 制订高压作业指导书，操作人员需根据作业指导书进行操作。

⑭ 各螺栓连接处的力矩要严格按照螺栓力矩要求来执行。

（4）维修工位配置标准

维修区域仅允许具备足够资质和知识的人员对车辆高压电气系统进行操作；仅允许在单独的房间或实验室或者分割开标识的独立区域进行操作，如图 2-6-36 所示。

图 2-6-36 维修区域

1）隔离栅。用于设置安全作业区域，隔离危险区域，防止作业人员超越安全作业区、误入危险区域的工器具，如图 2-6-37 所示。

2）警示牌。在地面或车辆附近明显位置放置，如图 2-6-38 所示。

图 2-6-37　隔离栅

图 2-6-38　警示牌

3）绝缘垫。辅助安全用具，隔离电动汽车和地面的接触，防止作业人员触电。

三、高压系统维修断电

1. 维修开关拆卸

① 打开前机舱盖。
② 断开蓄电池负极电缆。
③ 打开副仪表储物盒盖板，如图 2-6-39 所示。
④ 拆卸副仪表板储物盒，如图 2-6-40 所示。
⑤ 拇指按住维修开关把手卡扣，其余手指按住把手，当把手由水平位置到垂直位置时，向上垂直拔出维修开关插头，如图 2-6-41 所示。
⑥ 关闭副仪表储物盒盖板，如图 2-6-42 所示。

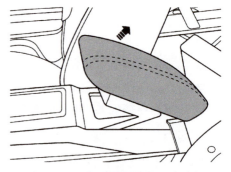

图 2-6-39　打开副仪表储物盒盖板

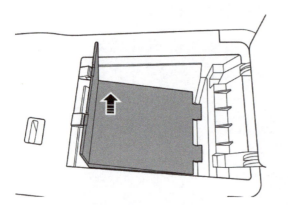

图 2-6-40　拆卸副仪表板储物盒

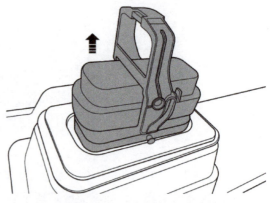

图 2-6-41　拔出维修开关插头

> 注意：
> 防止异物落入维修开关插座造成维修开关短路。

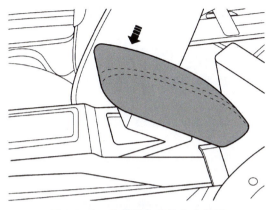

图 2-6-42　关闭副仪表储物盒盖板

 2. 维修开关安装

① 打开副仪表储物盒盖板。

② 连接维修开关，将维修开关插头垂直对准插座轻按，如受到阻力则侧旋转插头 180°再轻向下按，然后使把手卡口卡到位或听到轻微"咔嚓"声，如图 2-6-43 所示。

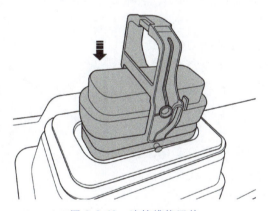

图 2-6-43　连接维修开关

③ 安装副仪表板储物盒。
④ 关闭副仪表储物盒盖板。
⑤ 连接蓄电池负极。
⑥ 关闭前机舱盖。

第七章 车辆的维护与保养

一、日常检查维护

 1. 在操作车辆时应检查项目

1）喇叭。应偶尔按动喇叭，确保喇叭工作正常，检查所有按钮位置。

2）制动系统。制动时应警惕制动系统的异响、制动踏板行程的增加或重复性的制动跑偏现象。此外，如果制动警告灯启亮或闪烁，则制动系统某部分可能出现故障。

3）轮胎、车辆和定位。对以正常公路速度行驶时出现的转向盘或座椅异常振动应保持警惕，这种情况说明可能有某个车轮需要进行动平衡，此外，在平直路面上左右跑偏表明可能需要调整轮胎气压或进行车轮定位，如图 2-7-1 所示。

4）转向系统。警惕转向动作的变化，当转向盘转动困难或自由行程过大，或者转向时或驻车时有异响时，需进行检查。

5）照明系统。应偶尔观察一下前照灯灯光图案，如果前照灯对光不正确，应进行调整。

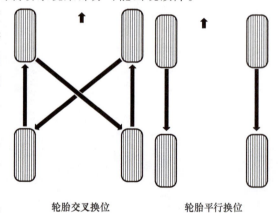

图 2-7-1 轮胎换位

 2. 每次加注时应检查项目

1）检查电机控制器冷却液液面及状况。检查膨胀罐总成中的液面，必要时添加电机控制器冷却液。检查电机控制器冷却液，更换脏污的电机控制器冷却液。

2）检查玻璃清洗剂液面。检查储液罐内的玻璃清洗剂液面，必要时添加玻璃清洗剂。

3. 至少每月一次应检查项目

1）轮胎和车轮及气压检查。检查轮胎是否异常磨损或损坏，还要检查车轮是否损坏，检查轮胎冷态时的压力，同时也要检查备用轮胎，保持轮胎标签上的推荐压力。

2）车灯的操作。前照灯必须对光才能实现正确的路面照明。当安装新的前照灯总成或者当对前端区域的维修可能已影响到前照灯总成或其安装座时，应检查前照灯。

3）油液泄漏检查。车辆停放一段时间后，应定期检查车下地面是否有水或其他液体。空调系统使用后滴水属正常现象，如果发现泄漏，应立即查找原因并排除故障。

 4. 至少每年两次应检查项目

1）制动总泵储液罐液面。检查油液并使其保持正确液面，液面过低可能表明盘式制动器的制动衬块已磨损，需要维修或更换。检查储液罐盖上的通气孔，确保无污垢且气道通畅，如图 2-7-2 所示。

图 2-7-2 制动液液位

2）门窗密封条的润滑。使用清洁的抹布为门窗密封条涂一层硅基润滑脂薄膜。

二、定 期 保 养

 1. 更换油液时应检查项目

1）变速器/驱动桥。检查变速器/驱动桥油液液面，必要时添加油液。

2）制动系统检查。制动液液面过低可能表明盘式制动器的制动衬块已磨损，需要维修或更换。此外，如果制动系统警告灯一直不熄灭或启亮，则制动系统可能有问题；如果防抱死制动系统警告灯一直不熄灭或启亮，则防抱死制动系统可能有问题，应在拆卸车轮进行换位时完成本项检查。检查管路和软管连接是否正确,以及有无卡滞、泄漏、开裂或擦伤等。检查盘式制动器制动衬块是否磨损。检查制动盘的表面状况,同时检查其他制动器部件,包括制动轮缸、驻车制动器等。检查驻车制动器调整情况,如果驾驶习惯或行车条件要求频繁制动,应缩短检查制动器的时间间隔。

3)悬架和前驱动桥护罩和密封件的检查。检查前、后悬架和转向系统是否有零件损坏、松动或缺失,是否出现磨损或润滑不足的迹象。清洁并检查驱动桥护套和密封件是否损坏、破裂或泄漏,必要时,更换密封件。

2. 每年一次应保养项目

1)安全带的状况及操作。检查安全带系统,包括编织带、锁扣、锁板、卷收器、导向环和固定装置。

2)备胎和千斤顶的存放。警惕车辆后部出现的嘎嘎声,备胎、所有举升设备和工具必须始终固定好,每次使用后,用油脂润滑千斤顶棘齿或螺旋机构。

3)电子转向柱锁的保养。润滑电子转向柱锁的锁芯。

4)车身润滑保养。润滑所有车门铰链,包括前机舱盖、加油口盖、行李舱铰链和锁闩、杂物箱和控制台门,以及折叠座椅的任何机件。

5)车身底部清洁。首先,松动聚集在车辆封闭区的沉积物,然后用清洁剂清洁车身底部。一年至少清洁一次车身底部(尤其是冬季过后)。清洁车身底部,可清除具有腐蚀性的融雪剂。

6)驱动电机冷却系统。在运行的驱动电机周围工作时,应避免接触运动部件和热表面,以防受伤。检查驱动电机冷却液,如果驱动电机冷却液过脏或生锈,应排放、冲洗驱动电机冷却系统并重新加注新的驱动电机冷却液。保持适当的驱动电机冷却液浓度,以保证其正常的防冻、防沸、防腐性能,确保驱动电机运行在合理温度下。检查软管,更换开裂、膨胀或老化的软管。紧固卡箍,清洁散热器和空调系统冷凝器外部,清洗加注口盖和加注口管颈。对冷却系统和盖进行压力测试,以确保系统正常运行,见表2-7-1。

表2-7-1 保养项目及说明

总成	保养项目	保养内容
动力蓄电池总成	电池箱外围	电池箱体(含尾部挂梁)与车辆底盘的固定螺柱紧固
		电池箱体(含尾部挂梁)与车辆底盘的固定螺柱腐蚀/破损
		高压插接器公插与母插清洁度/腐蚀/破损
		低压插接器公插与母插连接可靠性
		低压插接器公插与母插清洁度/腐蚀/破损
		电池箱箱体划痕/腐蚀/变形/破损
		电池下箱体底部防石击胶划痕/腐蚀/破损
	电池状态	检查电池状态参数/SOC/温度/cell电压
		检查Pack绝缘阻值

(续)

总成	保养项目	保养内容
驱动电机	清洁	清洁电机外壳体,保证无水渍、泥垢
	电机水冷系统	检查管路有无老化、渗漏
		检查水泵是否有冷却液渗漏
	电机机械连接紧固	检测螺栓上的漆标,若漆标位置有移动则对螺栓进行紧固,若无则不做要求
	接地线连接	电机接地线部位的接地电阻不大于 0.1Ω
冷却系统	冷却液	检查或更换
减速器	齿轮油	检查或更换
车载充电机	一般检查	清洁
		高、低压接插件表面完好无破损、牢固
		接地线牢固无松动
		充电机安装牢固、无松动
		充电机诊断测试
驱动电机控制器	绝缘、接地、检测	绝缘电阻 $\geqslant 100\mathrm{M}\Omega$;接地电阻 $\leqslant 100\mathrm{m}\Omega$
	不可维修件,无须保养	
分线盒	无须保养	

三、车辆举升技术要求及注意事项

在车架边梁或者其他指定的举升点举升车辆时,要确保千斤顶垫块未碰到制动油管或者高压线。如果碰到了上述部位,则会造成车辆损坏或车辆性能下降。开始任何举升程序前,应确保车辆位于清洁、坚硬、水平的表面上。

确保所有提升装置都符合重量标准,且处于良好的工作状态。确保所有的车辆负载平均分布并且固定不动。如果只是从车架纵梁支撑车辆,则应确保提升装置未在车架纵梁上施加过大的力或损坏车架纵梁,如图 2-7-3 所示。

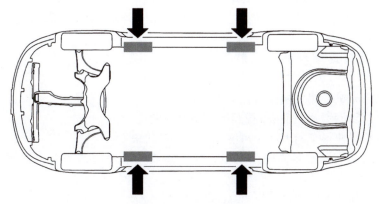

图 2-7-3　车辆支撑点

1. 顶起车辆时的注意事项

1）顶起车辆前必须卸载车辆负荷。切勿顶起或举升装载重物的车辆。

2）拆卸发动机和传动桥等较重的零件时，车辆重心会移动。请放置一块平衡配重以避免车辆摇摆，或使用变速器千斤顶进行支撑。

2. 使用4柱式举升机的注意事项

1）请遵照说明书操作以保证安全。

2）请勿使自由轮横梁损坏轮胎或车轮。

3）请使用车轮挡块固定车辆。

3. 使用千斤顶和安全底座的注意事项

1）在平地上操作时请务必使用车轮挡块。

2）如图2-7-4所示，请使用带橡胶附加支撑块的安全底座。

3）正确使用千斤顶和安全底座支撑规定位置。

4）在顶起前轮时，应松开驻车制动器，并且仅需在后轮后方放置车轮挡块；而在顶起后轮时，则仅需在前轮前方放置车轮挡块。

5）请勿仅用千斤顶来支撑车辆或进行操作。请确保使用安全底座来支撑车辆。

6）当仅顶起前轮或后轮时，请在接触地面的车轮两侧放置车轮挡块。

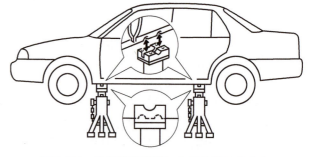

图2-7-4　使用带橡胶附加支撑块的安全底座

7）在使用千斤顶降下前轮被顶起的车辆时，应松开驻车制动器并且仅需在后轮前方放置车轮挡块；而在使用千斤顶降下后轮被顶起的车辆时，则仅需在前轮后方放置车轮挡块。

4. 使用摇臂式举升机的注意事项

1）请遵照举升机说明书操作以保证安全。

2）如图2-7-5所示，请使用带橡胶附加支撑块的支架。

3）调整车辆以使得车辆重心尽可能靠近举升机的中心。

4）调整支架的高度使车辆保持水平，并准确对齐支架凹槽与安全底座支撑位置，如图2-7-6所示。

5）请确保在操作期间锁止摇臂。

6）举升车辆直至轮胎悬空，晃动车辆以确保车辆平稳。

第七章　车辆的维护与保养 | 143

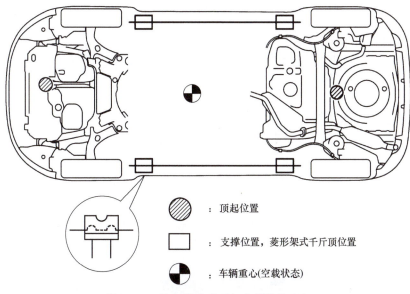

○ ：顶起位置

□ ：支撑位置，菱形架式千斤顶位置

● ：车辆重心(空载状态)

图 2-7-5　使用带橡胶附加支撑块的支架

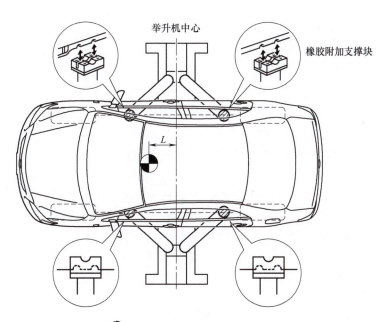

● ：车辆重心(空载状态)

图 2-7-6　调整车辆及支架

 5. 使用平板式举升机的注意事项

1）请遵照举升机说明书操作以保证安全。
2）使用平板式举升机附加支撑块，如图 2-7-7 所示。
3）确保将车辆固定在规定位置。

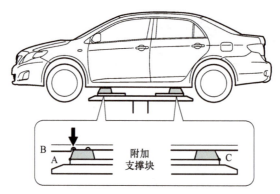

图 2-7-7　平板式举升机

4）举升车辆直至轮胎稍微悬空，晃动车辆以确保车辆平稳。

四、车辆分项检查

1. 检查车辆电气系统

1）检查前组合灯、后雾灯、昼间行车灯、转向信号灯、后组合灯（固定部分）、后组合灯（活动部分）、高位制动灯和牌照灯的亮度和工作状况。
2）检查车内照明灯的工作状况。
3）检查蜂鸣器、控制单元、仪表板中所有开关及喇叭的工作状况。
4）检查电动车窗、电动外后视镜、中控门锁的工作状况。
5）检查大屏播放器总成的接收状况和抗干扰性，并检查扬声器。

2. 检查轮胎

（1）检查轮胎花纹

轮胎花纹深度应大于 1.6mm。如果经常在湿滑的路面上行驶，则需保证轮胎花纹深度是上述数值的 2 倍，如图 2-7-8 所示。

（2）检查胎面磨损情况

轮胎胎面磨损异常和过早磨损有许多原因，其中包括充气压力不正确、没有定期换位、驾驶习惯不良或车轮定位不正确。如图 2-7-9 所示，轮胎出现相应胎面磨损时需要重新调整车轮定位。

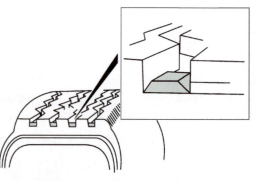

图 2-7-8　检查轮胎花纹深度

第七章 车辆的维护与保养 | 145

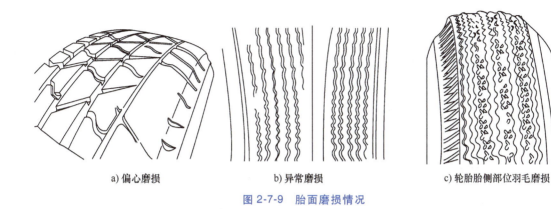

a) 偏心磨损　　　　　　　b) 异常磨损　　　　　　c) 轮胎胎侧部位羽毛磨损

图 2-7-9　胎面磨损情况

(3) 检查轮胎侧壁

通过观察发现轮胎侧壁上有可见的裂纹和切口时，表明轮胎将来可能会有漏气裂纹，甚至在最坏的情况下导致轮胎爆裂，如图 2-7-10 所示。

(4) 轮胎鼓包

轮胎鼓包多出现在胎壁，因为胎壁比较薄，当出现这一情况时需及时更换轮胎，如图 2-7-11 所示。

图 2-7-10　轮胎侧壁破损　　　　　　　图 2-7-11　轮胎鼓包

 3. 检查安全带

(1) 检查安全带卷收器

1) 用力快速往下拉动安全带，检查安全带卷收器是否锁止灵敏，若不能快速锁止则更换。
2) 拉出安全带检查安全带是否可以顺利收回。

(2) 检查安全带锁扣、锁舌

1) 检查锁扣外壳是否变形、脱落和开裂，如有损坏则更换。
2) 检查锁舌是否变形、开裂，如有损坏则更换。
3) 将锁舌插入锁扣，检查锁舌能否被锁止，经过 5 次以上的反复检查，锁舌只要有 1

次未能锁止在锁扣内,则更换。

(3) 检查安全带本体

1)从安全带自动回卷装置中完全拉出安全带。

2)检查安全带是否脏污,必要时用中性肥皂液清洗。

3)检查安全带是否有以下损坏,若有则更换:安全带断裂、扯破或擦伤;安全带带边织物线圈撕裂;有被香烟等烫过的痕迹;安全带带边一面变形或安全带边缘呈波浪状。

4. 检查蓄电池

1)检查蓄电池壳体是否损坏。壳体损坏会导致酸液流出,流出的蓄电池酸液会造成车辆严重损坏,应迅速用电解液稀释剂或肥皂液处理被电解液所接触的汽车零件。比亚迪 E5 蓄电池如图 2-7-12 所示。

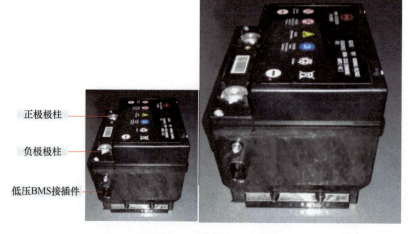

图 2-7-12　比亚迪 E5 蓄电池

2)检查蓄电池接线端是否受损,如果蓄电池接线端损坏,将无法保证良好接触。如果蓄电池接线端未正确连接和拧紧,则可能导致线路失火,并因此导致极大的电气设备功能故障,从而无法确保汽车安全运行,如图 2-7-13 所示。

3)检查蓄电池电缆是否腐蚀或断裂,必要时更换。

4)晃动蓄电池电缆,检查其是否安装牢固。若蓄电池正极电缆未固定牢固,则先将蓄电池负极电缆断开,再紧固蓄电池正极电缆,然后重新安装并紧

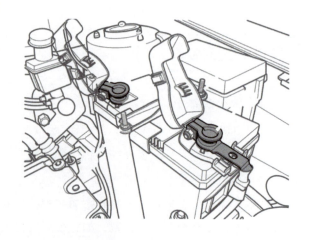

图 2-7-13　检查蓄电池

固蓄电池负极电缆螺母。

5）使用万用表检查蓄电池电压，静态下电压应为 11.5~12.5V。

 5. 检查安全气囊

（1）检查驾驶员安全气囊

1）安全气囊识别标记是转向盘垫板上的"AIRBAG"。
2）目视检查塑料外壳是否损坏，必要时更换。

（2）检查前乘员安全气囊

1）安全气囊识别标记是仪表板右侧杂物箱上方的"AIRBAG"。
2）目视检查塑料外壳是否损坏，必要时更换。

（3）检查侧安全气囊

1）安全气囊识别标记是车门侧座椅旁边的"AIRBAG"。
2）目视检查标记位置处是否有损坏，如有则更换。

（4）检查安全气囊故障指示灯

检查仪表的安全气囊故障指示灯是否亮起，如点亮则检查安全气囊系统。

 6. 检查冷却液

（1）检查冷却液液位

检查高压系统冷却液液位，如图 2-7-14 所示。

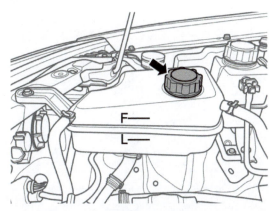

图 2-7-14　检查高压系统冷却液液位

检查暖风系统冷却液液位，如图 2-7-15 所示。

（2）检查冷却液冰点

使用吸管将冷却液滴在折射计玻璃上，观测并读取冷却液冰点数值，如图 2-7-16 所示。

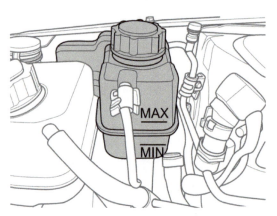

图 2-7-15　检查暖风系统冷却液液位

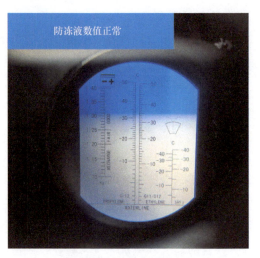

图 2-7-16　检查冷却液冰点

> **注意：**
> 　　缓慢旋开加注口盖，散热时切勿揭开，以免烫伤。
> 　　如果冷却液不在规定范围内，则应添加；如果冷却液颜色浑浊，则应更换。

 7. 检查洗涤液液位

打开加注口盖，将洗涤液加至加注口弯曲处下方可视区域，切勿加注过多。

 8. 检查制动液

1）查看储液罐液面，液面位置应该在保持在 MAX 和 MIN 之间，如图 2-7-17 所示。

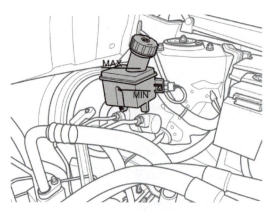

图 2-7-17　检查制动液液位

2）拧开加注口盖，查看制动液颜色是否浑浊。

> 注意：
> 如果制动液不在规定范围内，则应添加；如果制动液颜色浑浊，则应更换。

3）检查制动液含水率。制动液快速检测笔上有 3 个 LED 灯，分别是绿色、黄色和红色。将制动液吸入管内，根据笔上 LED 灯的显示，即可快速定性判断制动液的含水量。绿灯表示制动液含水量低，制动液合格；黄灯表示制动液含水量一般，可以继续使用，但 6 个月后需要再次检测；红灯表示制动液含水量高，不能再用，需要及时更换，如图 2-7-18 所示。

图 2-7-18　检查制动液含水率

 9. 检查行车喇叭

按压行车喇叭开关，检查行车喇叭是否鸣响。

 10. 检查刮水器

清洁风窗玻璃表面，清洁刮水器电机胶条，加注洗涤液，操作刮水器开关喷洗档位，检查是否能把玻璃刮干净。

检查刮水器胶条是否有裂痕、割伤、变形和磨损，必要时可进行更换。

 11. 检查电动天窗

1）目视检查天窗的密封和腐蚀损伤情况。
2）检查天窗的开启和关闭功能是否正常。
3）清洁滑动天窗的导轨，必要时用润滑脂润滑导轨。

 12. 检查减速器齿轮油

将车辆水平放置，并让减速器内部的油冷却，拆卸加注孔塞并检查油位，如图 2-7-19 所示。减速器油面应该与加注孔下缘齐平。

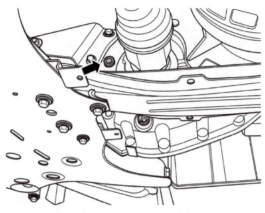

图 2-7-19　检查减速器齿轮油

13. 检查制动系统

（1）检查制动摩擦片

检测内外制动摩擦片的厚度，如图 2-7-20 所示。检查摩擦面是否开裂、破裂或损坏。

1）前制动摩擦片标准厚度：12mm。

2）后制动摩擦片标准厚度：11mm。

3）前制动摩擦片磨损极限厚度：2mm。

4）后制动摩擦片磨损极限厚度：2mm。

（2）检查制动盘

用工业酒精或类似的制动器清洗剂清洗制动盘摩擦面。

用测微计测量并记录沿制动盘圆周均匀分布的 4 个或 4 个以上位置点的最小厚度，务必确保仅在制动衬块衬面接触区域内进行测量，且每次测量时测微计与制动盘外边缘的距离必须相等，如图 2-7-21 所示。

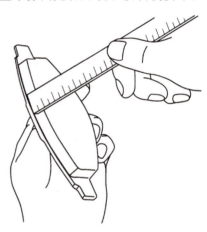

图 2-7-20　检测制动摩擦片厚度

图 2-7-21　检查制动盘

如果制动盘厚度超过规格，则制动盘需要进行表面修整或更换，具体的数据可参考车型维修手册。

> **注意：**
> 对制动盘需要进行表面修整或更换后，制动衬块也要进行更换。

（3）制动盘端面跳动量的测量

> **注意：**
> 当将制动盘从轮毂/车桥法兰拆离时，应清除轮毂/车桥法兰和制动盘配合面上的铁锈或污物，否则可能会导致制动盘装配后端面跳动量过大，从而导致制动器跳动。

1）用工业酒精或类似的制动器清洗剂清洗制动盘摩擦面。
2）将制动盘安装至轮毂/车桥法兰上。
3）用手安装螺母并用扳手紧固螺母。
4）将百分表底座安装至转向节并安置好百分表测量头，使其与制动盘摩擦面接触成90°，且距离制动盘外边缘13mm。
5）转动制动盘，直到百分表读数达到最小，然后将百分表归零。
6）转动制动盘，直到百分表读数达到最大。
7）标记并记录端面跳动量。
8）将制动盘装配后端面跳动量与规格值相比较（标准值为0.005mm）。
9）如果制动盘装配后端面跳动量超过规格，则应检查轴承轴向间隙和车桥轮毂的跳动，若轴承轴向间隙和车桥轮毂跳动正常，制动盘厚度在规定的范围内，则对制动盘进行表面修整以确保正确的平整度，如图2-7-22所示。

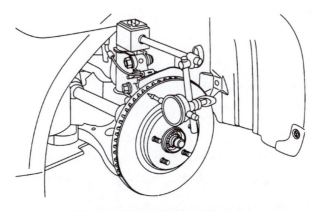

图2-7-22　制动盘端面跳动量的测量

（4）制动钳的检查

检查制动钳壳体是否开裂、严重磨损和损坏，如果出现上述状况，则需要更换制动钳。
检查制动钳活塞防尘罩密封圈是否开裂、破裂、有缺口、老化和未在制动钳体内正确安装，如果出现任何上述状况，则更换制动钳。

检查制动钳活塞防尘罩密封圈周围和盘式制动衬块上是否有制动液泄漏,如果出现制动液泄漏迹象,则更换制动钳。

检查制动钳活塞是否能顺畅进入制动钳缸内且行程完整,制动钳缸内制动钳活塞的运动应顺畅且均匀。如果制动钳活塞卡滞或者难以到达底部,则需要更换制动钳。

(5) 制动衬块导向片的检查

检查制动衬块导向片是否存在缺失、严重腐蚀、安装凸舌弯曲状况。

如果发现上述任何情况,则需要更换盘式制动衬块导向片。确保制动衬块在盘式制动衬块导向片上滑动顺畅,没有阻滞现象。

(6) 制动钳浮动销的检查

检查制动钳浮动销是否存在以下情况:卡滞、卡死、护套开裂或破损、护套缺失等情况。

如果发现上述任何情况,则需要更换制动钳和防尘罩密封圈。

(7) 检查制动踏板

1)关闭点火开关,连续踩制动踏板数次,直到真空助力器中没有真空;松开踏板,用手推制动踏板至踏板变沉,测量制动踏板自由间隙(自由间隙≤11mm)。

2)松开制动踏板,掀开驾驶员侧地毯,测量制动踏板距地板的高度。

(8) 检查驻车制动器

在制动器正常的情况下,将车辆行驶到坡度约为20%的斜坡上,踩下制动踏板并开启驻车制动,使车辆停在斜坡上,缓慢抬起制动踏板,车辆应最少保持5min不下滑。若车辆下滑则说明驻车制动有故障,应进行检修。

14. 检查底盘

(1) 检查底盘螺栓

检查底盘各部件螺栓是否安装牢固。

(2) 检查传动轴

1)目视检查驱动轴防尘罩有无破裂或漏油现象,若有则应更换防尘罩。
2)检查驱动轴防尘罩卡箍是否松动,若松动则应更换防尘罩卡箍。
3)晃动两侧球节,检查球节有无松动、卡滞现象,若有则应更换损坏的零部件。

(3) 检查机械转向器

1)检查机械转向器与转向节连接是否牢固。
2)检查机械转向器防尘罩卡箍是否破损。
3)检查转向横拉杆是否松动。

(4) 检查悬架系统

1)检查底盘各部件是否紧固牢靠。

2）检查底盘各部件有无磕碰，若有严重磕碰则评估是否需要维修。

3）检查悬架橡胶衬套，若老化则更换。

4）检查减振器有无漏油现象。

5）顶起车辆使轮胎离开地面，双手握住轮胎的上下侧，来回晃动轮胎数次。如果正常，则应没有松旷的感觉。如果摇摆有明显松旷的感觉，则更换轮毂轴承。

15. 检查高压系统

1）断开蓄电池负极。

2）断开手动维护开关。

3）检查高压插接件、低压插接件外观，以及是否可靠安装，检查插接件是否有损坏，以及是否安装到位。

4）检查集成电力驱动总成的可靠情况（检查高压线束的连接是否牢靠，检查固定支架是否松动，读取故障码）。

5）检查动力蓄电池的可靠情况（检查与电池箱相连接的高压线束以及手动维护开关连接是否牢靠，用专用工具检测电芯工作状态，读取故障码）。

6）检查集成电源系统的可靠情况（检查高压插接件和低压插接件连接是否完好，检查低压 12V 正、负极线束连接是否可靠，检查安装螺栓是否紧固牢靠，读取故障码）。

7）检查特殊部位的高压线束（底盘下的高压线束及高压线束护板是否有损坏，与电机连接部位是否牢靠、完好，行李舱内高压线束连接是否牢靠、完好）。

8）检查防爆阀。举升车辆，检查电池总成防爆阀是否脱落或损坏。

五、保养时的更换调整作业

1. 制动液的排放和加注

（1）检查制动液的液位

查看储液罐液面，液面位置应该在保持在 MAX 和 MIN 之间。

拧开加注口盖，查看制动液颜色是否浑浊。

（2）更换制动液

> **注意：**
> 制动液更换的同时，必须执行液压制动系统排气程序。

（3）液压制动系统排气程序

1）保持电源关闭状态，踩下制动踏板数次，直到完全消除助力器中的压力。

2）加注制动液至储液罐中，在排气操作中储液罐液面要保持在至少一半以上，如图 2-7-23 所示。

3）缓缓踩下制动踏板到底，并保持住。

4）松开总泵上的一根制动油管，待制动液从端口流出，紧固制动油管接头（力矩：16N·m），如图 2-7-24 所示。

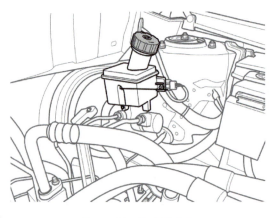

图 2-7-23　储液罐液面　　　　　　　图 2-7-24　松开制动油管

5）松开总泵上的另一根制动油管，待制动液从端口流出，紧固制动油管接头（力矩：16N·m）。

6）反复操作第 2)~5) 步 3~4 遍。

7）拆下放气螺钉防尘罩，将一根透明管连接到右后制动钳上的后放气螺钉上，使管子浸入透明容器中的制动液内，如图 2-7-25 所示。按下述步骤排出右后制动钳中的空气。

8）缓慢踩住制动踏板，不可急踩制动踏板，如图 2-7-26 所示。

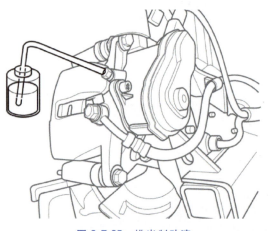
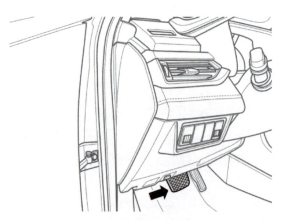

图 2-7-25　排出制动液　　　　　　　图 2-7-26　缓慢踩住制动踏板

9）在踩下制动踏板的同时，松开放气螺钉，排出制动钳中的空气。

10）在气泡逸出到制动液容器中后，稍微紧固后放气螺钉。

11）缓慢松开制动踏板。

12）等候20s后，重复步骤8）~11），直到排出所有空气。

13）松开放气螺钉时，如果容器中不再出现气泡，则表明空气已全部排出。

14）紧固放气螺钉（力矩：11.5N·m）。

15）按左前、左后、右前顺序排放其余制动钳中的空气，按步骤5）~12）中的程序操作。

16）在排出所有制动钳中的空气后，检查制动踏板是否绵软，如果踏板绵软，则重复整个排气程序，直至正常。

2. 减速器齿轮油的更换

1）举升车辆。

2）拆卸机舱底部护板总成。

3）拆卸减速器加油螺塞1，如图2-7-27所示。

4）拆卸减速器放油螺塞2，用回收容器接收放出的减速器油。

5）安装减速器放油螺塞2（力矩：19~30N·m）。

6）由加注孔塞添加专用的减速器油，直到油液开始流出，根据维修手册加注量进行加注。

7）重新安装并紧固加注孔螺塞1（力矩：19~30N·m）。

8）安装机舱底部护板总成。

9）放下车辆。

图2-7-27　拆卸减速器加油螺塞

3. 动力蓄电池冷却液的更换

（1）检查动力蓄电池冷却液液位

1）查看储液罐液面，页面位置应该在保持在F和L之间，如图2-7-28所示。

注意：
　　缓慢旋开加注口盖，散热时切勿揭开，以免烫伤。

2）拧开加注口盖，查看冷却液颜色是否浑浊。

（2）更换动力蓄电池冷却液

1）排空冷却液。

① 打开冷却液膨胀罐总成盖。

② 断开散热器出水管，用回收容器接收放出冷却液，如图2-7-29所示。

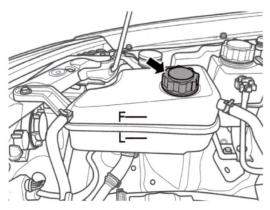

图 2-7-28　检查动力蓄电池冷却液液位

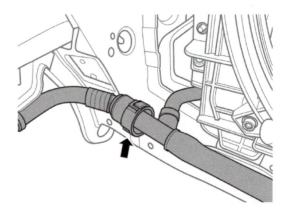

图 2-7-29　断开散热器出水管

> **注意：**
> 集中回收处理高压电池冷却液，等待报废或再生利用。为保护环境，不要将旧高压电池冷却液排入下水管道。

2）加注冷却液。

① 连接散热器出水管。

② 静态加注：将车辆启动至 ON 档且非充电状态，连接诊断仪，选择车型—手工选择系统—空调控制器（AC）—特殊功能，选择加注初始化，车辆处于加注初始化状态，如图 2-7-30 所示。

③ 拧开膨胀罐盖，缓慢加注冷却液，直至膨胀罐内冷却液量达到 80% 左右，且液位不再下降。

> **注意：**
> 动力蓄电池的冷却液需选用冰点 ≤-40℃ 的冷却液。

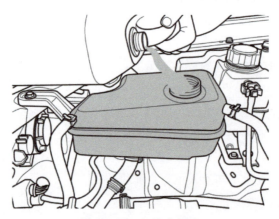

图 2-7-30　加注冷却液

④ 系统排气：控制诊断仪，使车辆处于排气状态，如果液位下降则及时补充冷却液，排气过程时长不小于 10min。

⑤ 观察膨胀罐内冷却液下降，及时补充冷却液，保持冷却液液位处于 MAX 线和 MIN 线之间。
⑥ 加注完成：拧紧膨胀罐盖，控制诊断仪，使车辆恢复默认模式。

 4. 暖风 PTC 加热器冷却液的更换

（1）检查暖风冷却液位

1）查看储液罐液面，页面位置应该在保持在 MAX 和 MIN 之间，如图 2-7-31 所示。
2）拧开加注口盖，查看冷却液颜色是否浑浊。

> **注意：**
> 缓慢旋开加注口盖，散热时切勿揭开，以免烫伤。

（2）更换冷却液

1）打开冷却液膨胀罐总成盖。
2）断开暖风循环水泵出水管，用回收容器接收放出的冷却液，如图 2-7-32 所示。

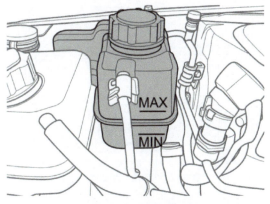 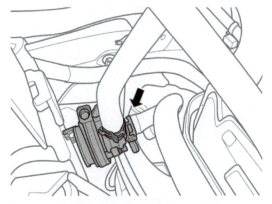

图 2-7-31 检查暖风冷却液位　　　　　图 2-7-32 断开暖风循环水泵出水管

> **注意：**
> 集中回收处理旧暖风冷却液，等待报废或再生利用，不要将旧暖风冷却液排入下水管道，以保护环境。

3）连接暖风循环水泵水管。
4）静态加注：将车辆启动至 ON 档且非充电状态，连接诊断仪，选择 FE-3ZA 车型—手工选择系统—空调控制器（AC）—特殊功能，选择加注初始化，车辆处于加注初始化状态。
5）拧开膨胀罐盖，缓慢加注冷却液，直至膨胀罐内冷却液量达到 80% 左右，且液位不再下降。

> **注意：**
> 暖风冷却液需选用冰点≤-40℃ 的冷却液。

6）系统排气：控制诊断仪，使车辆处于排气状态，如果液位下降则及时补充冷却液，排气过程时长不小于10min。

7）观察膨胀罐内冷却液下降，及时补充冷却液，保持冷却液液位处于MAX线和MIN线之间。

8）加注完成：拧紧膨胀罐盖，控制诊断仪，使车辆恢复默认模式。

5. 空调滤清器的更换

（1）拆卸空调滤清器

1）打开前机舱盖。
2）拆卸仪表板杂物箱。
3）拆卸空调滤芯安装壳，如图2-7-33所示。
4）抽出空调滤芯，如图2-7-34所示。

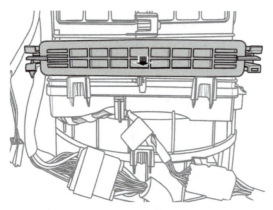

图2-7-33 拆卸空调滤芯安装壳

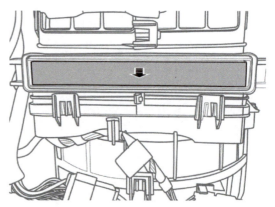

图2-7-34 抽出空调滤芯

（2）安装空调滤清器

1）插入空调滤芯，如图2-7-35所示。
2）安装空调滤芯安装壳，如图2-7-36所示。

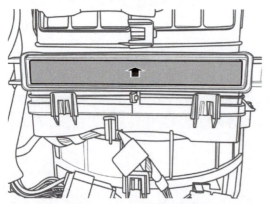

图2-7-35 插入空调滤芯

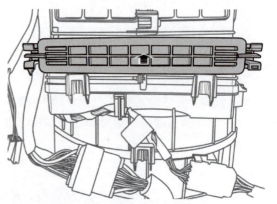

图2-7-36 安装空调滤芯安装壳

3）安装仪表板杂物箱。

4）关闭前机舱盖。

 6. 前照灯的调整

(1) 调整前准备

1）工具：十字螺丝刀或内六角扳手；卷尺或激光测距仪（电子尺）。

2）场地：暗环境场地应当水平且平整，大小应能保证车辆驶入，前照灯基准中心与屏幕至少相距 10m。

3）测试屏幕：厚白纸或白墙（为便于观察光形，测试屏幕的宽度应比车宽至少 2m）。

4）车辆准备：

① 胎压应按照整车技术条件规定的满载压力充气。

② 车辆补足油液，备齐测试车辆所有的附件和工具（备胎、工具等）。

③ 在驾驶员座上放置 75kg 载荷。

④ 在测量之前，车辆应处于自然静止状态，车辆先向后行驶至少一个车轮圆周距离，然后向前行驶同样距离。

⑤ 保证车灯外罩干净。

⑥ 启动车辆。

(2) 灯光测量

1）车辆停放位置如图 2-7-37 所示，前照灯基准中心与屏幕相距 10m。

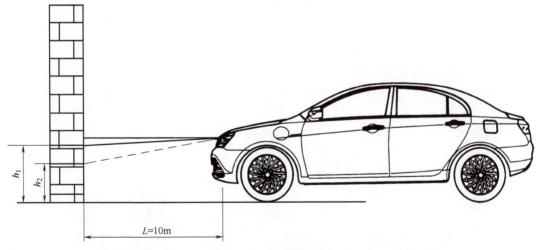

图 2-7-37 车辆停放位置

2）对于手动调节灯光高度的车辆，应将高度调节开关打到"0"档位。

3）在屏幕画出 O 线、A 线、A_1 线、A_2 线、B 线、B_1 线、B_2 线，如图 2-7-38、图 2-7-39 所示。

① O 线：在测试屏幕中心画一根与车辆中心对齐的铅垂线。

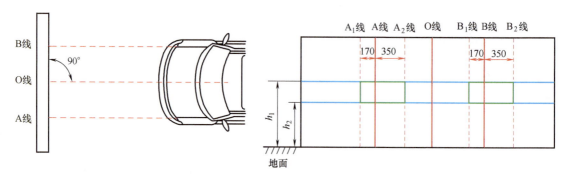

图 2-7-38 测试屏幕（俯视）　　图 2-7-39 测试屏幕（正视）

② A 线：在 O 线左侧画一根与其平行的线，与 O 线的距离为 673.3mm（近光）/514.25mm（远光）（红色实线）。

③ A_1 线：在 A 线左侧画一根与其平行的线，与 A 线的距离为 170mm（红色虚线）。

④ A_2 线：在 A 线右侧画一根与其平行的线，与 A 线的距离为 350mm（红色虚线）。

⑤ B 线（近光）：在 O 线右侧画一根与其平行的线，与 O 线的距离为 673.3mm（近光）/514.25mm（远光）（红色实线）。

⑥ B_1 线：在 B 线左侧画一根与其平行的线，与 B 线的距离为 170mm（红色虚线）。

⑦ B_2 线：在 B 线右侧画一根与其平行的线，与 B 线的距离为 350mm（红色虚线）。

4）在屏幕上画 h_1 线、h_2 线：

① h_1 线：画出与地面平行的水平线，与地面距离 679mm（近光）/820mm（远光）。

② h_2 线：画出与地面平行的水平线，与地面距离 429mm（近光）/576mm（远光）。

5）完成所有线后形成图 2-7-39 所示的绿框。

（3）灯光调整

近光灯的调整（以左侧灯光为例）：打开近光灯，将十字螺丝刀或内六角扳手插入近光调光口，旋转前组合灯调光手柄，对前照灯（近光灯）进行水平（左右）方向的调节；旋转前组合灯调光手柄，对前照灯（近光灯）进行垂直（上下）方向的调节，如图 2-7-40 所示。

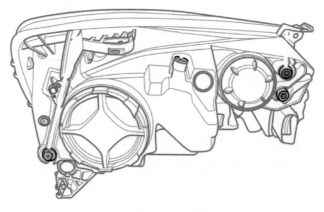

图 2-7-40 前照灯调整位置

> **注意：**
> 右侧灯光与左侧灯光的调整方法一致。

要求近光灯光源明暗截止线转折点位于图 2-7-41 所示的方框内，调光完成。

> **注意：**
> 调试完成后，左右侧灯光高度应当保持一致。

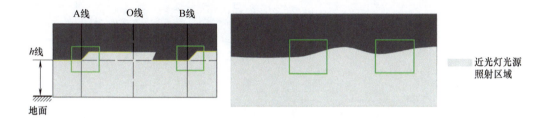

a) 光型一

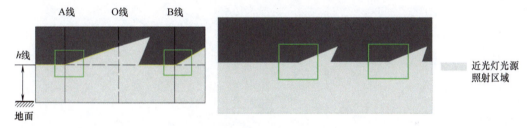

b) 光型二

图 2-7-41　调整后的光型

第三篇

拆装与检测

第八章
动力驱动系统及控制系统

一、动力驱动系统及控制系统拆卸与安装

 1. 拆装驱动电机（以吉利 EV450 为例）

（1）拆卸驱动电机

1）打开前机舱盖。
2）断开蓄电池负极电缆。
3）断开车载充电器处直流母线。
4）操作空调制冷剂的回收程序。
5）拆卸左、右前轮轮胎。
6）拆卸舱底部护板总成。
7）拆卸车载充电器。
8）拆卸电机控制器。
9）拆卸制冷空调管。
10）拆卸驱动轴。
11）拆卸压缩机。
12）拆卸电动真空泵。
13）拆卸冷却水泵。
14）拆卸驱动电机。

① 断开 TCU 控制器插头 1，断开减速器电机插头 2，拆卸线束卡扣 3，如图 3-8-1 所示。

② 断开驱动电机线束插头 1，拆卸线束卡扣 2，如图 3-8-2 所示。

③ 拆卸线束搭铁线。

④ 拆卸电机进、出水管环箍，脱开电机冷却水管，如图 3-8-3 所示。

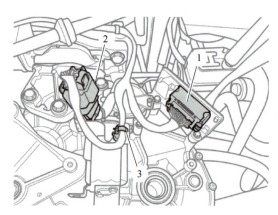

图 3-8-1 断开插头

1—TCU 控制器插头 2—减速器电机插头 3—线束卡扣

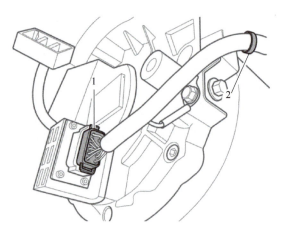

图 3-8-2 断开驱动电机线束插头

1—线束插头 2—线束卡扣

⑤ 拆卸后悬置。

⑥ 放置举升平台车,如图 3-8-4 所示。

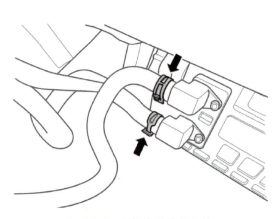

图 3-8-3 拆卸电机冷却水管

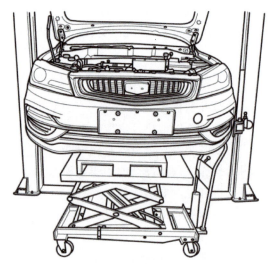

图 3-8-4 放置举升平台车

⑦ 拆卸动力总成 2 个固定螺母,如图 3-8-5 所示。

⑧ 缓慢下降举升平台车,如图 3-8-6 所示。

⑨ 拆卸驱动电机隔声罩,如图 3-8-7 所示。

⑩ 拆卸驱动电机及减速器总成之间的连接螺栓,将驱动电机和减速器分离,如图 3-8-8 所示。

(2) 安装驱动电机

① 安装驱动电机到齿轮箱上,如图 3-8-8 所示,紧固驱动电机及减速器连接螺栓(力矩:23N·m)。

安装驱动电机隔声罩。

第八章 动力驱动系统及控制系统 | 165

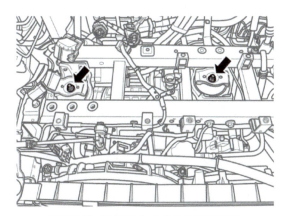

图 3-8-5 拆卸动力总成 2 个固定螺母

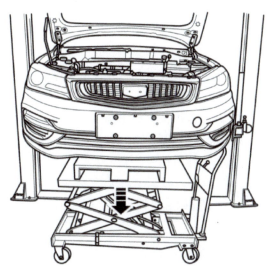

图 3-8-6 缓慢下降举升平台车

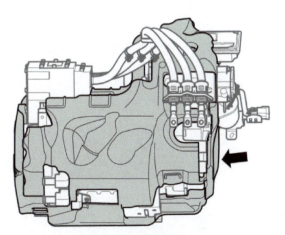

图 3-8-7 拆卸驱动电机隔声罩

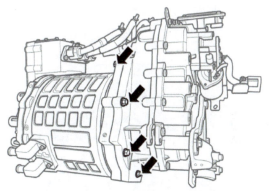

图 3-8-8 拆卸驱动电机及减速器
总成之间的连接螺栓

安装动力总成到车上。
紧固动力总成 2 个固定螺母（力矩：90N·m），如图 3-8-5 所示。
连接驱动电机进、出水管，如图 3-8-3 所示。
安装线束搭铁线。
连接驱动电机线束插接器。
② 安装后悬置。
③ 安装压缩机。
④ 安装冷却水泵。
⑤ 安装制动真空泵。
⑥ 安装制冷空调管。
⑦ 安装电机控制器。

⑧ 加注减速器油。
⑨ 安装机舱底部护板。
⑩ 安装左、右前轮胎。
⑪ 连接车载充电器处直流母线。
⑫ 加注冷却液。
⑬ 连接蓄电池负极电缆。
⑭ 操作空调制冷剂的加注程序。
⑮ 关闭前机舱盖。

2. 更换旋变传感器（以比亚迪 E6 为例）

（1）拆卸旋变传感器

1）排空电机内的润滑油。打开排油塞 2，将电机内的润滑油排放干净（1 为垫圈）清洁排油塞和后箱体装配孔，排油塞涂抹密封胶，再用扳手拧紧排油塞 2 于后箱体上，防止在拆卸过程中有异物掉入电机内，如图 3-8-9 所示。

2）拆卸旋变接插件。用扳手将螺栓 1 拆下来；将旋变接插件 3 取出来，斜口钳将旋变接插件中间部分取下，如图 3-8-10 所示。

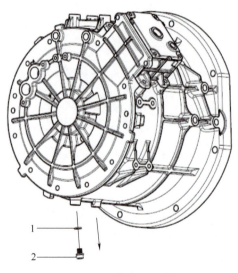

图 3-8-9 拆卸排油塞

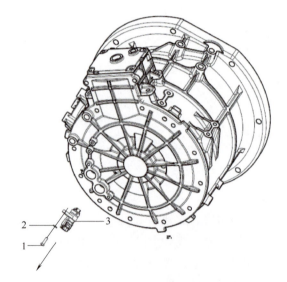

图 3-8-10 拆卸旋变接插件
1—螺栓 2—垫片 3—旋变接插件

3）拆卸温控接插件。用扳手将螺栓 1 扭下来；将温控接插件 3 取出来，用斜口钳将温控接插件中间部分取下，如图 3-8-11 所示。

4）拆卸电机端盖。拆卸端盖时，一定要考虑到端盖一端拆下后，转子会倾斜下沉，使另一端轴承承受损伤。解决办法是轴端用千斤顶顶上或在转子尚未沉下时，垫上胶板垫，如图 3-8-12 所示。

具体拆卸过程：

① 用扳手将法兰面螺栓扭下。

② 用专用工具将端盖从壳体上取下来。由于之前装端盖时在接合面处涂抹了密封胶，在端盖拆下后要对电机内部进行清洁，不得让异物掉入电机内部。

③ 当对电机内部进行维修完毕后，要对端盖进行安装。安装端盖时：先在箱体接合面处涂抹上密封胶，利用定位销对端盖与箱体进行定位，然后用扭力扳手将法兰面螺栓扭紧，如图3-8-12所示。

5）拆卸电机旋变定子。用扳手将螺栓拧下，取出旋变隔磁环2，将定子引出线从旋变接插件中拔出后取出旋变定子3，如图3-8-13所示。

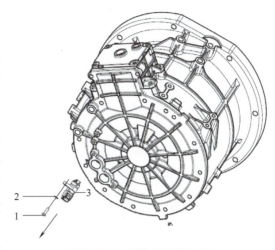

图 3-8-11　拆卸温控接插件

1—螺栓　2—垫片　3—温控接插件

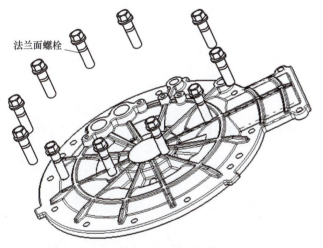

图 3-8-12　拆卸电机端盖

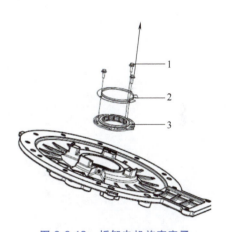

图 3-8-13　拆卸电机旋变定子

1—定子　2—旋变隔磁环　3—旋变定子

（2）安装旋变传感器

安装按拆卸的相反顺序进行操作。

3. 拆装减速器（以吉利EV450为例）

（1）分解减速器

① 拆卸减速器总成。

② 拆卸TCU控制模块2个固定螺栓1，取下TCU控制模块，如图3-8-14所示。

③ 拆卸电机 3 个固定螺栓 2 与 1 个支架固定螺栓 3，取下驻车电机。

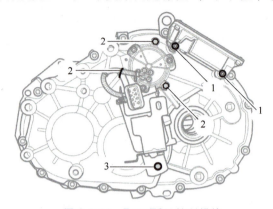

图 3-8-14　取下 TCU 控制模块

1—固定螺栓 1　2—固定螺栓 2　3—固定螺栓 3

④ 使用合适工具拆卸半轴油封 1。

> 注意：
> 半轴油封为一次性零部件，每次拆卸后需更换新的半轴油封，如图 3-8-15 所示。

⑤ 拆卸减速器上盖固定螺栓，如图 3-8-16 所示。

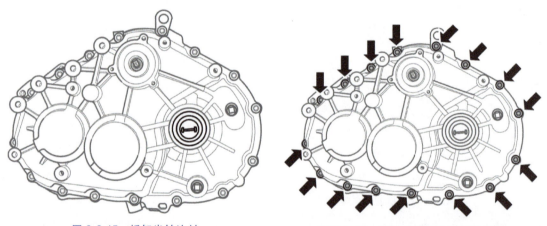

图 3-8-15　拆卸半轴油封　　　　图 3-8-16　拆卸减速器上盖固定螺栓

⑥ 使用合适工具撬下减速器上盖，如图 3-8-17 所示。

> 注意：
> 勿撬减速器壳体密封面。

⑦ 拆卸换档轴，如图 3-8-18 所示。

⑧ 拆卸"P"位锁止轴，如图 3-8-19 所示。

⑨ 拆卸输入轴，如图 3-8-20 所示。

⑩ 拆卸差减总成中间轴，如图 3-8-21 所示。

⑪ 拆卸减速器，如图 3-8-21 所示。

第八章 动力驱动系统及控制系统 | 169

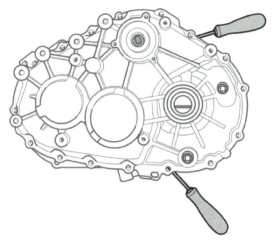

图 3-8-17 撬下减速器上盖

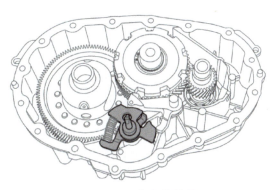

图 3-8-18 拆卸换档轴

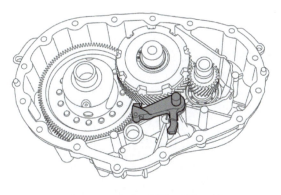

图 3-8-19 拆卸"P"位锁止轴

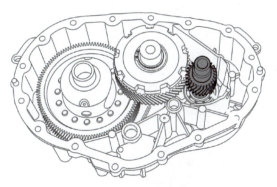

图 3-8-20 拆卸输入轴

⑫ 拆卸"P"位齿圈固定卡扣，如图 3-8-22 所示。
⑬ 取下"P"位齿圈。

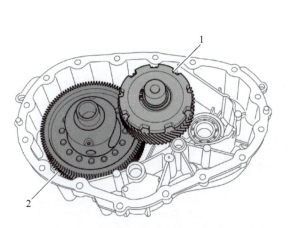

图 3-8-21 拆卸差减总成中间轴和减速器
1—中间轴 2—减速器

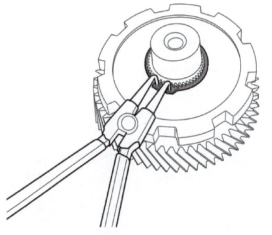

图 3-8-22 拆卸"P"位齿圈固定卡扣

⑭ 拆卸输入轴密封圈，如图 3-8-23 所示。

注意：
输入轴密封圈为一次性零部件，每次拆卸后需更换新的输入轴密封圈。

图 3-8-23　拆卸输入轴密封圈

⑮ 使用合适工具拆卸半轴油封，如图 3-8-24 所示。

注意：
半轴油封为一次性零部件，每次拆卸后需更换新的半轴油封。

⑯ 使用合适工具拆卸输入轴油封，如图 3-8-24 所示。

注意：
输入轴油封为一次性零部件，每次拆卸后需更换新的输入轴油封。

（2）组装齿轮箱

① 使用合适工具安装半轴油封。
② 使用合适工具安装输入轴油封。
③ 拆卸输入轴密封圈。
④ 安装"P"位齿圈。
⑤ 安装"P"位齿圈固定卡扣。
⑥ 安装减速器总成。
⑦ 安装差减总成中间轴。
⑧ 安装输入轴。
⑨ 安装"P"位锁止轴。
⑩ 安装换档轴。
⑪ 在减速器壳体上涂抹密封胶，安装减速器上盖。

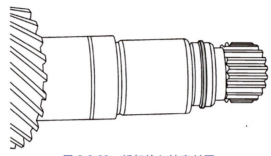

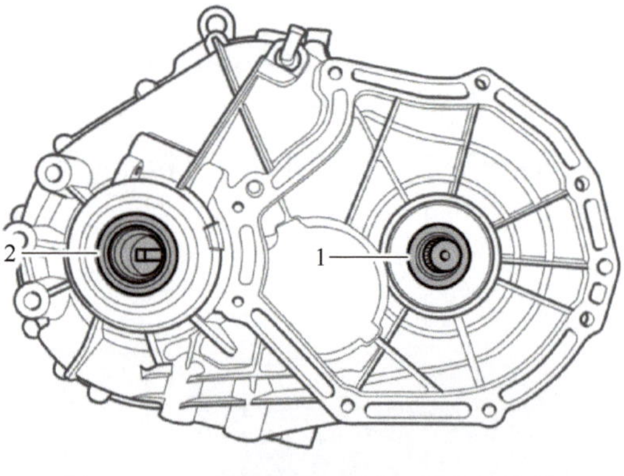

图 3-8-24　拆卸半轴油封和输入轴油封
1—输入轴油封　2—半轴油封

注意：
涂抹密封胶时一定要均匀，不能断胶。

⑫ 紧固减速器上盖固定螺栓（力矩：31N·m）。
⑬ 安装 TCU 控制模块。

⑭ 安装电机。

4. 拆装电机控制器（以吉利 EV450 为例）

（1）拆卸电机控制器

1）打开前机舱盖。
2）断开蓄电池负极电缆。
3）断开车载充电机处直流母线。
4）拆卸电机控制器上盖。
拆卸电机控制器上盖 8 个螺栓，取下电机控制器上盖，如图 3-8-25 所示。
5）拆卸电机控制器。
① 拆卸驱动电机三相线束插接器（电机控制器侧）3 个固定螺栓 1，如图 3-8-26 所示。

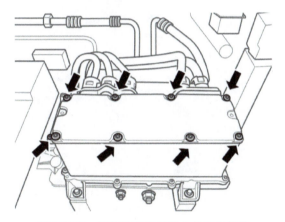

图 3-8-25　拆卸电机控制器上盖 8 个螺栓

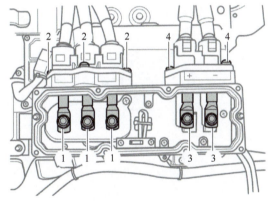

图 3-8-26　拆卸插接器
1—固定螺栓 1　2—固定螺栓 2
3—固定螺栓 3　4—固定螺栓 4

② 拆卸驱动电机三相线束端子（电机控制器侧）3 个固定螺栓 2，脱开三相线束。
③ 拆卸电机控制器高压线线束插接器（电机控制器侧）2 个固定螺栓 3。
④ 拆卸电机控制器高压线线束端子（电机控制器侧）2 个固定螺栓 4，脱开线束。
⑤ 取下电机控制器搭铁防尘盖，如图 3-8-27 所示。
⑥ 断开电机控制器线束插头。
⑦ 拆卸电机控制器 2 根搭铁线束固定螺母，脱开搭铁线束，如图 3-8-28 所示。
⑧ 脱开电机控制器进水管，如图 3-8-29 所示。
⑨ 脱开电机控制器出水管。
⑩ 拆卸电机控制器 4 个固定螺栓，取下电机控制器总成，如图 3-8-30 所示。

（2）安装电机控制器

① 连接电机控制器进水管。
② 连接电机控制器出水管。

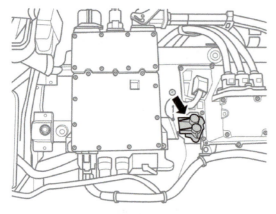

图 3-8-27 取下电机控制器搭铁防尘盖

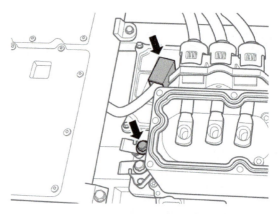

图 3-8-28 拆卸电机控制器 2 根搭铁线束固定螺母

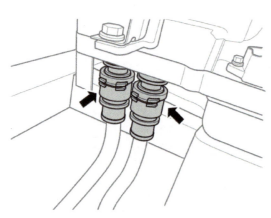

图 3-8-29 拆卸水管

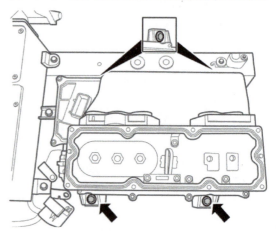

图 3-8-30 电机控制器总成

③ 紧固电机控制器 4 个固定螺栓（力矩：23N·m）。
④ 连接电机控制器线束插头。
⑤ 连接 2 根搭铁线，紧固螺母，盖上防尘盖（力矩：23N·m）。
⑥ 安装三相线束并紧固螺栓，螺栓 2 拧紧力矩为 7N·m。
⑦ 紧固驱动电机三相线束插接器（电机控制器侧）3 个固定螺栓，螺栓 1 拧紧力矩为 23N·m。
⑧ 其他按拆卸的相反顺序安装。

二、动力驱动系统及控制系统的检测

1. 检查旋变传感器

根据插脚定义图对旋变传感器进行检测，如图 3-8-31 所示。

① 使用万用表 200Ω 电阻档检查，红表笔连接 2 号端子，黑表笔连接 5 号端子，正弦阻值：(16±1) Ω。

② 使用万用表 200Ω 电阻档检查，红表笔连接 3 号端子，黑表笔连接 6 号端子，余旋阻值：(16±1) Ω。

③ 使用万用表 200Ω 电阻档检查，红表笔连接 1 号端子，黑表笔连接 4 号端子，励磁阻值：(8±1) Ω。

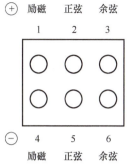

图 3-8-31　旋变传感器端子

 2. 检查高压互锁（以广汽埃安为例）

（1）检查线束接插件

① 检查高压元件低压线束接插件是否连接牢固，无虚接、破裂。

② 检查结果是否正常？若正常，则进入步骤（2）。若异常，则维修或更换故障线束。

（2）检查高压互锁线路电阻

① 电源状态"OFF"，断开蓄电池负极。

② 断开维修开关。

③ 断开整车控制器接插件 FB36/FB37。

④ 用数字万用表测量 FB37 的 57 号针脚与 FB36 的 6 号针脚之间的电阻，如图 3-8-32 所示。标准电阻值<1Ω。

⑤ 检查结果是否正常？若正常，则进入步骤（8）。若异常，则进入步骤（3）。

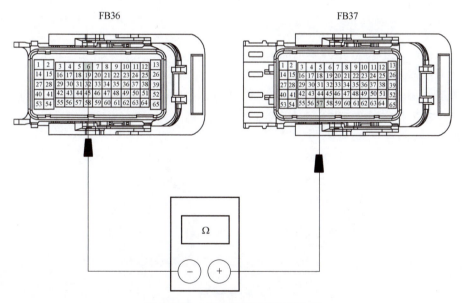

图 3-8-32　检查高压互锁线路电阻

（3）检查整车控制器互锁信号输出线束

① 电源状态"OFF"，断开蓄电池负极。

② 断开维修开关（如有配置）。

③ 断开整车控制器接插件 FB37，高压电器盒低压线束接插件 FB65。

④ 用数字万用表测量 FB37 的 57 号针脚与 FB65 的 1 号针脚之间的电阻，如图 3-8-33 所示。标准电阻值<1Ω。

⑤ 检查结果是否正常？若正常，则进入步骤（4）。若异常，则维修或更换整车控制器互锁信号输出线束。

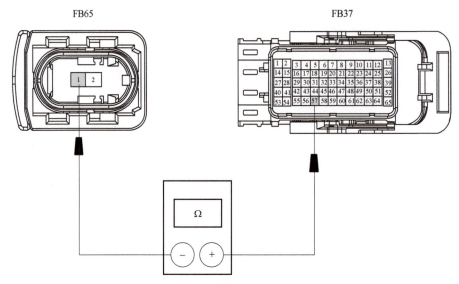

图 3-8-33　检查整车控制器互锁信号输出线束

（4）检查高压电器盒互锁信号输出线束

① 电源状态"OFF"，断开蓄电池负极。

② 断开维修开关（如有配置）。

③ 断开空调电动压缩机低压线束接插件 FB71，高压电器盒低压线束接插件 FB65。

④ 用数字万用表测量 FB71 的 6 号针脚与 FB65 的 2 号针脚之间的电阻，如图 3-8-34 所示。标准电阻值<1Ω。

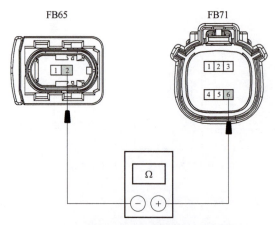

图 3-8-34　检查高压电器盒互锁信号输出线束

⑤ 检查结果是否正常？若正常，则进入步骤（5）。若异常，则维修或更换高压电器盒互锁信号输出线束。

（5）检查电动空调压缩机互锁信号输出线束

① 电源状态"OFF"，断开蓄电池负极。

② 断开维修开关（如有配置）。

③ 断开空调电动压缩机低压线束接插件 FB71，电池加热器低压线束接插件 FB61。

④ 用数字万用表测量 FB71 的 5 号针脚与 FB61 的 4 号针脚之间的电阻，如图 3-8-35 所示。标准电阻值<1Ω。

⑤ 检查结果是否正常？若正常，则进入步骤（6）。若异常，则维修或更换电动空调压缩机互锁信号输出线束。

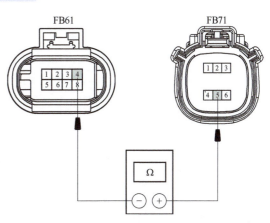

图 3-8-35　检查电动空调压缩机互锁信号输出线束

（6）检查电池加热器互锁信号输出线束

① 电源状态"OFF"，断开蓄电池负极。

② 断开维修开关（如有配置）。

③ 断开暖风加热器低压线束接插件 FB66，电池加热器低压线束接插件 FB61。

④ 用数字万用表测量 FB66 的 4 号针脚与 FB61 的 3 号针脚之间的电阻，如图 3-8-36 所示。标准电阻值<1Ω。

⑤ 检查结果是否正常？若正常，则进入步骤（7）。若异常，则维修或更换电池加热器互锁信号输出线束。

（7）检查整车控制器互锁信号反馈线束

① 电源状态"OFF"，断开蓄电池负极。

② 断开维修开关（如有配置）。

③ 断开暖风加热器低压线束接插件 FB66，整车控制器接插件 FB36。

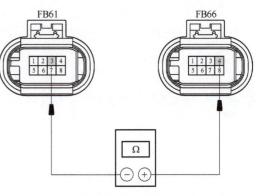

图 3-8-36　检查电池加热器互锁信号输出线束

④ 用数字万用表测量 FB36 的 6 号针脚与 FB66 的 3 号针脚之间的电阻，如图 3-8-37 所示。标准电阻值<1Ω。

⑤ 检查结果是否正常？若正常，则进入步骤（8）。若异常，则维修或更换整车控制器互锁信号反馈线束。

（8）更换整车控制器

更换整车控制，故障排除。

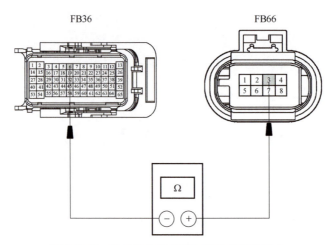

图 3-8-37　检查整车控制器互锁信号反馈线束

3. 电机转子偏移角检查

（1）检查电机转子偏移角

① 操作启动开关使电源模式至 ON 状态。
② 连接诊断仪读取电机当前转子偏移角。标准值为 41°±2°。
③ 检查读取偏移角是否在标准范围内。如果不在范围内，则进行电机转子偏移角标定。

（2）电机转子偏移角标定

① 操作启动开关使电源模式至 ON 状态。
② 连接诊断仪，根据电机铭牌上的标准值重新标定转子偏移角。
③ 确认标定完成。

4. 电机绝缘阻值检测（以吉利 EV450 为例）

（1）电路图

吉利 EV450 电路简图如图 3-8-38 所示。

（2）检查步骤

1）确认高压回路切断
① 操作启动开关使电源模式至 OFF 状态。
② 断开蓄电池负极电缆。
③ 断开直流母线。
④ 断开电机控制器高压线线束插接器 BV18，如图 3-8-39 所示。
⑤ 等待 5min。

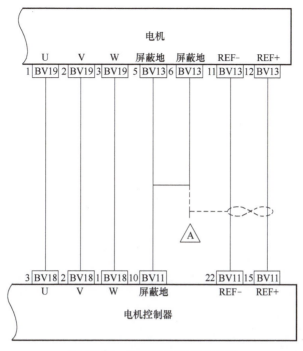

图 3-8-38 吉利 EV450 电路简图

⑥ 用万用表检测电机控制器正负极电压。

⑦ 标准电压≤5V。

2）检测电机绝缘阻值

① 操作启动开关使电源模式至 OFF 状态。

② 确认已断开蓄电池负极电缆。

③ 断开直流母线。

④ 拆卸电机三相线束线束插接器 BV18（电机控制器侧）。

⑤ 将高压绝缘检测仪的档位调至 1000V。

⑥ 用高压绝缘检测仪测量三相线束线束插接器 BV18 的 1 号端子与电机壳体之间的电阻。标准电阻≥20MΩ。

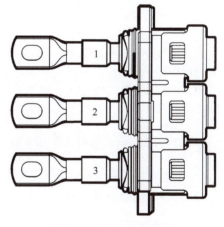

图 3-8-39 BV18 接电机控制器线束插接器

⑦ 用高压绝缘检测仪测量三相线束线束插接器 BV18 的 2 号端子与电机壳体之间的电阻。标准电阻≥20MΩ。

⑧ 用高压绝缘检测仪测量三相线束线束插接器 BV18 的 3 号端子与电机壳体之间的电阻。标准电阻≥20MΩ。

⑨ 确认测量值是否符合标准。

第九章
动力蓄电池及控制系统

一、动力蓄电池及控制系统拆卸与安装

 动力蓄电池总成拆装

（1）拆装动力蓄电池

① 打开前机舱盖。
② 断开蓄电池负极电缆。
③ 拆卸维修开关。
④ 支撑动力蓄电池总成：将车辆用举升机升起。

注意：
举升时确保举升机的支撑点不在动力蓄电池上。

置入平台车，使用平台车支撑动力蓄电池总成，如图3-9-1所示。
⑤ 拆卸动力蓄电池总成：

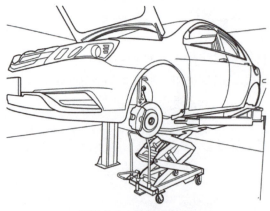

图3-9-1 使用平台车

断开动力蓄电池进出水管与动力蓄电池的连接。

断开动力蓄电池出水管与热交换器的连接。

断开动力蓄电池进水管与水泵（水冷）的连接。

断开动力蓄电池进水管与电池膨胀壶加水软管的连接。

取下动力蓄电池进出水管，如图 3-9-2 所示。

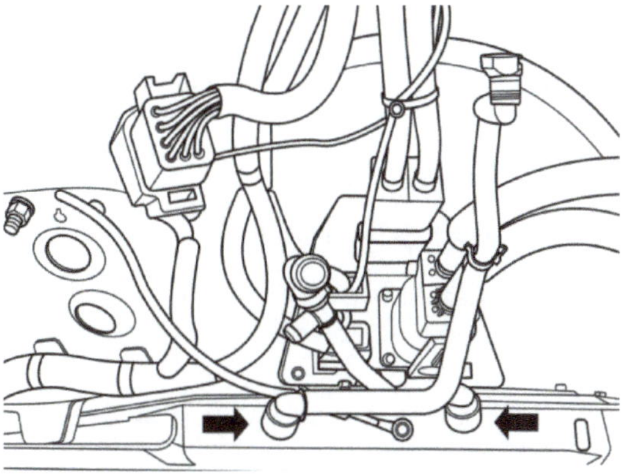

断开动力蓄电池的 2 个高压线束插接器 3，如图 3-9-3 所示。

断开动力蓄电池与前机舱线束的 2 个线束插接器 2。

拆卸动力蓄电池搭铁线固定螺母，断开动力蓄电池搭铁线 1。

拆卸动力蓄电池总成后部 3 个固定螺栓，如图 3-9-4 所示。

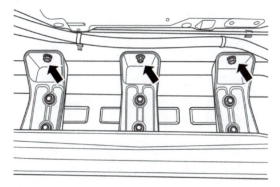

图 3-9-2 取下动力蓄电池进出水管

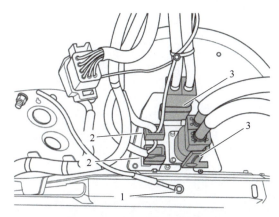

图 3-9-3 拔出高压线束插接器

图 3-9-4 拆卸动力蓄电池总成后部 3 个固定螺栓

拆卸动力蓄电池总成前部 2 个固定螺栓 1，如图 3-9-5 所示。

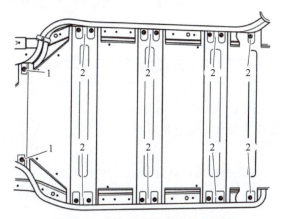

图 3-9-5 拆卸动力蓄电池固定螺栓

拆卸动力蓄电池总成左右各 7 个固定螺栓 2。

缓慢下降平台车取出动力蓄电池总成。

> **注意：**
> 动力蓄电池下降过程中平台车缓慢向前移动，可以避免动力蓄电池与后悬架的干涉。

（2）安装动力蓄电池

① 安装动力蓄电池总成：

缓慢举升平台车，调整平台车位置，使动力蓄电池总成上的安装孔与车身对齐。

> **注意：**
> 动力蓄电池上升过程中降举升平台缓慢向后移动，可以避免动力蓄电池与车身的干涉。

安装并紧固动力蓄电池总成后部 3 个固定螺栓（力矩：78N·m）。

安装并紧固动力蓄电池总成前部 2 个固定螺栓（力矩：78N·m）。

安装并紧固动力蓄电池总成左右各 7 个固定螺栓（力矩：78N·m）。

安装动力蓄电池搭铁线，紧固动力蓄电池搭铁线固定螺母。

连接动力蓄电池与前机舱线束的 2 个线束插接器。

连接动力蓄电池的 2 个高压线束插接器。

连接动力蓄电池进出水管。

连接动力蓄电池出水管与热交换器的管路。

连接动力蓄电池进水管与水泵（水冷）的连接。

连接动力蓄电池进水管与电池膨胀壶加水软管。

② 安装动力蓄电池维修开关。

③ 连接蓄电池负极。

④ 关闭前机舱盖。

二、动力蓄电池及控制系统的检测

1. 检查动力蓄电池电压（以东风起亚华骐 300 纯电动汽车为例）

① 将点火开关置于 OFF。

② 把 KDS/GDS 诊断仪连接到诊断连接器上。

③ 将点火开关置于 ON。

④ 在诊断仪的当前数据流中检查单格电池电压和蓄电池组电压，如图 3-9-6 所示。

正常值范围：单格电池电压：2.8～4.2V；蓄电池组电压：246～369.16V；单格电池之间的电压差：小于 40mV。

第九章 动力蓄电池及控制系统

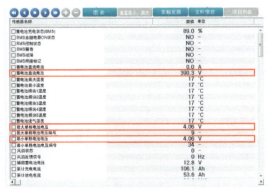

a) 蓄电池组电压

b) 单格电池电压

图 3-9-6 使用电脑诊断仪检查动力蓄电池电压

 2. 检查动力蓄电池 SOC（以东风起亚华骐 300 纯电动汽车为例）

① 将点火开关置于 OFF。
② 把诊断仪连接到诊断连接器上。
③ 将点火开关置于 ON。
④ 在诊断仪的当前数据流中检查充电状态（SOC）参数，如图 3-9-7 所示。

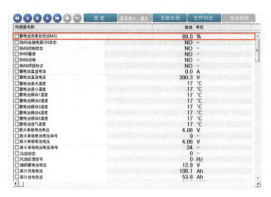

图 3-9-7 检查充电状态（SOC）

3. 动力蓄电池绝缘电阻值检测

（1）使用诊断仪检查动力蓄电池绝缘电阻值（以东风起亚华骐 300 纯电动汽车为例）

① 将点火开关转至 OFF。
② 把诊断仪连接到诊断连接器上。
③ 将点火开关置于 ON。
④ 在诊断仪的当前数据流中检查绝缘电阻值，如图 3-9-8 所示。绝缘电阻规定值为 300~1000kΩ。

（2）使用兆欧表检查动力蓄电池绝缘阻值（以东风起亚华骐 300 纯电动汽车为例）

① 切断高电压电路。
② 把兆欧表（A）的负极（-）端子连接到车身搭铁点上，如图 3-9-9 所示。

> **注意：**
> 为获得精确的测量结果，应把负极（-）端子正确连接到未喷漆的裸露部位上。

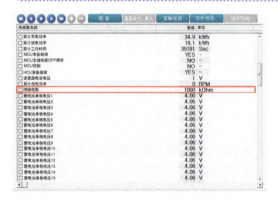

图 3-9-8 使用诊断仪检查动力蓄电池绝缘电阻值

图 3-9-9 连接兆欧表的负极端子

③ 把正极（+）端子连接到蓄电池的正极（+）端子后，如下述测量电阻值，如图 3-9-10 所示。

通过兆欧表提供 1000V 电压，然后等待 1min，测量稳定的电阻值。

检查电阻值，规定值为大于 50MΩ。

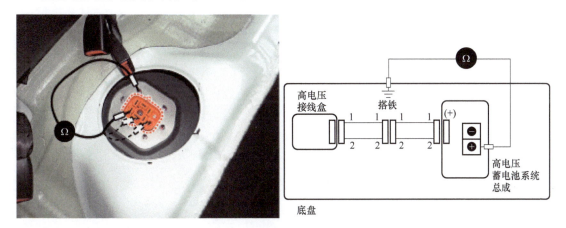

图 3-9-10　连接兆欧表的正极端子

④ 把正极（+）端子连接到蓄电池的负极（-）端子后，如下述测量电阻值，如图 3-9-11 所示。

通过兆欧表提供 1000V 电压，然后等待 1min，测量稳定的电阻值。

检查电阻值，规定值为大于 50MΩ。

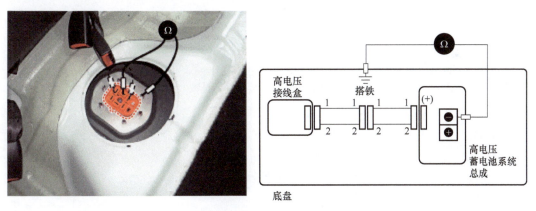

图 3-9-11　将兆欧表的正极端子连接到蓄电池的负极

第十章　充电系统

一、充电系统拆卸与安装

 1. 快充接口的拆装（以吉利 EV450 为例）

（1）拆卸直流充电插座

① 打开前机舱盖。
② 断开蓄电池负极电缆。
③ 断开车载充电器处直流母线。
④ 拆卸左后轮。
⑤ 拆卸左后轮罩衬板。
⑥ 拆卸直流充电插座。
断开动力蓄电池上的直流充电高压线束插接器，如图 3-10-1 所示。
拆卸直流充电高压线束支架。

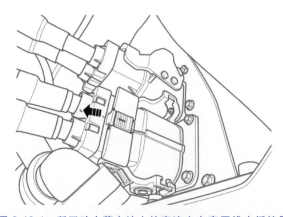

图 3-10-1　断开动力蓄电池上的直流充电高压线束插接器

脱开直流充电高压线束固定线卡 1，如图 3-10-2 所示。

拆卸直流充电插座搭铁线束固定螺栓 2，脱开搭铁线束。

断开直流充电插座线束插接器 3。

拆卸直流充电插座固定 4 个螺栓，取出直流充电插座总成，如图 3-10-3 所示。

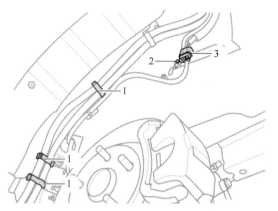 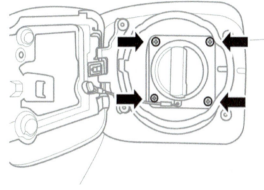

图 3-10-2　脱开直流充电高压线束固定线卡　　　　图 3-10-3　拆卸直流充电插座固定 4 个螺栓
1—固定线卡　2—固定螺栓　3—线束插接器

（2）安装直流充电插座

按拆卸的相反顺序安装。

 2. 慢充接口的拆装（以吉利 EV450 为例）

（1）拆卸慢充接口

① 打开前机舱盖。

② 断开蓄电池负极电缆。

③ 断开车载充电器处直流母线。

④ 拆卸左前轮。

⑤ 拆卸左后轮罩衬板。

⑥ 拆卸交流充电插座。

断开车载充电机上的交流充电高压线束插接器 1，如图 3-10-4 所示。

脱开交流充电高压线束插接器卡扣 2。

断开如图 3-10-5 所示的交流充电高压线束卡扣。

断开如图 3-10-6 所示的交流充电高压线束卡扣。

断开交流充电器锁锁止拉线卡扣。

断开交流充电器锁解锁拉线卡扣，如图 3-10-7 所示。

断开交流充电插座线束插接器 1，如图 3-10-8 所示。

断开交流充电插座线束插接器 2。

断开交流充电插座线束插接器 3。

拆卸交流充电口盖螺钉，如图 3-10-9 所示。

撬起交流充电口盖卡扣，取出交流充电插座口盖。

拆卸交流充电插座固定螺栓，取出交流充电插座总成，如图 3-10-10 所示。

（2）安装慢充接口

安装按拆卸相反的顺序进行操作。

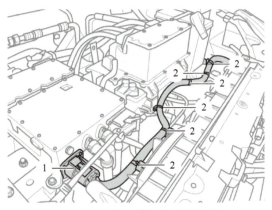

图 3-10-4 断开高压线束插接器

1—线束插接器 2—插接

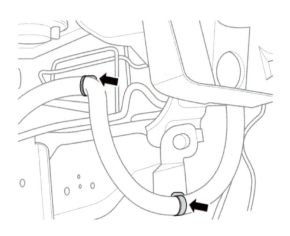

图 3-10-5 断开交流充电高压线束卡扣

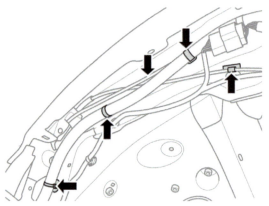

图 3-10-6 断开交流充电高压线束卡扣

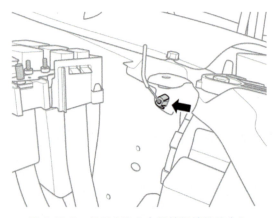

图 3-10-7 断开交流充电器锁解锁拉线卡扣

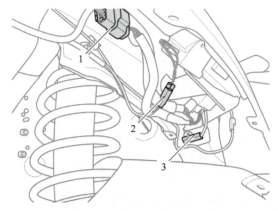

图 3-10-8 断开交流充电插座线束插接器

1—充电插座线束插接器 1 2—充电插座线束插接器 2 3—充电插座线束插接器 3

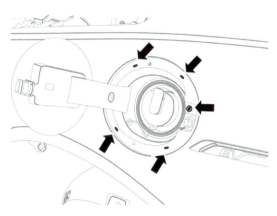 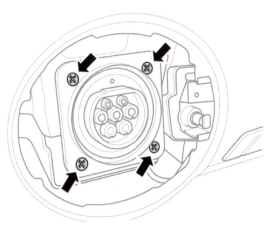

图 3-10-9　拆卸交流充电口盖螺钉　　　　图 3-10-10　取出交流充电插座总成

 3. DC/DC 变换器的拆装（以长安逸动纯电动汽车为例）

（1）拆卸 DC/DC 变换器

如果充电枪还插拔在车上，请先拔掉充电枪，再将钥匙转到 OFF 档，切断高压电源，取下前机舱护板。

将 DC/DC 变换器输出端线束与蓄电池断开连接，如图 3-10-11 所示。

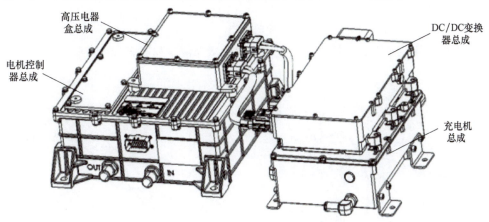

图 3-10-11　DC/DC 变换器的位置

拔下 DC/DC 变换器的接插件，拆卸 DC/DC 变换器低压输出端螺丝，卸掉直流变换器输出线束，如图 3-10-12 所示。

拆卸 DC/DC 变换器水管卡箍，拔掉水管，放掉里面的冷却液，如图 3-10-13 所示。

拆卸 DC/DC 变换器的螺栓，将 DC/DC 变换器卸下。

（2）安装 DC/DC 变换器

安装按拆卸的相反顺序进行操作。

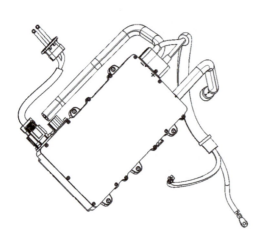

图 3-10-12　拔下 DC/DC 变换器的接插件

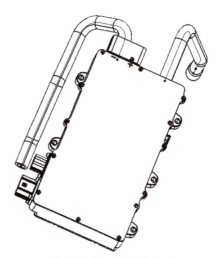

图 3-10-13　排出冷却液

4. 车载充电机的拆装（以长安逸动纯电动汽车为例）

（1）拆卸车载充电机

如果充电枪还插拔在车上，请先拔掉充电枪，再将钥匙转到 OFF 档，切断高压电源，取下前机舱护板。

拆卸 DC/DC 变换器。

拔掉充电机的接插件，如图 3-10-14 所示。

拆卸充电机水管卡箍，拔掉水管，放掉里面的冷却液，如图 3-10-15 所示。

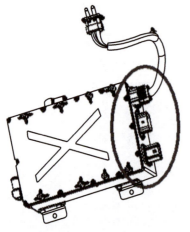

图 3-10-14　拔掉充电机的接插件

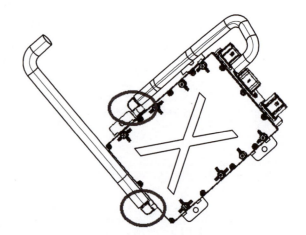

图 3-10-15　排空冷却液

使用扭力扳手拆卸充电机固定螺栓，将充电机卸下。

（2）安装车载充电机

安装按拆卸的相反顺序进行操作。

二、充电系统的检测

 1. 检查充电枪

① 将万用表进行校零。
② 使用万用表电阻档 20kΩ 量程测量充电枪 PE 和 CC 之间的电阻（不按锁止机构），如图 3-10-16 所示。电阻的正常范围应为 650~680Ω。
③ 按下锁止机构，使用万用表电阻档 20kΩ 量程测量充电枪 PE 和 CC 之间的电阻，正常范围为 3.30~3.40kΩ。

 2. 检查车载充电机

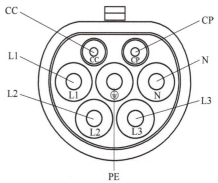

图 3-10-16 交流充电枪接口

对车辆进行充电，查看指示灯是否正常。
车载充电机指示灯定义：
① Power 灯：电源指示灯，当接通交流电后，电源指示灯亮起。
② Charge 灯：当充电机接通电池进入充电状态后，充电指示灯亮起。
③ Error 灯：报警指示灯，当充电机内部有故障时亮起。

注意：
① 充电正常时，Power 灯和 Charge 灯点亮。
② 当启动半分钟后仍只有 Power 灯亮时，有可能为电池无充电请求或已充满。
③ 当 Error 灯点亮时，则说明充电系统出现异常。
④ 当充电灯都不亮时，检查充电桩以及充电线束及接插件是否正常。

 3. 检查 DC/DC 变换器

① 将车钥匙置于 OFF 档，断开所有用电器并拔出钥匙。
② 按压低压蓄电池锁压件 1，打开盖板并裸露出低压蓄电池正极，如图 3-10-17 所示。
③ 使用专用万用表电压档位测量低压蓄电池的电压（并记录此电压值）。
④ 将车钥匙置于 ON 档位置。
⑤ 使用专用万用表电压档位测量低压蓄电池的电压，这时所测的这个电压值是 DC/DC 变换器输出的电压。

检测结果：DC/DC 变换器正常输出电压应在 13.2~13.5V（或 13.5~14V）之间（关闭

图 3-10-17　打开低压蓄电池盖板

1—低压蓄电池锁压件

车上用电设备的情况下）。

造成所测值低于规定值时可能有以下几点原因：

① 车上用电设备未关闭。

② 专用工具万用表测量值有误差。

③ DC/DC 变换器故障。

第十一章 空调制冷与加热系统

一、空调制冷与加热系统的拆卸与安装

 1. 空调压缩机总成的拆装

（1）拆卸电动压缩机

① 打开前机舱盖。
② 操作空调制冷剂的回收程序。
③ 断开蓄电池负极电缆。
④ 断开车载充电机处直流母线。
⑤ 拆卸电动压缩机总成。
断开电动压缩机低压线束插接器1，如图 3-11-1 所示。
断开电动压缩机高压线束插接器2。

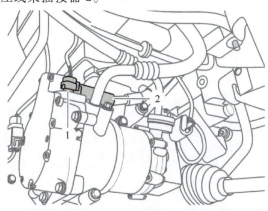

图 3-11-1 断开电动压缩机低压线束插接器

1—低压线束插接器　2—高压线束插接器

拆卸制冷空调管（压缩机侧）固定螺栓，脱开空调管，如图3-11-2所示。

拆卸电动压缩机侧三个固定螺栓，取下电动压缩机，如图3-11-3所示。

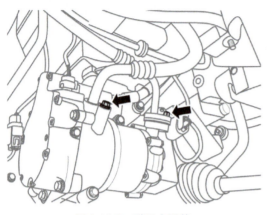

图3-11-2　脱开空调管

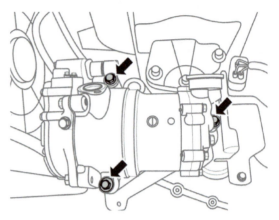

图3-11-3　取下电动压缩机

（2）安装电动压缩机

按拆卸相反的顺序安装。

> **注意：**
> 压缩机从厂家供货时，会携带大量润滑油（超过整个空调系统中润滑油的量），所以在更换全新压缩机之后并不需要补充润滑油，而是在安装之前需要从压缩机排放适量的润滑油再安装。

紧固电动压缩机侧三个固定螺栓（标准力矩：23N·m）。

> **注意：**
> 在安装过程中涉及的O形圈都必须要更换新件。

2. 膨胀阀的拆装

（1）拆卸膨胀阀

① 打开前机舱盖。

② 操作空调制冷剂的回收程序。

③ 断开蓄电池负极电缆。

④ 拆卸驾驶员气囊。

⑤ 拆卸转向盘。

⑥ 拆卸时钟弹簧。

⑦ 拆卸前立柱上装饰板。

⑧ 拆卸仪表板杂物箱。

⑨ 拆卸组合仪表总成。

⑩ 拆卸灯光组合开关。
⑪ 拆卸刮水器及洗涤器开关。
⑫ 拆卸 GPS 主机/智能车载主机。
⑬ 拆卸空调控制面板。
⑭ 拆卸仪表板左侧下护板。
⑮ 拆卸仪表板右侧下护板。
⑯ 拆卸副仪表板总成。
⑰ 拆卸仪表板总成。
⑱ 拆卸电动助力转向管柱总成。
⑲ 拆卸仪表板横梁。
⑳ 拆卸空调主机总成。
㉑ 分解空调主机总成。

a. 拆卸蒸发器总成和鼓风机总成 3 个连接螺钉 1，如图 3-11-4 所示。

b. 拆卸空调线束插接器 2，分离蒸发器总成和鼓风机总成。

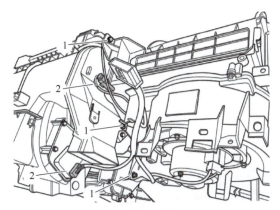

图 3-11-4 拆卸蒸发器总成和鼓风机总成 3 个连接螺钉

㉒ 拆卸膨胀阀。

a. 拆卸 3 个连接螺钉，取下膨胀阀塑料防尘盖，如图 3-11-5 所示。

b. 拆卸膨胀阀上盖板固定螺栓，取下膨胀阀上盖板与空调硬短管，如图 3-11-6 所示。

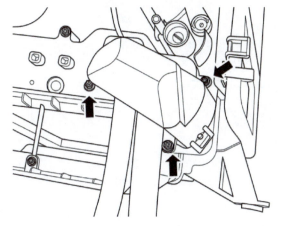

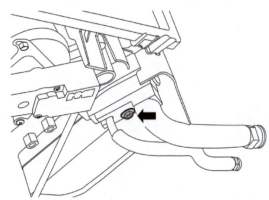

图 3-11-5 取下膨胀阀塑料防尘盖

图 3-11-6 取下膨胀阀上盖板与空调硬短管

注意：
此螺栓带 2 个垫圈，注意小心取放，不要遗落。

c. 拆卸膨胀阀固定螺栓，取出膨胀阀，如图 3-11-7 所示。

（2）安装膨胀阀

安装按拆卸的相反顺序进行操作。

图 3-11-7 取出膨胀阀

3. 鼓风机的拆装

（1）拆卸鼓风机

① 打开前机舱盖。
② 断开蓄电池负极电缆。
③ 拆卸鼓风电机。
a. 断开鼓风电机线束插接器 1。
b. 拆卸鼓风电机 3 个固定螺栓 2，取下鼓风电机，如图 3-11-8 所示。

（2）安装鼓风机

安装按拆卸的相反顺序进行操作。

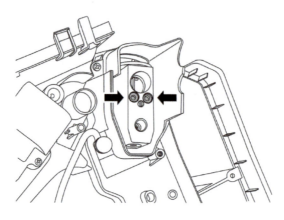

图 3-11-8 取下鼓风电机
1—插接器 2—固定螺栓

4. 加热器总成的拆装

（1）拆卸加热器总成

① 打开前机舱盖。
② 断开蓄电池负极电缆。
③ 断开车载充电器处直流母线。
④ 拆卸加热器总成。
a. 断开加热器低压线束插接器 1，如图 3-11-9 所示。
b. 断开加热器高压线束插接器 2。
c. 拆卸加热器搭铁线束固定螺母 3，脱开搭铁线束。
d. 拆卸加热器进水管环箍，脱开加热器进水管，如图 3-11-10 所示。
e. 拆卸加热器出水管环箍，脱开加热器出水管。

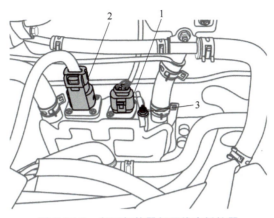

图 3-11-9 断开加热器低压线束插接器

1—低压线束插接器 2—高压线束插接器 3—固定螺母

> **注意：**
> 水管脱开前请在车辆底部放置容器，接住防冻液，以免污染地面。

f. 拆卸加热器支架左、右各两个固定螺母，取下加热器，如图 3-11-11 所示。

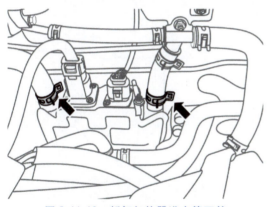

图 3-11-10 拆卸加热器进水管环箍

图 3-11-11 拆卸加热器支架

（2）安装加热器总成

安装按拆卸的相反顺序进行操作。

二、空调制冷剂的回收与加注

 1. 为加注机更换制冷剂

（1）回收空调制冷剂

1）空调制冷剂的回收与加注前的准备工作：

① 打开接头前,先将接头处和接头周围的油污擦干净,减少油污进入系统的可能性。

② 在接头断开后,立即用盖帽、塞子或胶带封住接头两端,防止油污、异物和湿气进入。

③ 保持所有工具清洁、干燥,包括歧管压力表组件和所有替换件。

④ 用清洁、干燥的输送装置和容器来添加100PG制冷剂油,尽可能保证制冷剂油不受湿气影响。

⑤ 操作时尽可能缩短空调系统内部暴露在空气中的时间。

⑥ 空调系统内部暴露于空气后必须将其重新排空和加注制冷剂。所有维修件出厂前都进行了干燥和密封。只有在即将进行安装时才能打开这些密封的零件。拆封前,所有零件应处于室温,防止空气中的水分凝结在零件上进入系统内部,并尽快重新密封所有零件。

> **注意:**
> 禁止用R-12加注机来加注R-134a制冷剂。两种系统的制冷剂和制冷剂油不兼容,决不能混合,即使少量也不允许,混入残留的制冷剂会损坏设备。
> 禁止使用异径接头,以保证系统内部的密闭性。

2) 制冷剂回收:

① 检查加注机控制面板上的高压侧和低压侧压力表,确保空调系统有压力。如果没有压力,则系统中没有可回收的制冷剂,如图3-11-12所示。

② 打开高压侧和低压侧阀门。

③ 打开制冷剂罐上的气体和液体阀。

④ 排空油液分离器中的制冷剂油。

⑤ 关闭放油阀。

⑥ 将加注机连接到合适的电源插座上。

⑦ 接通主电源开关。

图3-11-12 空调制冷剂回收与加注机

> **注意:**
> 禁止将旧的制冷剂油和新的制冷剂油混合在一起。旧油中可能沉淀有铝或混有其他异物。重新加注空调系统时,务必使用新的制冷剂油。正确报废使用过的制冷剂油。

⑧ 开始回收过程。

⑨ 等候5min,然后检查控制面板低压侧压力表。如果空调系统保持真空,则回收完毕。如果低压侧压力表从零开始回升,则系统中还有制冷剂。回收剩下的制冷剂。重复本步骤,直到系统能保持真空2min。

> **注意:**
> 如果在回收期间控制面板指示灯显示制冷剂罐装满,且加注机关闭,则装上一个空罐,用于存放后续步骤需要的制冷剂。禁止使用其他类型的制冷剂罐。

3) 排空:加注机制冷剂罐必须装有足够量的R-134a制冷剂以进行加注。检查罐内制冷剂量。如果制冷剂量低于 3.6kg，则需向制冷剂罐中添加新的制冷剂。

① 检查高压侧和低压侧软管是否连接到空调系统上，打开加注机控制面板上的高压侧和低压侧阀。

② 打开制冷剂罐上的气体和液体阀。

③ 启动真空泵并开始排空程序。在回收过程中，不可凝结的气体（大部分为空气）自动从罐中排出。可听到泄压声。

④ 检查系统是否泄漏。

（2）添加润滑油

必须补充回收期间从空调系统排出的润滑油。

① 使用专供 R-134a 系统使用的带刻度的瓶装 100PG 润滑油。

② 向空调系统添加适量 100PG 润滑油。

③ 当注入的油量达到要求时，关闭阀门。

注意：

切记盖紧润滑油瓶盖，以防湿气或污染物进入润滑油。这项操作要求空调系统有一定的真空度，禁止在空调系统有正压时打开润滑油加注阀，否则会导致润滑油通过油瓶通气口回流。在加注或补充润滑油时，油面不可低于吸油管，否则空气会进入空调系统。

（3）加注空调制冷剂

1）加注流程：

① 关闭控制面板上的低压侧阀。

② 关闭控制面板上的高压侧阀。

③ 参见制造商的使用说明书，详细了解加注机使用方法。

④ 向空调中加注必需的制冷剂量，确保计量单位正确（即公斤、千克或磅）。

⑤ 开始加注。

2）制冷剂加注成功完成：

① 关闭加注机控制面板上的高、低压侧阀，两个阀都应关闭。

② 启动车辆和空调系统。

③ 保持驱动电机运行，直到高压侧压力表和低压侧压力表读数稳定。

④ 将读数与系统规格进行比较。

⑤ 检查蒸发器出口温度，确保空调系统的操作符合系统规格。

⑥ 保持空调运行。

⑦ 关闭高压侧快速接头阀。

⑧ 从车上断开高压侧软管。

⑨ 在控制面板上打开高压侧和低压侧阀。系统将通过低压侧软管迅速吸入两条软管中的制冷剂。

⑩ 关闭低压侧快速接头阀。

⑪ 从车上断开低压侧软管。

3）制冷剂加注不成功。有时进入空调系统的制冷剂没有达到总加注量，造成这种情况的原因有两个：

① 加注机制冷剂罐压力与空调系统的压力差不多，这将导致加注过程过慢。

② 制冷剂罐中没有足够的制冷剂进行加注。对此，必须从车辆中回收已加注的部分制冷剂，然后将空调系统排空，给制冷剂罐添加制冷剂，最后再重新加注。

2. 为空调压力表更换制冷剂

（1）排空制冷剂

① 检查空调压力表组功能是否正常，如图 3-11-13 所示。

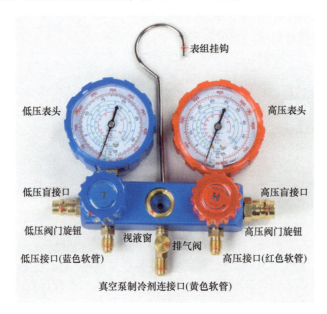

图 3-11-13　空调压力表结构

② 佩戴护目镜、防护手套，如图 3-11-14 所示。

③ 取下车辆上高低压阀阀盖，连接并旋紧高低压快速接头。

查看压力表示数，如图 3-11-15 所示。

图 3-11-14　防护准备

图 3-11-15　查看压力表示数

④ 将黄色加注管放入水中，如图 3-11-16 所示。
⑤ 打开压力表高低压手阀排放制冷剂，如图 3-11-17 所示。

图 3-11-16　将黄色加注管放入水中

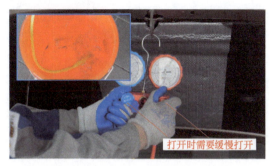

图 3-11-17　排放制冷剂

⑥ 制冷剂完全排出后关闭压力表高低压手阀并收起黄色加注管，如图 3-11-18 所示。

（2）空调系统抽真空

空调系统抽真空目的是排出制冷系统内的空气和水分，同时也可以用于制冷系统的检漏。当对空调制冷系统进行维修或更换元件时，空气会进入系统，且空气中含有一定量的水蒸气（湿空气），当超过一定量时会

图 3-11-18　制冷剂完全排出后

造成空调制冷不足或间歇性出冷风。为最大限度地将系统内的空气和水蒸气抽出，必须采用重复抽真空法，即第一次抽真空完毕后，再连续抽 15min 以上。

具体操作如下：
① 检查真空泵液位，如图 3-11-19 所示。
② 连接黄色加注管至真空泵连接口处，如图 3-11-20 所示。

图 3-11-19　检查真空泵液位

图 3-11-20　连接加注管

③ 打开压力表高低压手阀，如图 3-11-21 所示。
④ 打开真空泵阀门并连接真空泵电源。
⑤ 抽真空 15min 后关闭真空泵阀门、真空泵电源以及压力表高低压手阀。
⑥ 保压 1min，查看压力表指针有无回升，如图 3-11-22 所示。

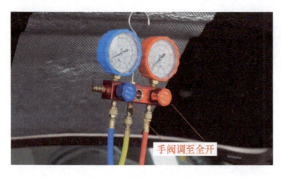

图 3-11-21　打开压力表高低压手阀

图 3-11-22　保压 1min

（3）加注冷冻油

① 保压结束后，拆下黄色加注管并放置在加油瓶中，加注冷冻油。

> **注意：**
> 加注管口需要浸泡在冷冻油中。

② 打开压力表高压侧手阀，加注冷冻油。

> **注意：**
> 冷冻油必须从高压侧进行加注，加注时低压手阀处于关闭状态。

③ 加注完成后关闭压力表高压侧手阀，取出黄色加注管并清洁干净。

④ 再次连接黄色加注管至真空泵连接口处。

⑤ 打开压力表低压手阀，关闭车上高压管路快速接头，确保高压手阀与管路快速接头处于关闭状态。

⑥ 打开真空泵阀门并连接真空泵电源。

⑦ 抽取真空 15min，并查看压力表组示数。

⑧ 关闭真空泵阀门、关闭真空泵电源、关闭压力表高低压手阀，如图 3-11-23 所示。

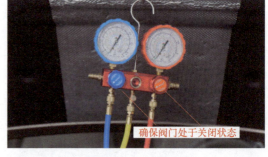

图 3-11-23　关闭手阀

（4）加注制冷剂

① 将开瓶器安装至瓶装制冷剂上。

② 连接黄色加注管至开瓶器上。

③ 旋动开瓶器手阀，使顶针刺穿制冷剂瓶盖，然后再回旋开瓶器手阀至关闭状态。

④ 倒置制冷剂瓶，打开压力表高压侧手阀，加注制冷剂。

⑤ 一瓶加注完成后，关闭压力表高压侧手阀，旋出开瓶器，更换另一瓶新的制冷剂。

⑥ 加注至系统无法吸取制冷剂时，关闭压力表高压侧手阀。

⑦ 启动车辆，开启空调制冷，鼓风机风量调到最大风速，温度最低、正面出风。

⑧ 打开压力表低压侧手阀，从低压侧加注制冷剂。

压力表测量的低压侧和高压侧的正常压力如图 3-11-24 所示。

> **注意：**
> 制冷剂加注量可参考机舱上的标签或维修资料，加注时注意查看压力表示数值。

a) 低压侧正常压力

b) 高压侧正常压力

图 3-11-24　压力表示数值

⑨ 加注完成后关闭车辆，关闭压力表高低压侧手阀，取下高低压管路。

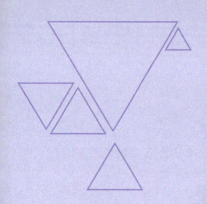

第四篇

诊断与维修

第十二章
常见故障及诊断思路

一、动力驱动系统及控制系统故障诊断与排除

 1. 电机控制器低压供电回路故障

（1）电路简图

电机控制器低压供电回路电路简图，如图 4-12-1 所示。

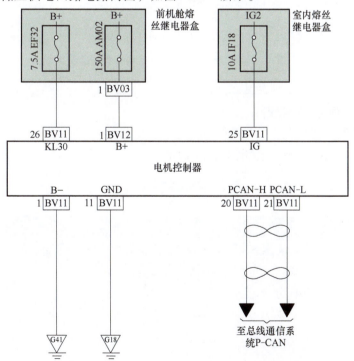

图 4-12-1　电机控制器低压供电回路电路简图

（2）诊断流程

电机控制器低压供电回路故障的诊断流程如图 4-12-2 所示。

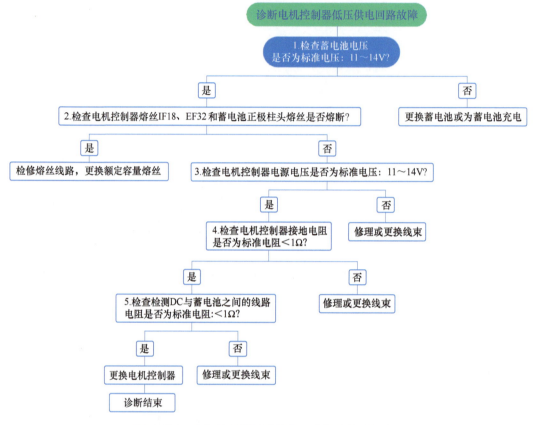

图 4-12-2　电机控制器低压供电回路故障的诊断流程

  2. 电机控制器通信故障

电机控制器通信故障的诊断流程如图 4-12-3 所示。

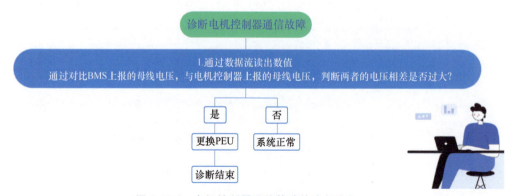

图 4-12-3　电机控制器通信故障的诊断流程

3. 驱动电机旋变信号故障

（1）电路简图

驱动电机的电路简图如图 4-12-4 所示。

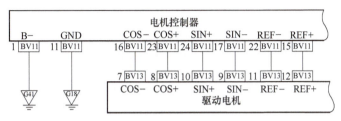

图 4-12-4　驱动电机的电路简图

（2）诊断流程

驱动电机旋变信号故障的诊断流程如图 4-12-5 所示。

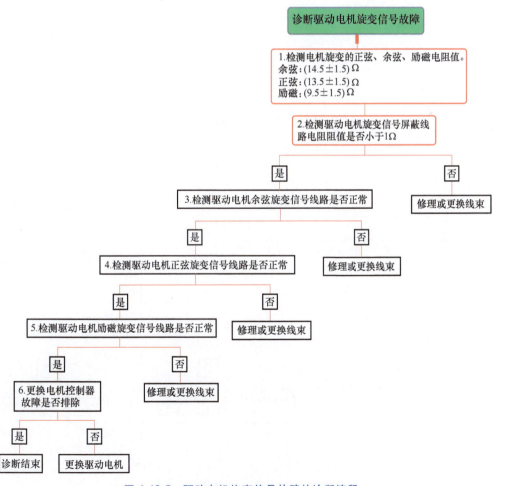

图 4-12-5　驱动电机旋变信号故障的诊断流程

4. 电机过温故障

(1) 电路简图

电机的电路简图如图 4-12-6 所示。

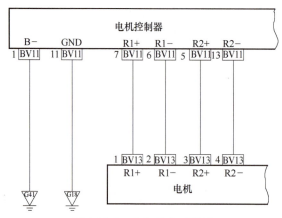

图 4-12-6　电机的电路简图

(2) 诊断流程

电机过温故障的诊断流程如图 4-12-7 所示。

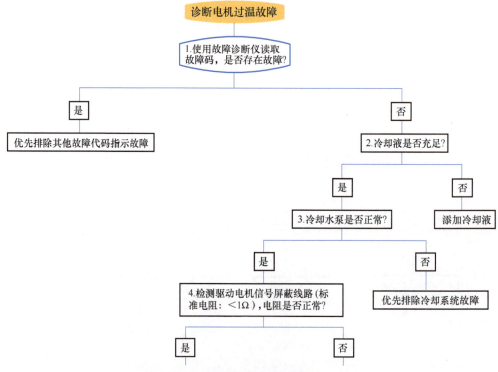

图 4-12-7　电机过温故障诊断流程

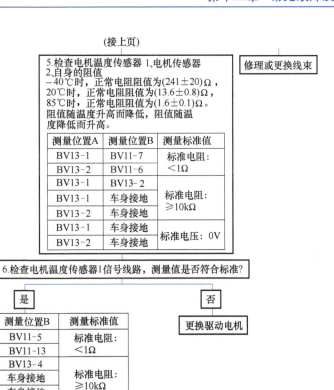

图 4-12-7　电机过温故障诊断流程（续）

 5. 电机异响、强烈振动或转速和输出功率达不到要求

故障诊断流程如图 4-12-8 所示。

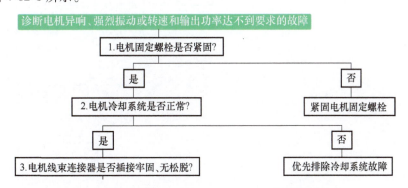

图 4-12-8　电机异响、强烈振动或转速和输出功率达不到要求的故障诊断流程

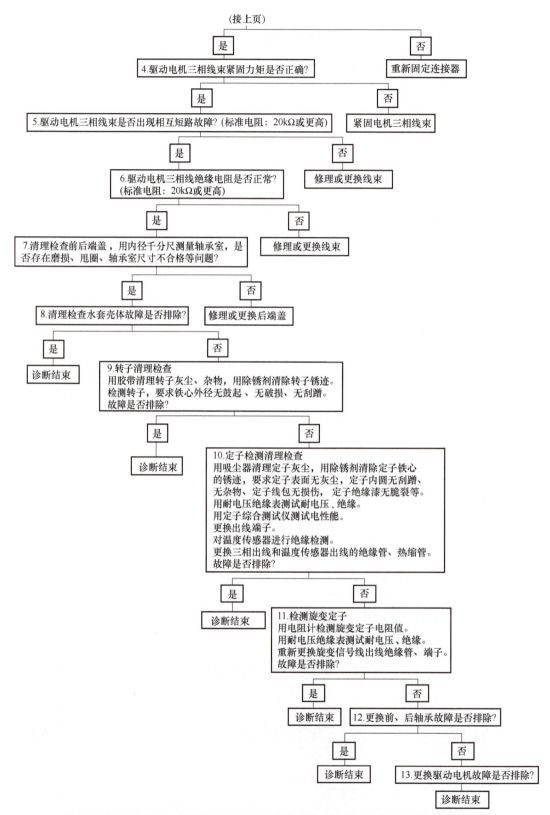

图 4-12-8 电机异响、强烈振动或转速和输出功率达不到要求的故障诊断流程（续）

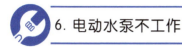 6. 电动水泵不工作

(1) 电路简图

车辆空调系统电路简图如图 4-12-9 所示。

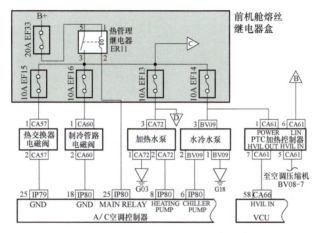

图 4-12-9　车辆空调系统电路简图

(2) 诊断流程

电动水泵故障的诊断流程如图 4-12-10 所示。

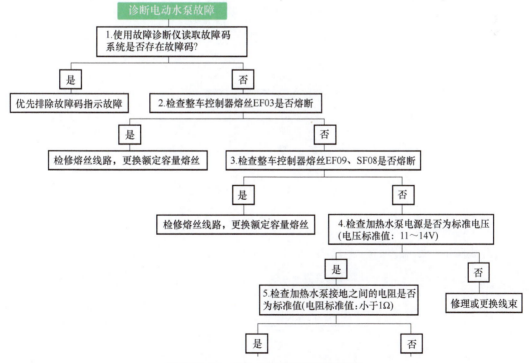

图 4-12-10　电动水泵故障的诊断流程

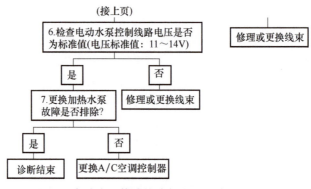

图 4-12-10　电动水泵故障的诊断流程（续）

二、动力蓄电池及控制系统故障诊断与排除

1. 电源故障

（1）电路简图

BMS 的电路简图如图 4-12-11 所示。

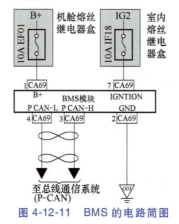

图 4-12-11　BMS 的电路简图

（2）诊断流程

电源故障的诊断流程如图 4-12-12 所示。

图 4-12-12　电源故障的诊断流程

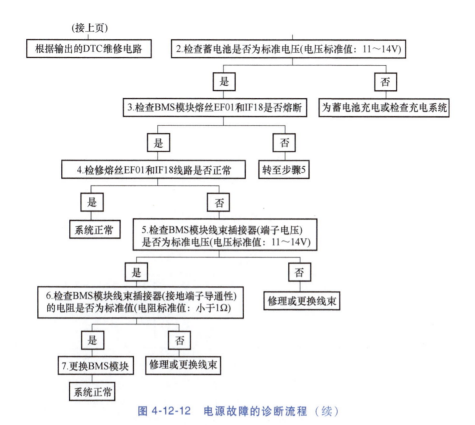

图 4-12-12 电源故障的诊断流程（续）

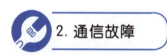

2. 通信故障

（1）电路简图

BMS 通信系统的电路简图如图 4-12-13 所示。

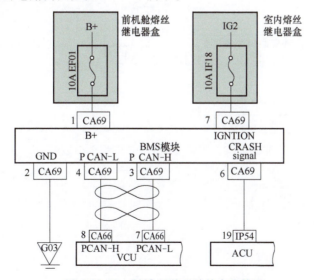

图 4-12-13 BMS 通信系统的电路简图

(2) 诊断流程

BMS 通信系统故障的诊断流程如图 4-12-14 所示。

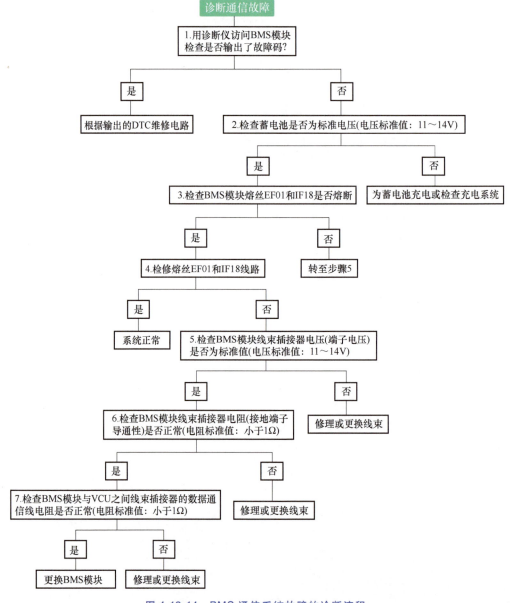

图 4-12-14　BMS 通信系统故障的诊断流程

 3. 碰撞信号发生

(1) 电路简图

系统电路简图如图 4-12-13 所示。

(2) 诊断流程

当碰撞信号发生时，诊断流程如图 4-12-15 所示。

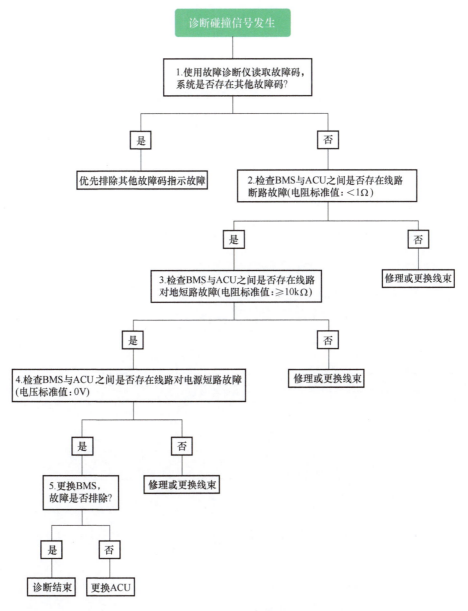

图 4-12-15　诊断流程

4. 冷却时进水口温度过低

(1) 电路简图

车载充电机的电路简图如图 4-12-16 所示。

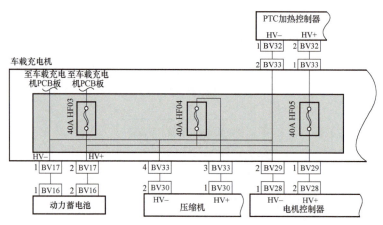

图 4-12-16　车载充电机电路简图

（2）诊断流程

冷却时进水口温度过低故障的诊断流程如图 4-12-17 所示。

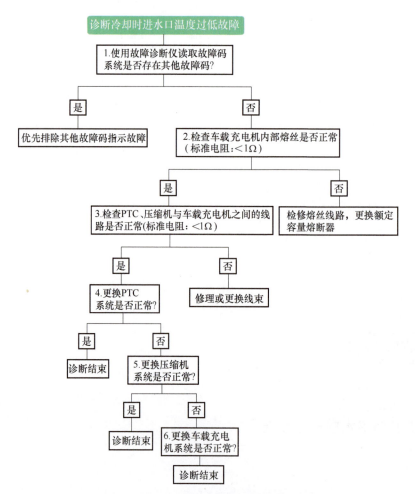

图 4-12-17　冷却时进水口温度过低故障的诊断流程

三、充电系统故障诊断与排除

  1. 车载充电机低压电源故障或车载充电机内部故障

（1）电路简图

车载充电机电路简图如图 4-12-18 所示。

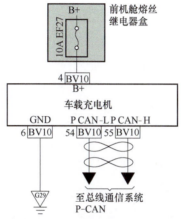

图 4-12-18　车载充电机电路简图

（2）诊断流程

车载充电机故障诊断流程如图 4-12-19 所示。

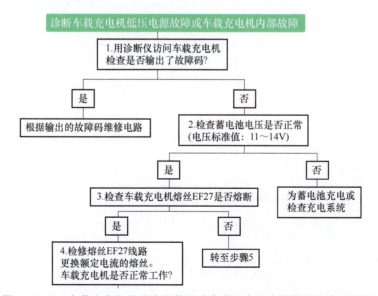

图 4-12-19　车载充电机低压电源故障或车载充电机内部故障的诊断流程

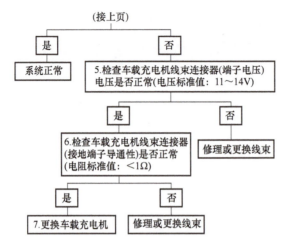

图 4-12-19　车载充电机低压电源故障或车载充电机内部故障的诊断流程（续）

2. 高压系统漏电故障

（1）电路简图

高压系统电路简图如图 4-12-20 所示。

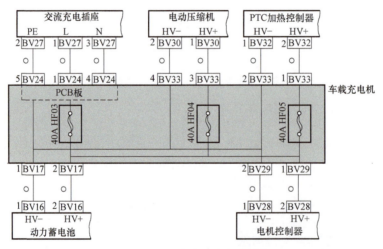

图 4-12-20　高压系统电路简图

（2）诊断流程

高压系统漏电故障的诊断流程如图 4-12-21 所示。

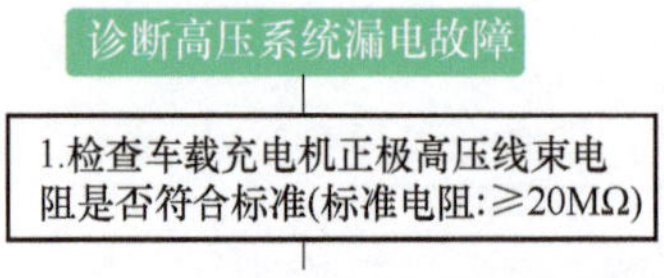

图 4-12-21　高压系统漏电故障的诊断流程

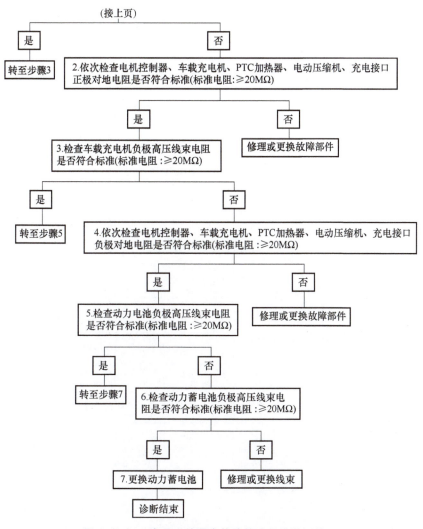

图 4-12-21　高压系统漏电故障的诊断流程（续）

四、减速器系统故障诊断与排除

 1. TCU 模块通信故障

（1）电路简图

TCU 通信电路简图如图 4-12-22 所示。

（2）诊断流程

TCU 模块通信故障诊断流程如图 4-12-23 所示。

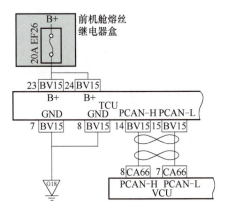

图 4-12-22 TCU 通信电路简图

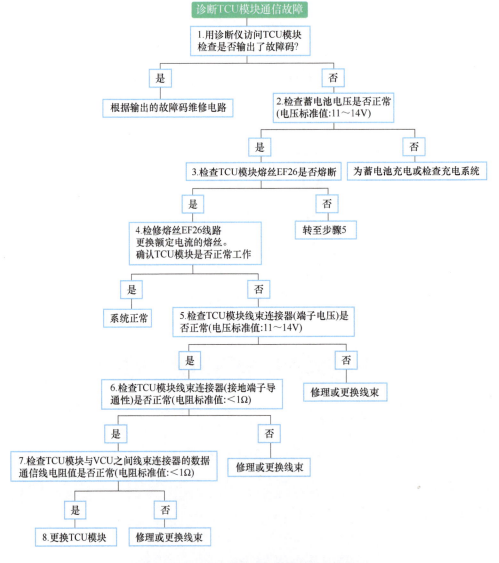

图 4-12-23 TCU 模块通信故障的诊断流程

2. 换档电机故障

（1）电路简图

TCU 及减速器的电路简图如图 4-12-24 所示。

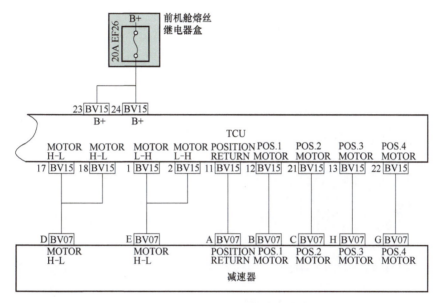

图 4-12-24　TCU 及减速器的电路简图

（2）诊断流程

换档电机故障的诊断流程如图 4-12-25 所示。

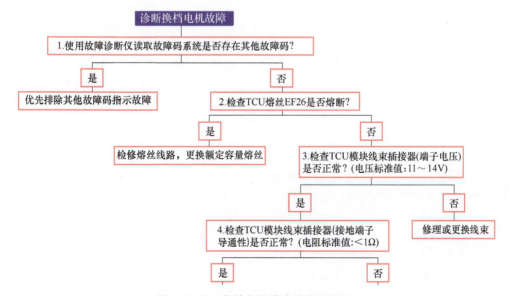

图 4-12-25　换档电机故障的诊断流程

图 4-12-25　换档电机故障的诊断流程（续）

五、智能网联系统故障诊断与排除

1. 多速杆处于 R 位时蜂鸣器常响故障

（1）电路简图

换档联动系统的电路简图如图 4-12-26 所示。

（2）诊断流程

多速杆处于 R 位时蜂鸣器常响故障的诊断流程如图 4-12-27 所示。

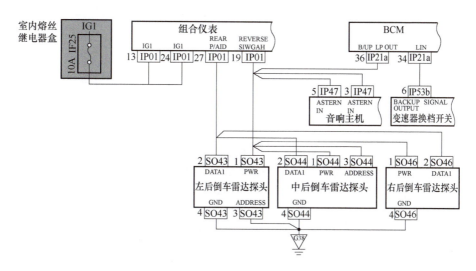

图 4-12-26 换档联动系统的电路简图

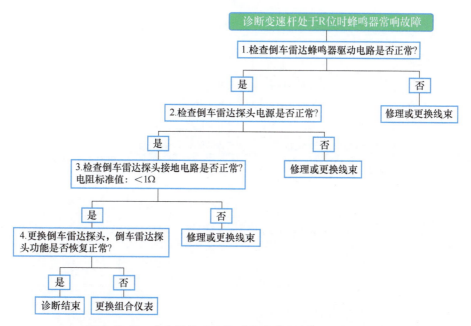

图 4-12-27 变速杆处于 R 位时蜂鸣器常响故障的诊断流程

 2. 倒车影像系统故障

（1）电路简图

倒车影像系统的电路简图如图 4-12-28 所示。

（2）诊断流程

倒车影像系统故障的诊断流程如图 4-12-29 所示。

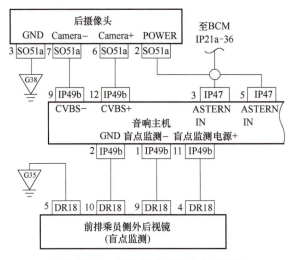

图 4-12-28　倒车影像系统的电路简图

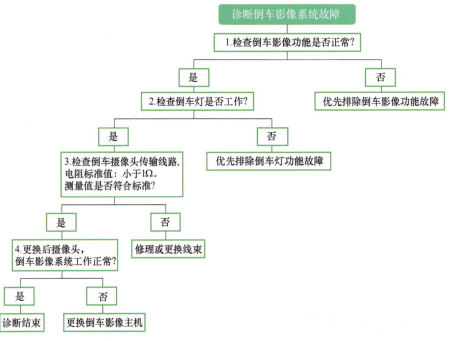

图 4-12-29　倒车影像系统故障的诊断流程

3. AVW 控制模块电源故障

（1）电路简图

全景影像（AVW）系统的电路简图如图 4-12-30 所示。

（2）诊断流程

AVW 控制模块电源故障的诊断流程如图 4-12-31 所示。

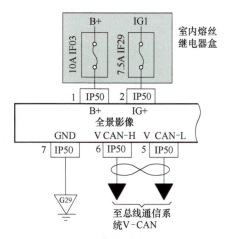

图 4-12-30　全景影像系统的电路简图

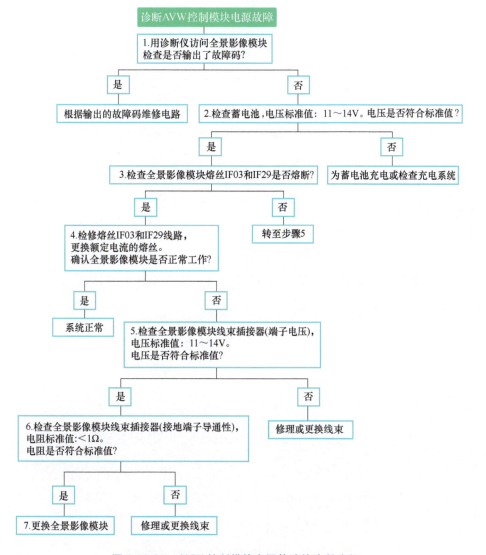

图 4-12-31　AVW 控制模块电源故障的诊断流程

六、整车控制器故障

1. 整车控制器电源故障

（1）电路简图

整车控制器的电路简图如图 4-12-32 所示。

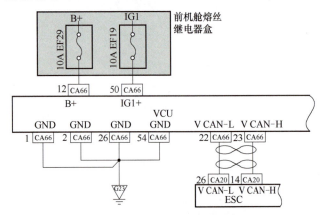

图 4-12-32　整车控制器的电路简图

（2）诊断流程

整车控制器电源故障的诊断流程如图 4-12-33 所示。

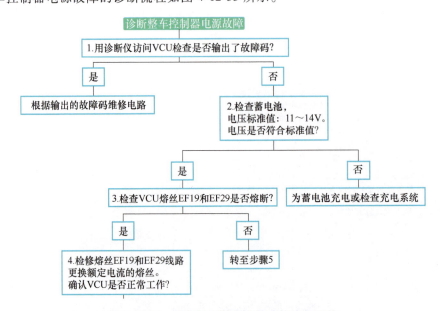

图 4-12-33　整车控制器电源故障的诊断流程

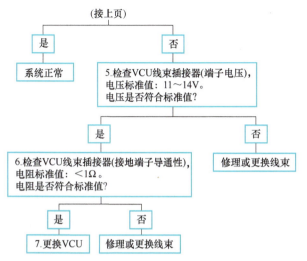

图 4-12-33 整车控制器电源故障的诊断流程（续）

2. 胎压监测系统故障

（1）电路简图

胎压监测系统的电路简图如图 4-12-34 所示。

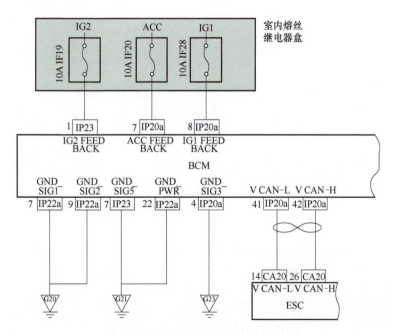

图 4-12-34 胎压监测系统的电路简图

（2）诊断流程

胎压监测系统故障的诊断流程如图 4-12-35 所示。

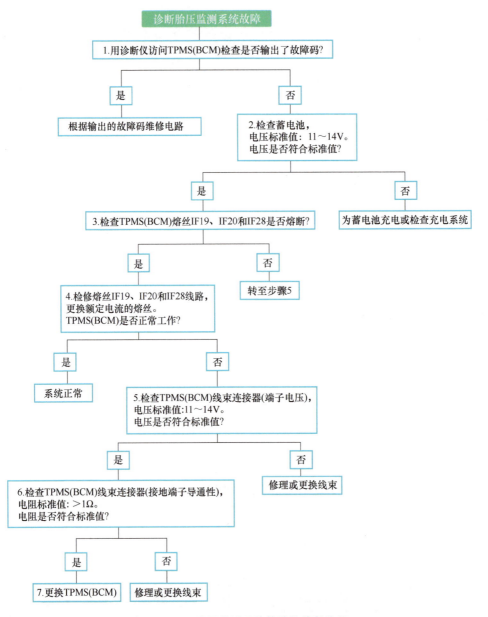

图 4-12-35　胎压监测系统故障的诊断流程

 3. 加速踏板1路信号短路

(1) 电路简图

加速踏板的电路简图如图 4-12-36 所示。

(2) 诊断流程

加速踏板 1 路信号短路的诊断流程如图 4-12-37 所示。

第十二章 常见故障及诊断思路 | 227

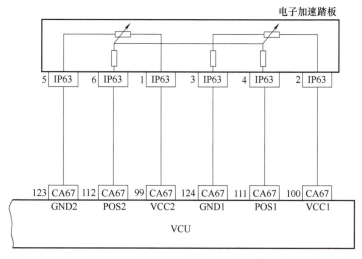

图 4-12-36 加速踏板的电路简图

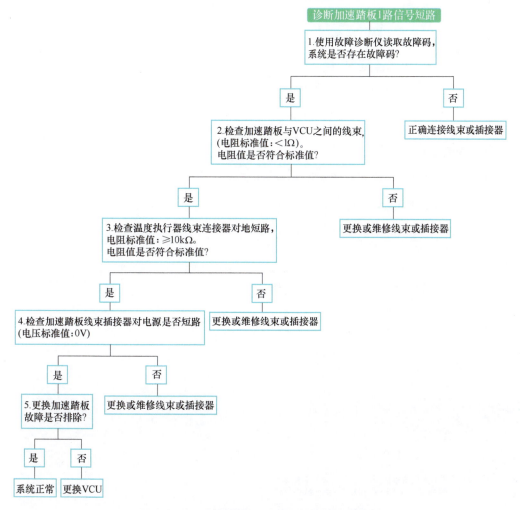

图 4-12-37 加速踏板 1 路信号短路的诊断流程

七、照明与信号系统故障诊断与排除

1. 近光灯不工作故障

（1）电路简图

近光灯的电路简图如图 4-12-38 所示。

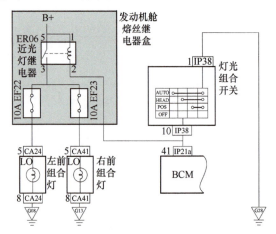

图 4-12-38　近光灯的电路简图

（2）诊断流程

近光灯不工作故障的诊断流程如图 4-12-39 所示。

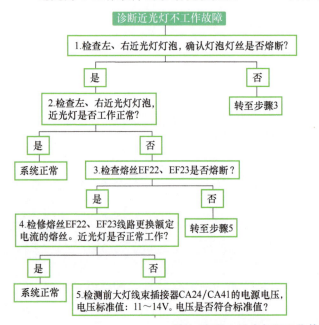

图 4-12-39　近光灯不工作故障的诊断流程

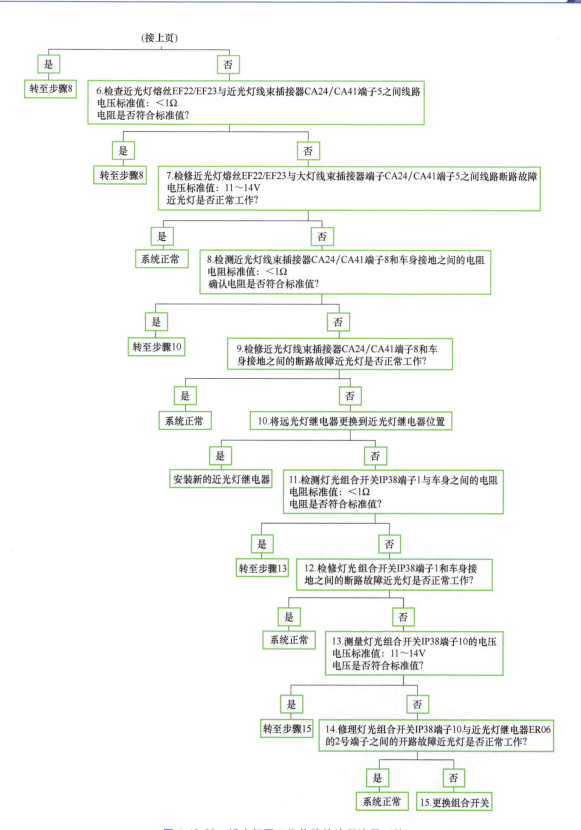

图 4-12-39　近光灯不工作故障的诊断流程（续）

2. 日行灯不工作故障

（1）电路简图

日行灯的电路简图如图 4-12-40 所示。

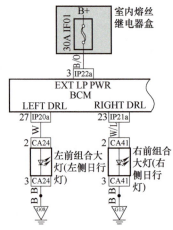

图 4-12-40　日行灯的电路简图

（2）诊断流程

日行灯不工作故障的诊断流程如图 4-12-41 所示。

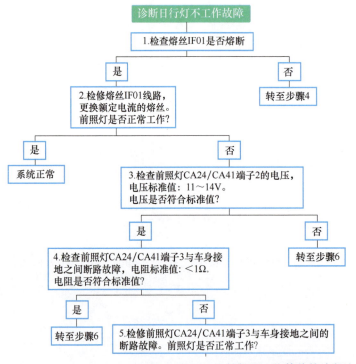

图 4-12-41　日行灯不工作故障的诊断流程

第十二章 常见故障及诊断思路 | 231

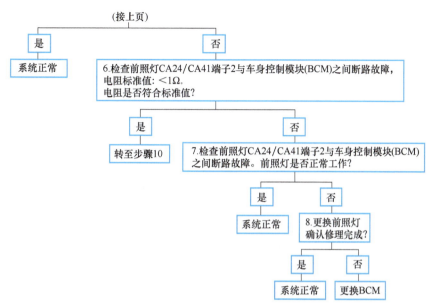

图 4-12-41　日行灯不工作故障的诊断流程（续）

 3. 倒档灯不工作故障

（1）电路简图

车辆倒档灯的电路简图如图 4-12-42 所示。

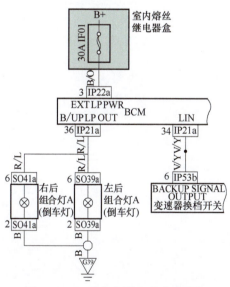

图 4-12-42　车辆倒档灯的电路简图

（2）诊断流程

倒档灯不工作故障的诊断流程如图 4-12-43 所示。

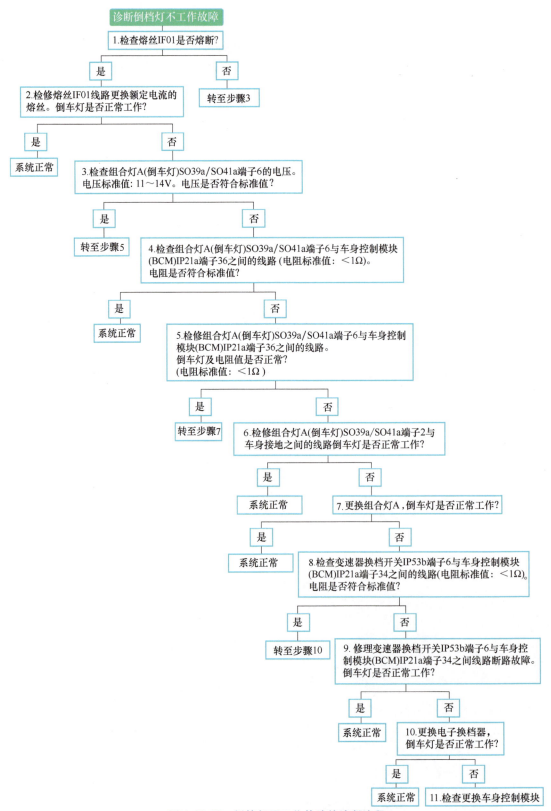

图 4-12-43　倒档灯不工作故障的诊断流程

八、空调制冷与加热系统故障诊断与排除

 1. 空调系统电源故障

（1）电路简图

空调系统的电路简图如图 4-12-44 所示。

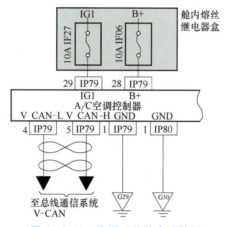

图 4-12-44　空调系统的电路简图

（2）诊断流程

空调系统电源故障的诊断流程如图 4-12-45 所示。

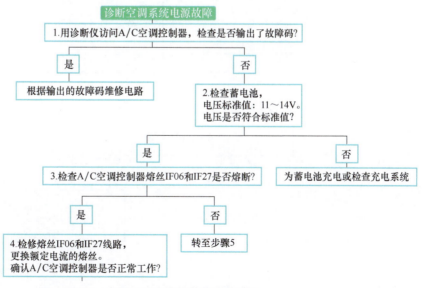

图 4-12-45　空调系统电源故障的诊断流程

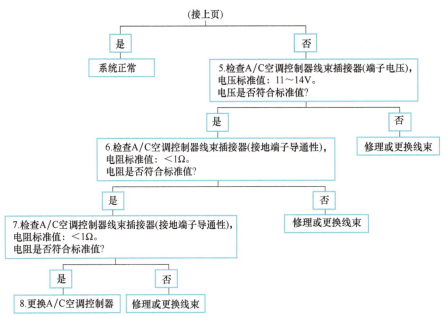

图 4-12-45 空调系统电源故障的诊断流程（续）

2. 空调鼓风机不工作

（1）电路简图

空调控制器及鼓风机的电路简图如图 4-12-46 所示。

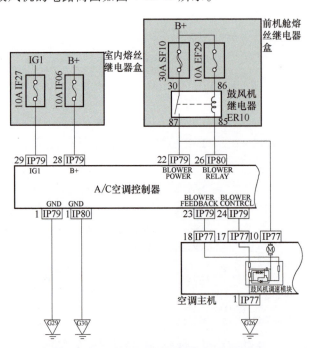

图 4-12-46 空调控制器及鼓风机的电路简图

(2) 诊断流程

空调鼓风机不工作的诊断流程如图 4-12-47 所示。

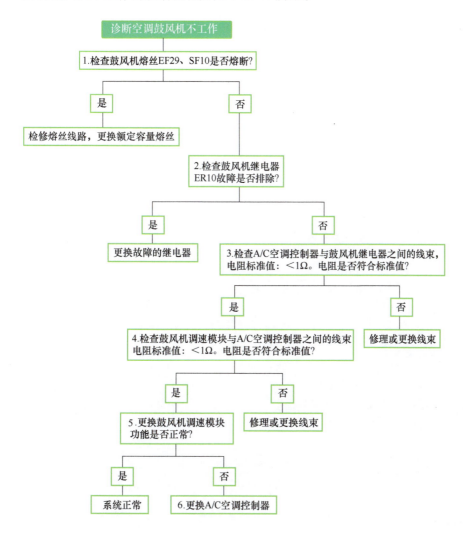

图 4-12-47 空调鼓风机不工作的诊断流程

 3. 电动空调压缩机不工作

(1) 电路简图

电动空调压缩机的电路简图如图 4-12-48 所示。

(2) 诊断流程

空调鼓风机不工作的诊断流程如图 4-12-49 所示。

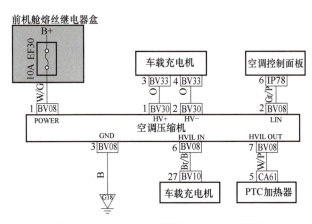

图 4-12-48　电动空调压缩机的电路简图

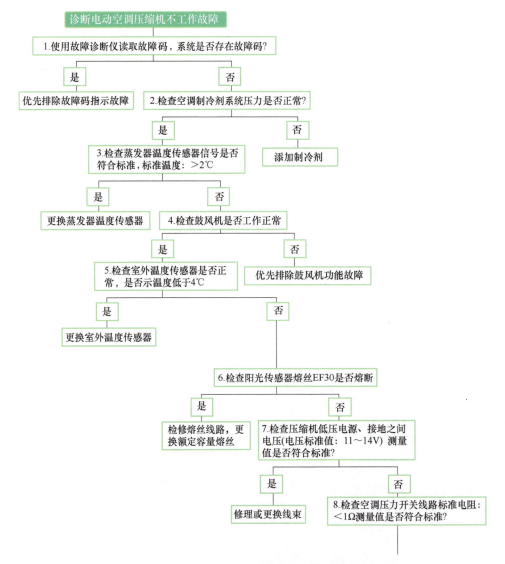

图 4-12-49　空调鼓风机不工作的诊断流程

第十二章 常见故障及诊断思路 | 237

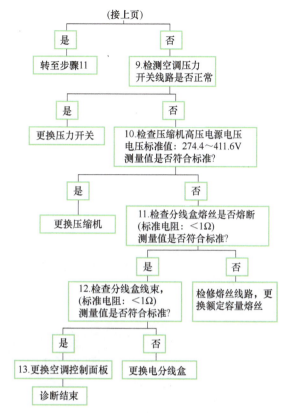

图 4-12-49 空调鼓风机不工作的诊断流程（续）

 4. 空调压力传感器故障

（1）电路简图

空调压力传感器的电路简图如图 4-12-50 所示。

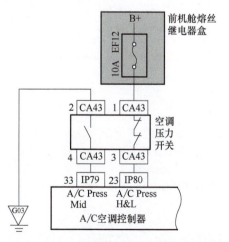

图 4-12-50 空调压力传感器的电路简图

（2）诊断流程

空调压力传感器故障的诊断流程如图 4-12-51 所示。

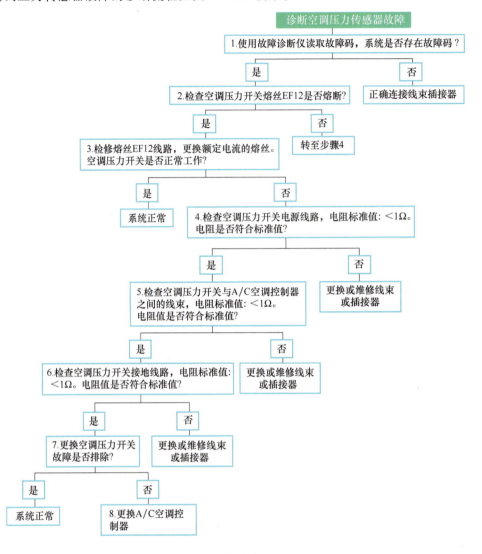

图 4-12-51　空调压力传感器故障的诊断流程

 5. PTC 加热装置故障

（1）电路简图

PTC 加热装置的电路简图如图 4-12-52 所示。

（2）诊断流程

PTC 加热装置故障的诊断流程如图 4-12-53 所示。

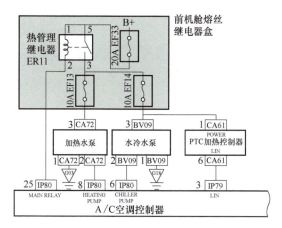

图 4-12-52　PTC 加热装置的电路简图

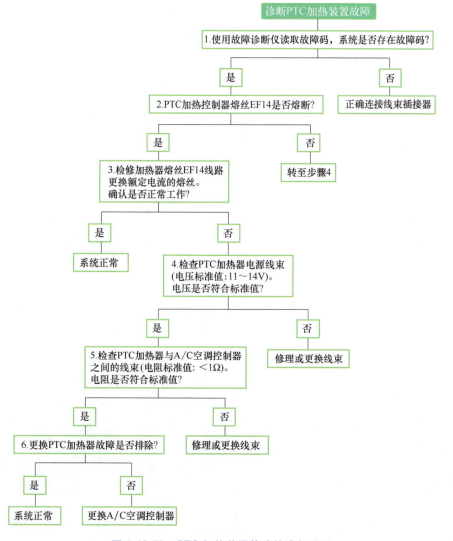

图 4-12-53　PTC 加热装置故障的诊断流程

九、电动车窗故障诊断与排除

1. 所有电动门窗不工作

（1）电路简图

电动车窗的电路简图如图 4-12-54 所示。

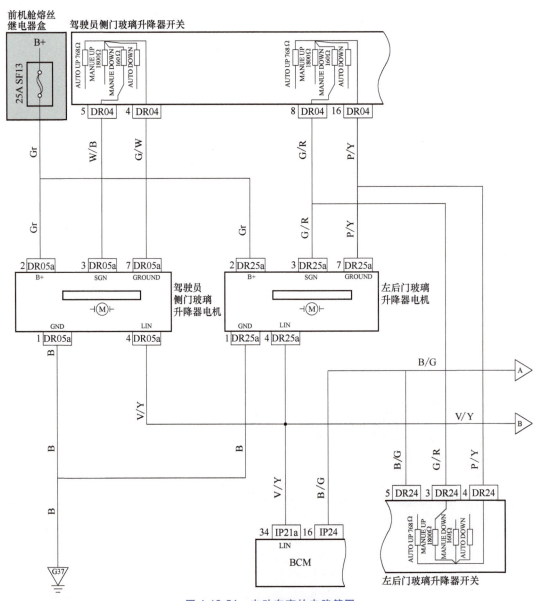

图 4-12-54　电动车窗的电路简图

第十二章 常见故障及诊断思路 | 241

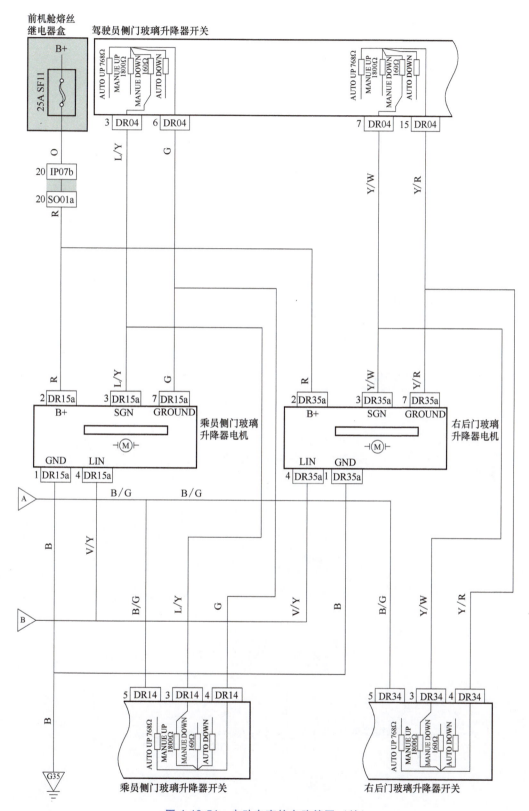

图 4-12-54 电动车窗的电路简图（续）

（2）诊断流程

所有电动门窗不工作的诊断流程如图 4-12-55 所示。

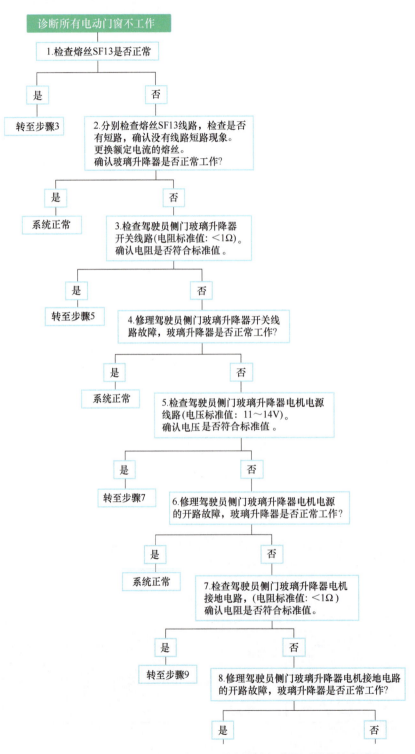

图 4-12-55　所有电动门窗不工作的诊断流程

第十二章 常见故障及诊断思路 | 243

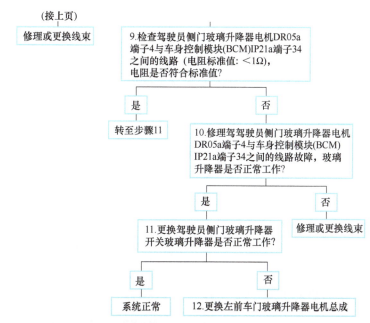

图 4-12-55　所有电动门窗不工作的诊断流程（续）

 2. 左前玻璃升降器不工作

（1）电路简图

左前玻璃升降器的电路简图如图 4-12-54 所示。

（2）诊断流程

左前玻璃升降器不工作的诊断流程如图 4-12-56 所示。

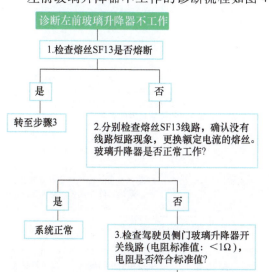

图 4-12-56　左前玻璃升降器不工作的诊断流程

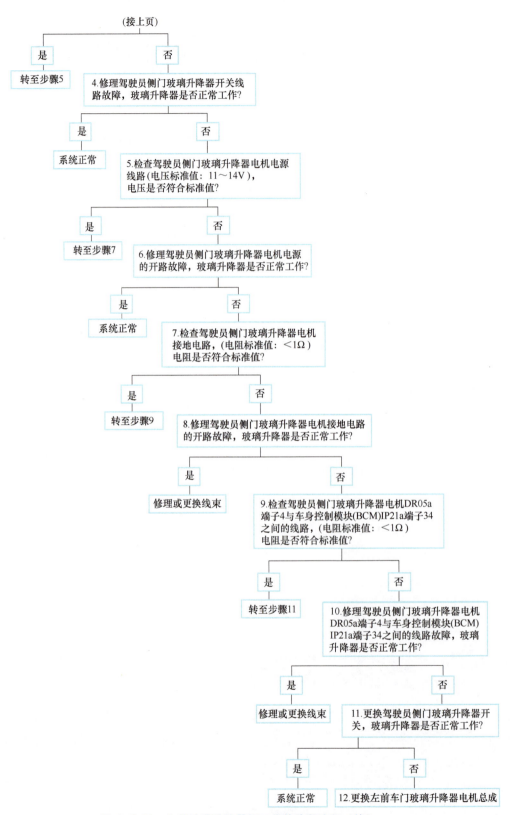

图 4-12-56 左前玻璃升降器不工作的诊断流程（续）

十、电动后视镜故障诊断与排除

 1. 电动后视镜不能调整

（1）电路简图

电动后视镜的电路简图如图 4-12-57 所示。

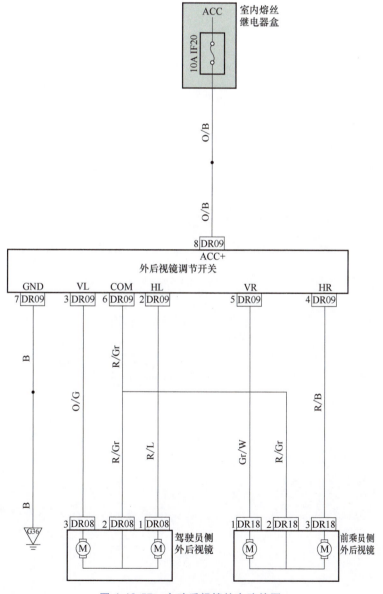

图 4-12-57　电动后视镜的电路简图

（2）诊断流程

电动后视镜不能调整的诊断流程如图 4-12-58 所示。

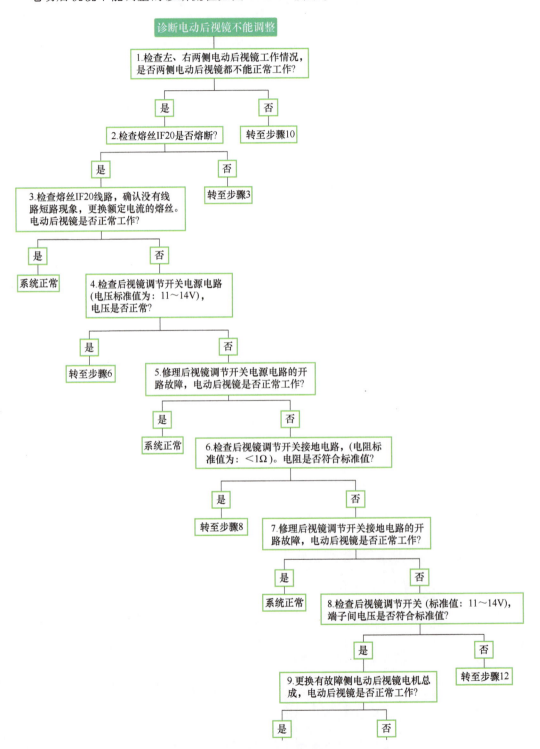

图 4-12-58　电动后视镜不能调整的诊断流程

第十二章 常见故障及诊断思路 | 247

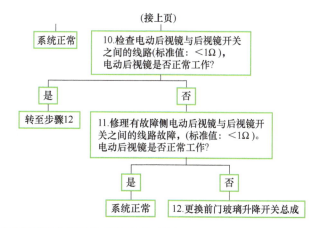

图 4-12-58 电动后视镜不能调整的诊断流程（续）

 2. 电动后视镜不能加热

（1）电路简图

后视镜加热装置的电路简图如图 4-12-59 所示。

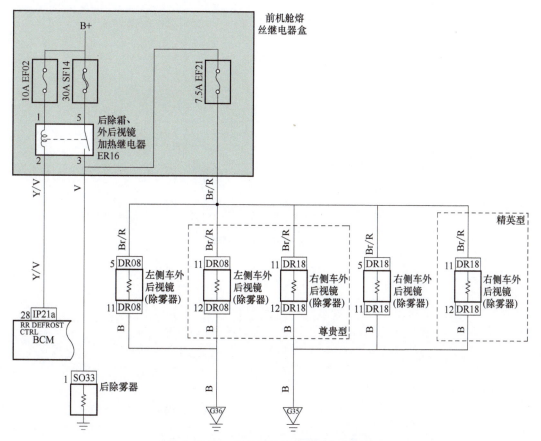

图 4-12-59 后视镜加热装置的电路简图

(2) 诊断流程

电动后视镜不能加热故障的诊断流程如图 4-12-60 所示。

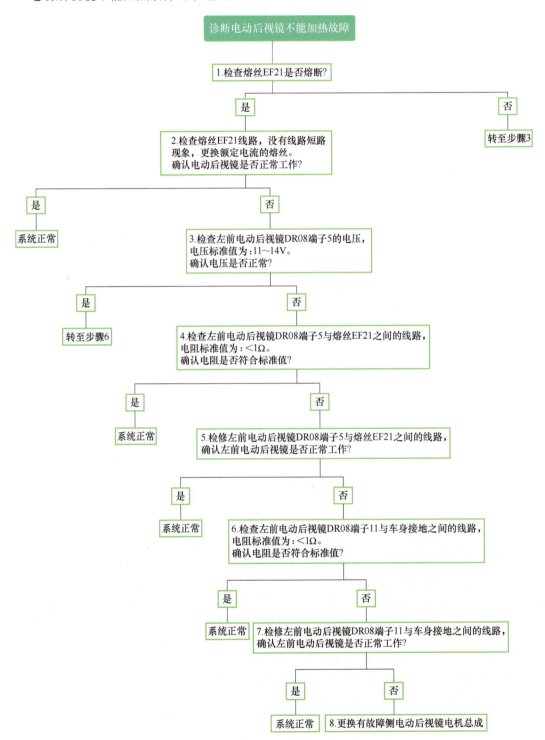

图 4-12-60　电动后视镜不能加热故障的诊断流程

十一、刮水器/清洗系统故障诊断与排除

 1. 刮水器在任何档位下都不工作

（1）电路简图

刮水器/清洗系统的电路简图如图 4-12-61 所示。

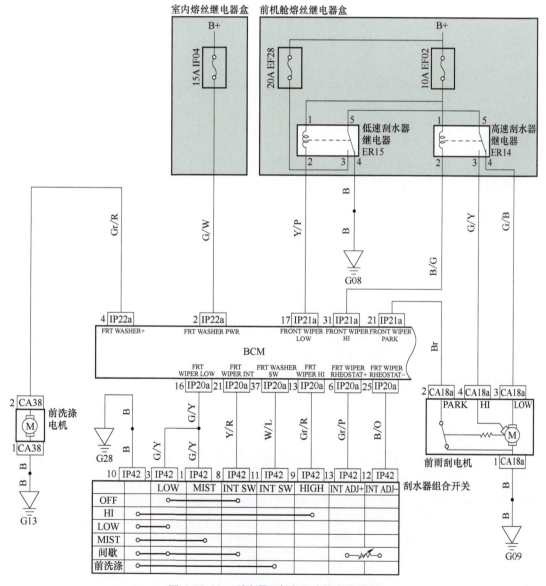

图 4-12-61　刮水器/清洗系统的电路简图

(2) 诊断流程

刮水器在任何档位下都不工作故障的诊断流程如图 4-12-62 所示。

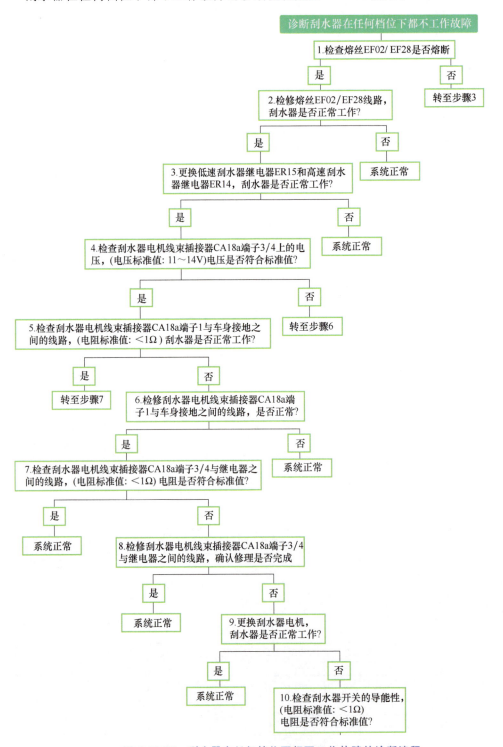

图 4-12-62　刮水器在任何档位下都不工作故障的诊断流程

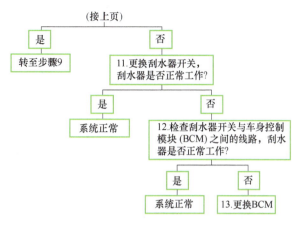

图 4-12-62　刮水器在任何档位下都不工作故障的诊断流程（续）

 2. 刮水器在高速档不工作

（1）电路简图

刮水器的电路简图如图 4-12-61 所示。

（2）诊断流程

刮水器在高速档不工作故障的诊断流程如图 4-12-63 所示。

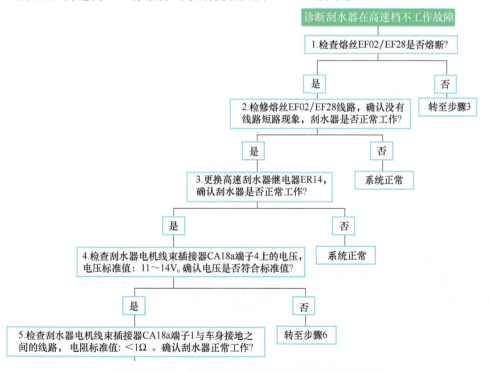

图 4-12-63　刮水器在高速档不工作故障的诊断流程

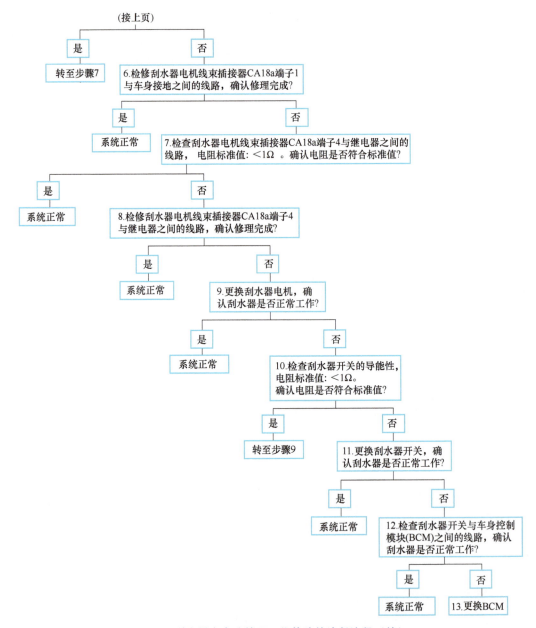

图 4-12-63　刮水器在高速档不工作故障的诊断流程（续）

3. 刮水器在低速档不工作

（1）电路简图

刮水器的电路简图如图 4-12-61 所示。

（2）诊断流程

刮水器在低速档不工作故障的诊断流程如图 4-12-64 所示。

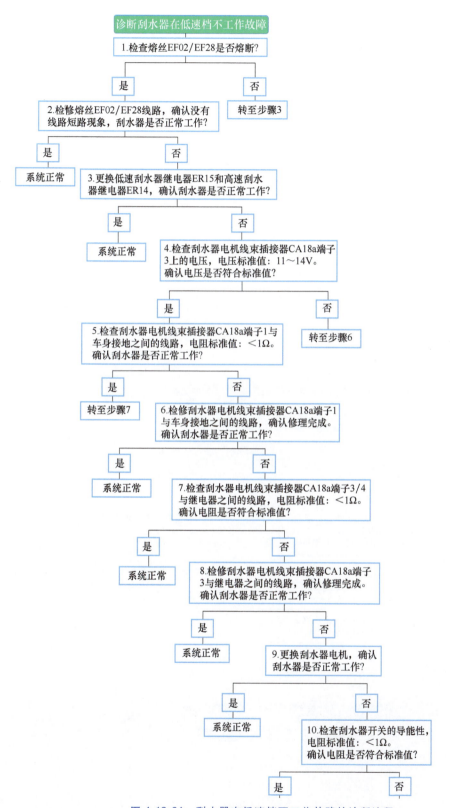

图 4-12-64 刮水器在低速档不工作故障的诊断流程

纯电动汽车结构·保养·拆装·检修一本通

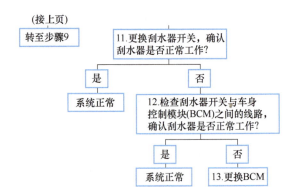

图 4-12-64　刮水器在低速档不工作故障的诊断流程（续）

 4. 刮水器在间歇档不工作

（1）电路简图

刮水器的电路简图如图 4-12-61 所示。

（2）诊断流程

刮水器在间歇档不工作故障的诊断流程如图 4-12-65 所示。

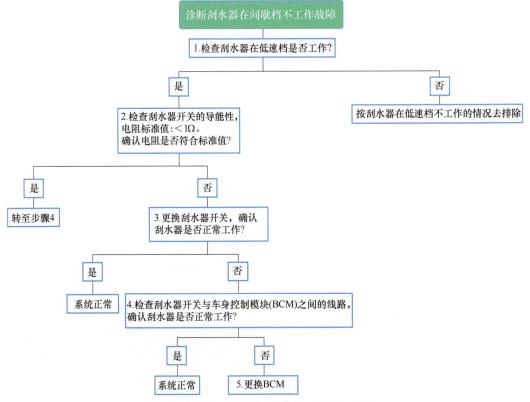

图 4-12-65　刮水器在间歇档不工作故障的诊断流程

5. 前洗涤器不工作故障

(1) 电路简图

前刮水器及洗涤器的电路简图如图 4-12-61 所示。

(2) 诊断流程

前洗涤器不工作故障的诊断流程如图 4-12-66 所示。

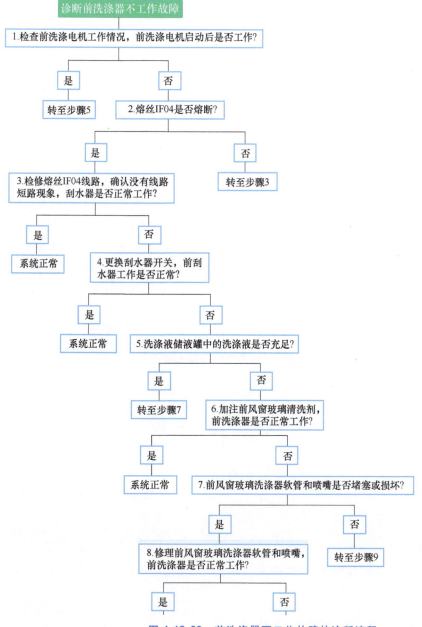

图 4-12-66　前洗涤器不工作故障的诊断流程

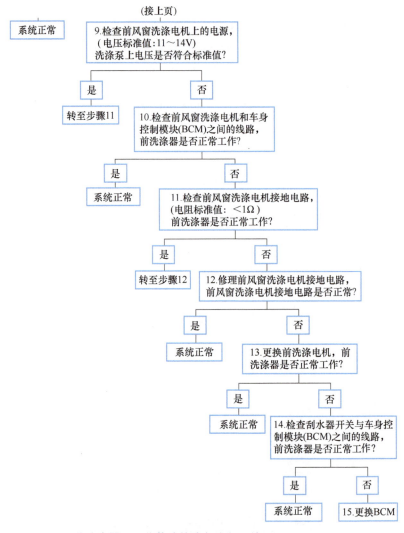

图 4-12-66 前洗涤器不工作故障的诊断流程（续）

十二、天窗故障诊断与排除

1. 天窗不工作

（1）电路简图

天窗控制系统的电路简图如图 4-12-67 所示。

（2）诊断流程

天窗不工作故障的诊断流程如图 4-12-68 所示。

第十二章 常见故障及诊断思路 | 257

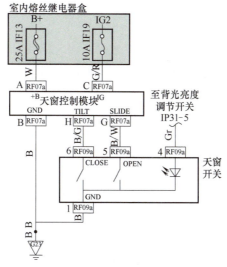

图 4-12-67 天窗控制系统的电路简图

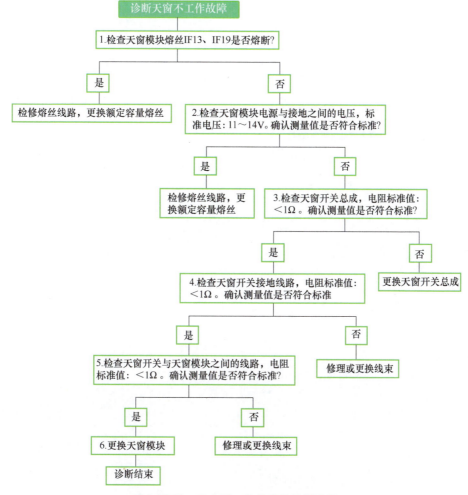

图 4-12-68 天窗不工作故障的诊断流程

2. 天窗无法打开

（1）电路简图

天窗控制模块的电路简图如图 4-12-67 所示。

（2）诊断流程

天窗无法打开的诊断流程如图 4-12-69 所示。

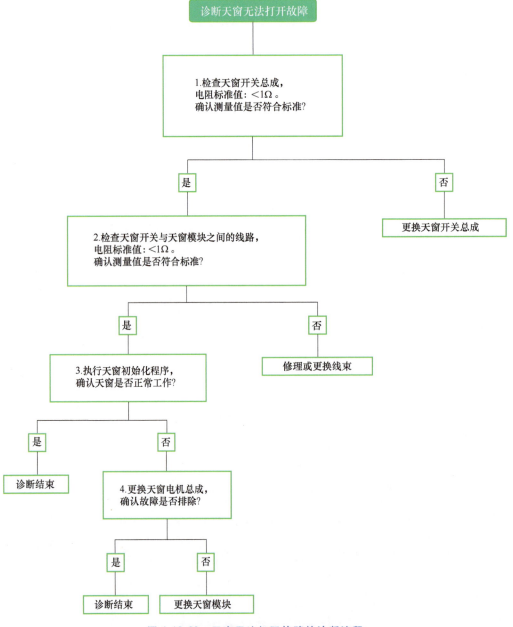

图 4-12-69　天窗无法打开故障的诊断流程

3. 天窗无法关闭

（1）电路简图

天窗控制系统的电路简图如图 4-12-67 所示。

（2）诊断流程

天窗无法关闭的诊断流程如图 4-12-70 所示。

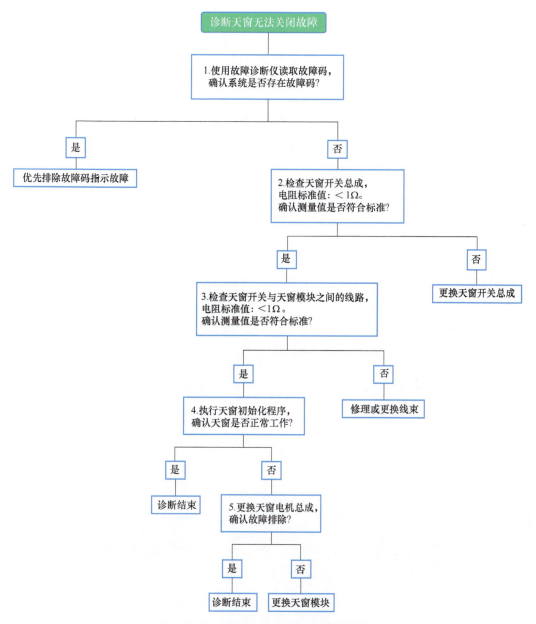

图 4-12-70　天窗无法关闭故障的诊断流程

十三、电动座椅故障诊断与排除

 1. 电动座椅不能前后调整

(1) 电路简图

座椅控制系统的电路简图如图 4-12-71 所示。

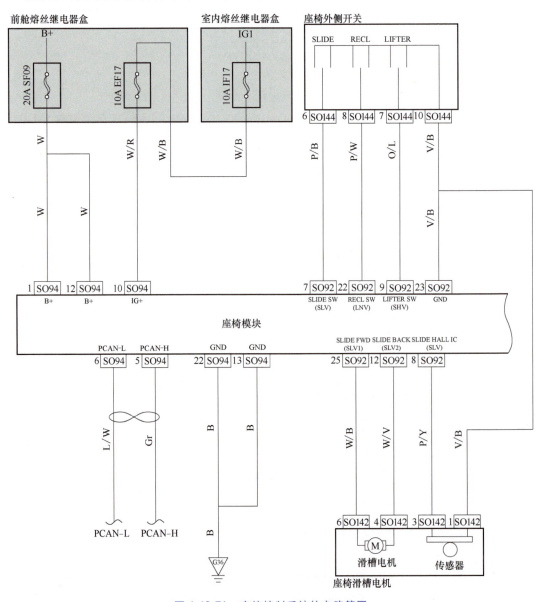

图 4-12-71 座椅控制系统的电路简图

(2) 诊断流程

电动座椅不能前后调整故障的诊断流程如图 4-12-72 所示。

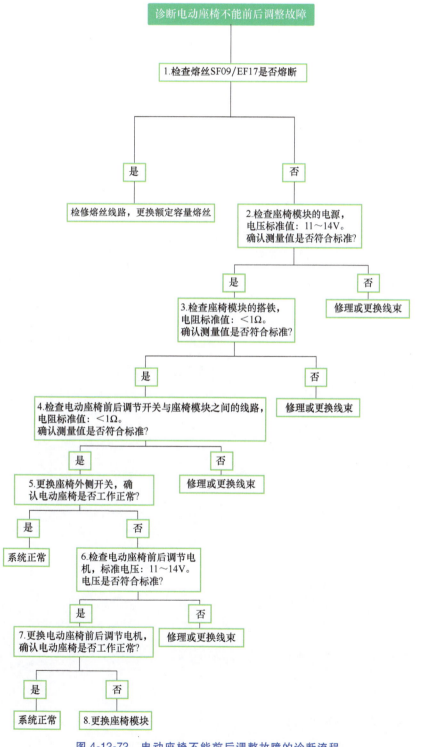

图 4-12-72　电动座椅不能前后调整故障的诊断流程

2. 电动座椅不能高度调整

（1）电路简图

座椅控制系统的电路简图如图 4-12-71 所示。

（2）诊断流程

电动座椅不能高度调整故障的诊断流程如图 4-12-73 所示。

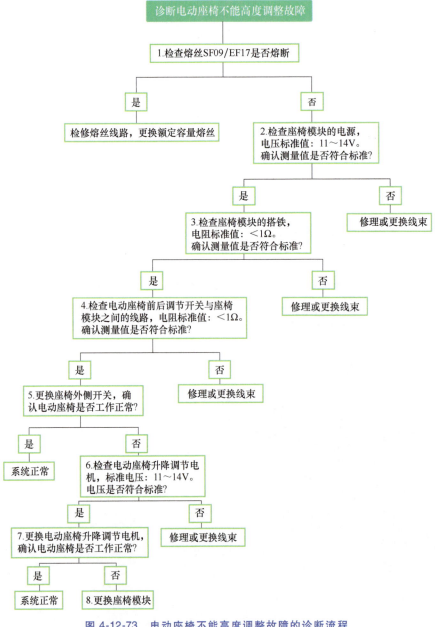

图 4-12-73　电动座椅不能高度调整故障的诊断流程

3. 电动座椅靠背不能调整

（1）电路简图

座椅控制系统的电路简图如图 4-12-71 所示。

（2）诊断流程

电动座椅靠背不能调整故障的诊断流程如图 4-12-74 所示。

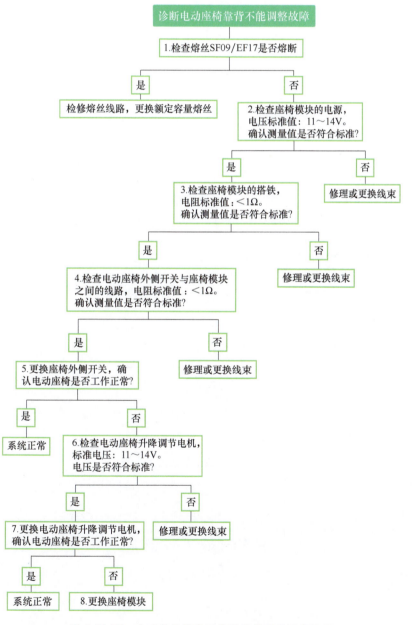

图 4-12-74　电动座椅靠背不能调整故障的诊断流程

十四、中控门锁故障诊断与排除

1. 智能钥匙遥控功能失效

智能钥匙遥控功能失效的诊断流程如图 4-12-75 所示。

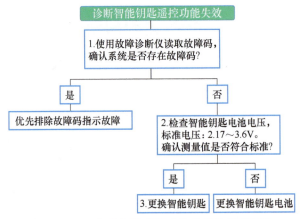

图 4-12-75　智能钥匙遥控功能失效的诊断流程

2. 中控锁开关功能失效

（1）电路简图

中控锁开关的电路简图如图 4-12-76 所示。

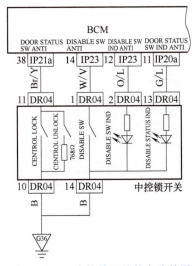

图 4-12-76　中控锁开关的电路简图

（2）诊断流程

智能钥匙遥控功能失效故障的诊断流程如图 4-12-77 所示。

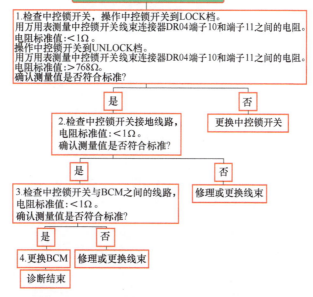

图 4-12-77 中控锁开关功能失效故障的诊断流程

 3. 所有中控锁不能锁/开车门

（1）电路简图

中控锁开关电机的电路简图如图 4-12-78 所示。

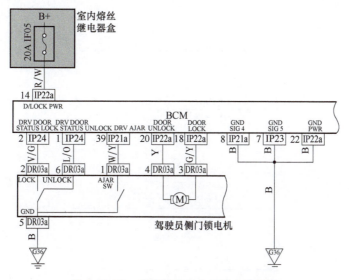

图 4-12-78 中控锁开关电机的电路简图

（2）诊断流程

所有中控锁不能锁/开车门的诊断流程如图 4-12-79 所示。

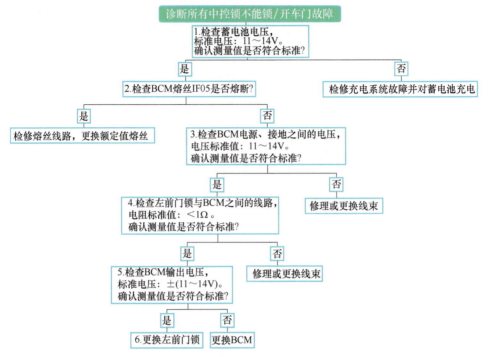

图 4-12-79　所有中控锁不能锁/开车门故障的诊断流程

 4. 车门行驶自动上锁功能失效

（1）电路简图

车门行驶自动上锁功能的电路简图如图 4-12-80 所示。

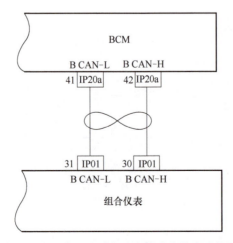

图 4-12-80　车门行驶自动上锁功能的电路简图

（2）诊断流程

车门行驶自动上锁功能失效故障的诊断流程如图 4-12-81 所示。

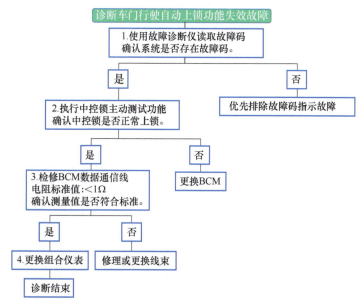

图 4-12-81　车门行驶自动上锁功能失效故障的诊断流程

 5. 一侧门锁不能锁/开车门

（1）电路简图

中控锁开关电机的电路简图如图 4-12-78 所示。

（2）诊断流程

一侧门锁不能锁/开车门故障的诊断流程如图 4-12-82 所示。

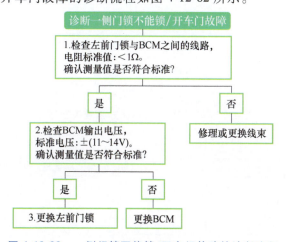

图 4-12-82　一侧门锁不能锁/开车门故障的诊断流程

十五、防盗报警系统故障诊断与排除

1. 防盗喇叭不工作故障

(1) 电路简图

防盗喇叭的电路简图如图 4-12-83 所示。

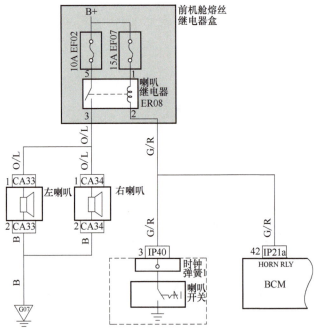

图 4-12-83　防盗喇叭的电路简图

(2) 诊断流程

防盗喇叭不工作故障的诊断流程如图 4-12-84 所示。

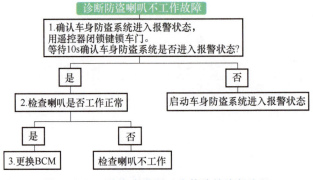

图 4-12-84　防盗喇叭不工作故障的诊断流程

2. 防盗指示灯不工作故障

(1) 电路简图

防盗指示灯的电路简图如图 4-12-85 所示。

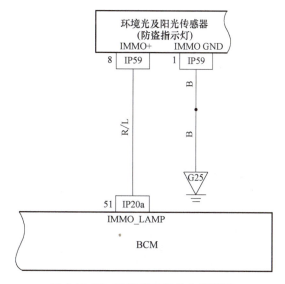

图 4-12-85　防盗指示灯的电路简图

(2) 诊断流程

防盗指示灯不工作故障的诊断流程如图 4-12-86 所示。

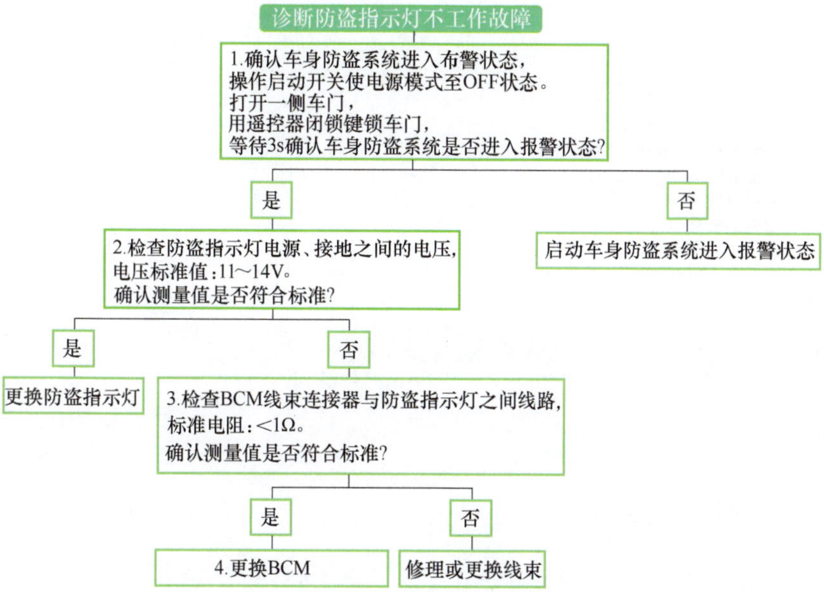

图 4-12-86　防盗指示灯不工作故障的诊断流程

十六、网关控制模块故障诊断与排除

 1. 网关模块与 BMS 丢失通信

网关模块与 BMS 丢失通信故障的诊断流程如图 4-12-87 所示。

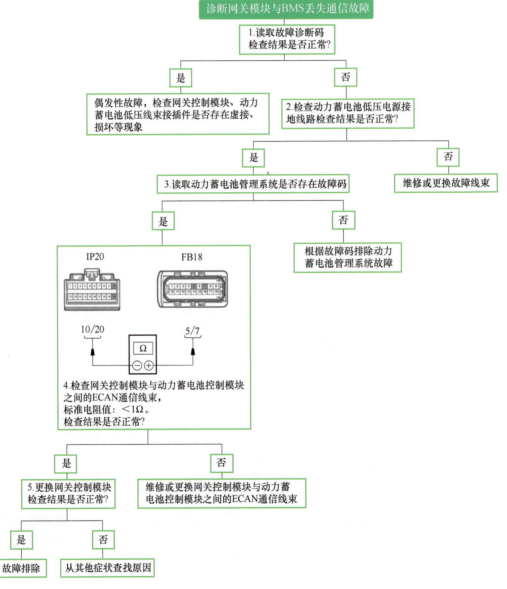

图 4-12-87　网关模块与 BMS 丢失通信故障的诊断流程

2. 网关模块与 DCU 丢失通信

网关模块与 DCU 丢失通信的诊断流程如图 4-12-88 所示。

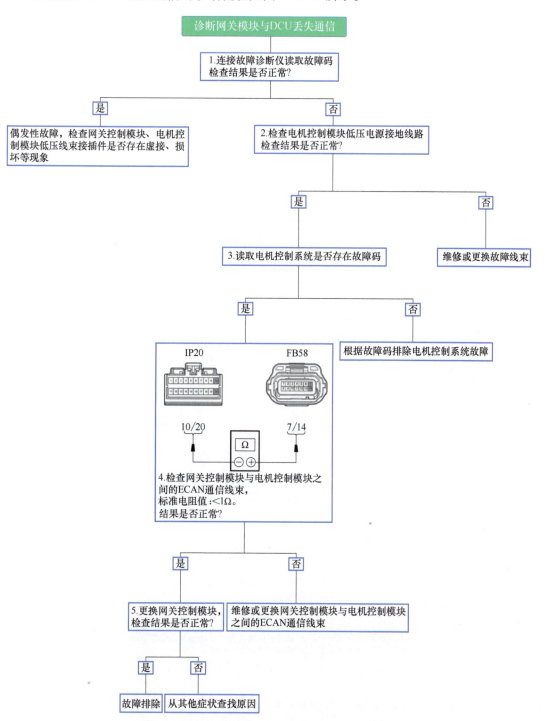

图 4-12-88　网关模块与 DCU 丢失通信的诊断流程

3. 网关模块与 DC/DC 丢失通信

网关模块与 DC/DC 丢失通信的诊断流程如图 4-12-89 所示。

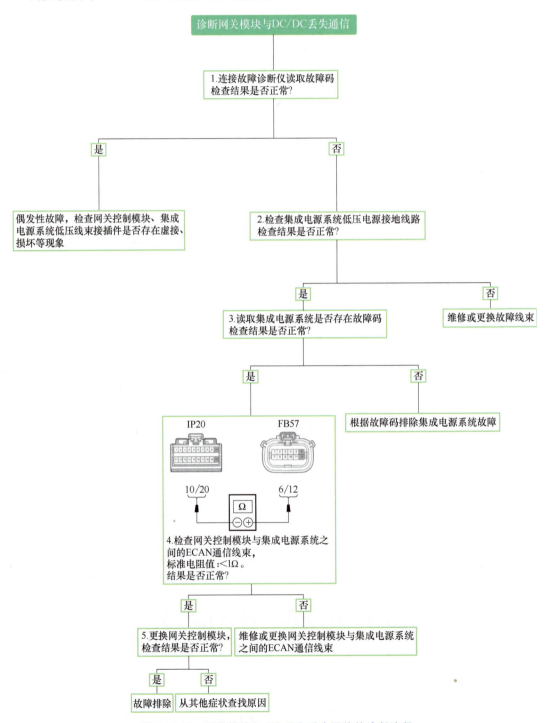

图 4-12-89　网关模块与 DC/DC 丢失通信的诊断流程

十七、安全保护装置故障诊断与排除

 1. 安全气囊警告灯持续点亮

（1）电路简图

安全气囊警告灯的电路简图如图 4-12-90 所示。

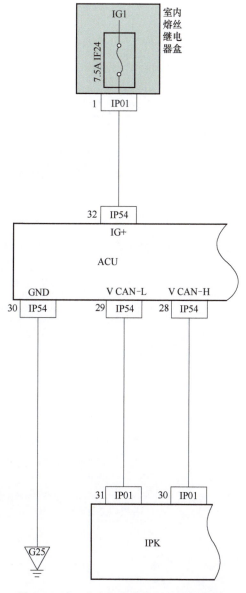

图 4-12-90　安全气囊警告灯的电路简图

(2) 诊断流程

安全气囊警告灯持续点亮故障的诊断流程如图 4-12-91 所示。

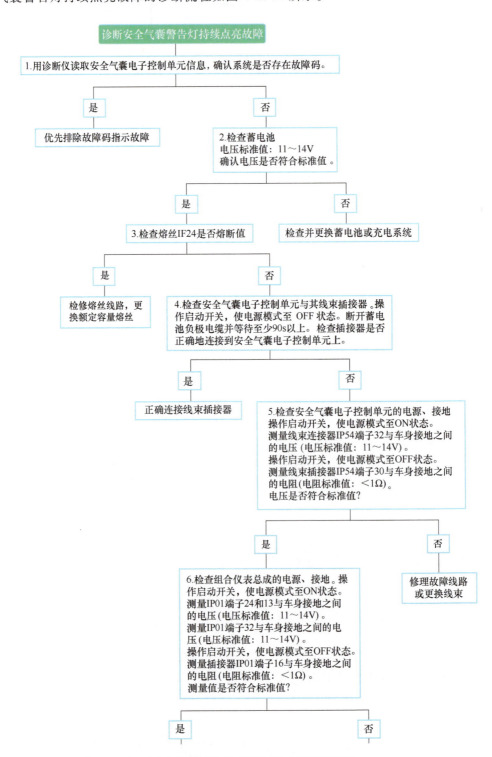

图 4-12-91 安全气囊警告灯持续点亮故障的诊断流程

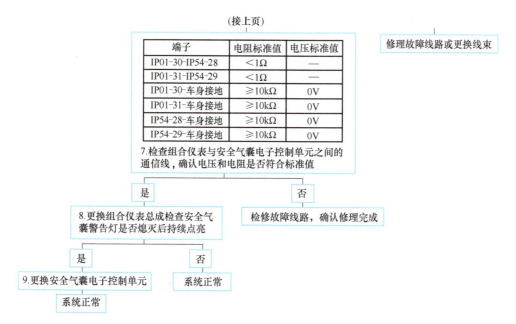

图 4-12-91　安全气囊警告灯持续点亮故障的诊断流程（续）

2. 碰撞传感器故障

（1）电路简图

碰撞传感器的电路简图如图 4-12-92 所示。

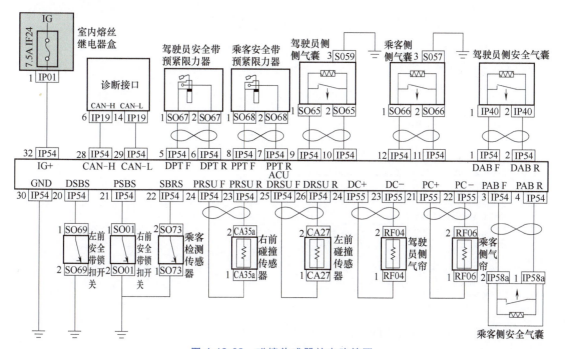

图 4-12-92　碰撞传感器的电路简图

(2) 诊断流程

碰撞传感器故障的诊断流程如图 4-12-93 所示。

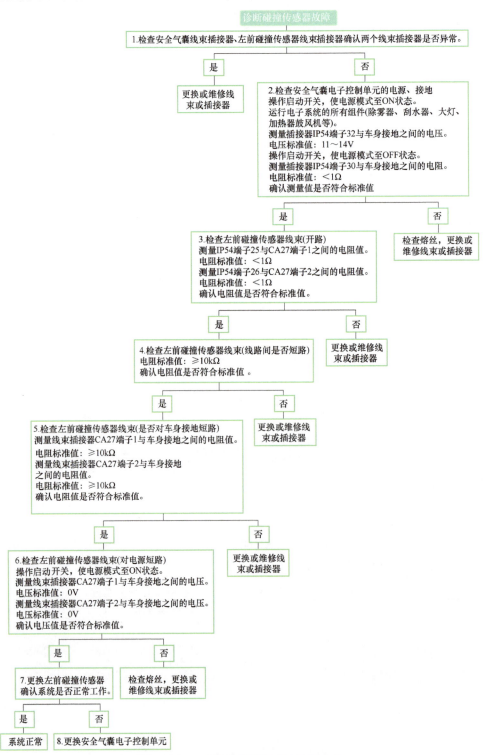

图 4-12-93　碰撞传感器故障的诊断流程

3. 电源电压过低或过高

(1) 电路简图

安全保护装置的电路简图如图 4-12-94 所示。

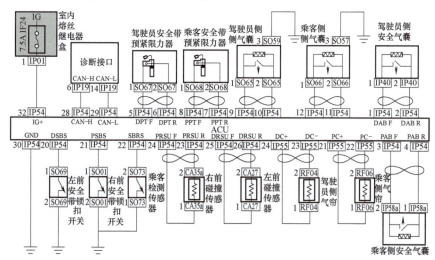

图 4-12-94　安全保护装置的电路简图

(2) 诊断流程

电源电压过低或过高故障的诊断流程如图 4-12-95 所示。

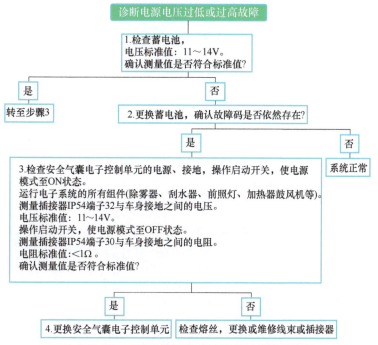

图 4-12-95　电源电压过低或过高故障的诊断流程

参 考 文 献

［1］ 蔡晓兵，樊永强. 电动汽车维修从入门到精通［M］. 北京：化学工业出版社，2021.
［2］ 瑞佩尔. 新能源电动汽车维修资料大全［M］. 北京：化学工业出版社，2018.
［3］ 瑞佩尔. 新能源汽车原理与维修［M］. 北京：化学工业出版社，2020.